W0035251

Riemann
One Earth Spirit

PEKKA HIMANEN

Die Hacker-Ethik

und der Geist des Informations-Zeitalters

Prolog von Linus Torvalds

Epilog von Manuel Castells

Aus dem Amerikanischen von
Heike Schlatterer, VerlagsService Mihr

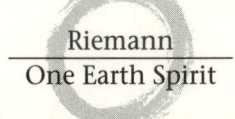

Riemann
One Earth Spirit

Die amerikanische Originalausgabe erschien 2001 unter dem Titel
»The Hacker Ethic« bei Random House, New York

Autor und Verlag danken für die Erlaubnis,
urheberrechtlich geschützte Texte abdrucken zu dürfen:

Richard Stallman, »The Free Software Song« (Seite 81),
Copyright © 1993 Richard Stallman. Abdruck mit freundlicher Genehmigung.
Wortgetreue Weiterverbreitung ist bei korrekter Copyrightsangabe erlaubt.

Youth Radio, Berkeley, California: E-Mail-Wechsel zwischen Finnegan Hamill
und »Adona« (Seite 114), Copyright © Youth Radio, Berkeley, California.
Abdruck mit freundlicher Genehmigung.

Umwelthinweis:
Dieses Buch wurde auf 100 % Recycling-Papier gedruckt,
das mit dem blauen Engel ausgezeichnet ist.
Die Einschrumpffolie (zum Schutz vor Verschmutzung)
ist aus umweltfreundlicher und recyclingfähiger PE-Folie.

Der Riemann Verlag
ist ein Unternehmen der Verlagsgruppe Random House

1. Auflage
© 2001 Pekka Himanen
© 2001 für den Prolog Linus Torvalds
© 2001 für den Epilog Manuel Castells
© 2001 der deutschsprachigen Ausgabe
Riemann Verlag, München
Redaktion: Ursel Schäfer, VerlagsService Mihr
Satz: Barbara Rabus, Sonthofen
Druck und Bindung: GGP Media, Pößneck
Printed in Germany
ISBN 3-570-50020-9
www.riemann-verlag.de

Inhalt

Vorwort

Im Mittelpunkt unserer von der Technologie geprägten Zeit steht eine faszinierende Gruppe, die sich selbst als *Hacker* bezeichnet. Sie sind keine Berühmtheiten in dem Sinne, dass jeder ihre Namen kennt, doch ihre Leistungen sind allen ein Begriff, denn sie bilden im Wesentlichen die technische Grundlage der neuen Gesellschaft, die gerade entsteht: gemeint sind das Internet und das World Wide Web (die zusammen auch als Netz bezeichnet werden), der PC und ein Großteil der dabei verwendeten Software. Das »Jargon File« der Hacker, das gemeinsam im Netz erstellt wurde, definiert Hacker als Menschen, die »enthusiastisch programmieren«[1] und die glauben, dass das »Teilen von Informationen ein starkes positives Gut ist«. Außerdem sei es »die ethische Pflicht eines Hackers, sein Fachwissen mit anderen zu teilen und kostenlose Software zu schreiben sowie den Zugang zu Informationen und zu Computern zu erleichtern, wann immer es möglich ist.«[2] So lautet die *Hacker-Ethik*, seit eine Gruppe von leidenschaftlichen Programmierern am MIT sich zu Beginn der 60er Jahre den Namen Hacker gab.[3] (Später, etwa ab Mitte der 80er Jahre, verwendeten die Medien den Begriff zunehmend für Computer-Kriminelle. Um eine Verwechslung mit Virusschreibern und Eindringlingen in Informationssysteme zu vermeiden, nannten die Hacker die destruktiven Computernutzer *Cracker*.[4] In diesem Buch wird die Unterscheidung zwischen Hackern und Crackern beibehalten.)

Mein eigenes Interesse an den Hackern war ursprünglich technischer Natur und hing damit zusammen, dass die bekanntesten Symbole unserer Zeit – das Netz, der PC und Software wie zum Beispiel das Betriebssystem Linux – nicht von Unternehmen oder staatlichen Organisationen entwickelt worden waren, sondern von einigen enthusiastischen Privatpersonen, die einfach ihre Ideen gemeinsam mit Gleichgesinnten in einem freien Arbeitsrhythmus in die Tat umsetzten. (Wer sich für die Einzelheiten dieser Entwicklung interessiert, kann im Anhang »Eine kurze Geschichte der Computer-Hacker« lesen.) Ich wollte die innere Logik dieses Handelns und die treibende Kraft dahinter begreifen. Doch je mehr ich über Computer-Hacker herausfand, desto mehr rückte eine viel interessantere Tatsache in mein Blickfeld: Hacker sind eine geistige Herausforderung für unsere Zeit. Sie selbst haben die erweiterte Anwendbarkeit ihrer Methoden stets eingeräumt. In ihrem »Jargon File« wird betont, dass ein Hacker im Grunde »ein Experte oder Enthusiast jeder Art« ist. Man könne beispielsweise auch ein Astronomie-Hacker sein.[5] Demnach kann man ein Hacker sein, ohne überhaupt etwas mit Computern zu tun zu haben.

Die Hauptfrage lautete schließlich: Was ist, wenn wir aus einer erweiterten Perspektive auf die Hacker blicken? Was bedeutet dann die Herausforderung, die sie an uns stellen? Betrachtet man die Hacker-Ethik auf diese Weise, wird sie zur Bezeichnung für eine allgemeine, leidenschaftliche Beziehung zur Arbeit, die sich in unserem Informationszeitalter entwickelt. Aus dieser Sicht ist die Hacker-Ethik eine neue *Arbeitsethik*, ein Gegenentwurf zur *protestantischen Arbeitsethik*, die Max Weber in seinem Klassiker *Die protestantische Ethik und der »Geist« des Kapitalismus* (1904–1905) formuliert hat[6] und die uns so lange beherrschte.

Einigen Computer-Hackern wird die Verbindung zwischen Hacker-Ethik und Max Weber zunächst seltsam vorkommen. Sie sollten bedenken, dass der Begriff *Hacker-Ethik* in einem Sinn gebraucht wird, der über das Computer-Hacken hinausgeht. Hier werden gesellschaftliche Kräfte angesprochen, die in Diskussionen, in denen es ausschließlich um Computer geht, normalerweise nicht berücksichtigt werden. Die Erweiterung der Hacker-Ethik stellt daher auch für Computer-Hacker eine intellektuelle Herausforderung dar.

Zuallererst ist die Hacker-Ethik jedoch eine Herausforderung für unsere Gesellschaft und das Leben des Einzelnen. Neben der Arbeitsethik spielt dabei auch noch die *Geldethik* der Hacker eine Rolle – die Einstellung zum Geld, die Weber als weiteren wichtigen Bestandteil der protestantischen Ethik definierte. Das »Teilen von Informationen«, das in der oben zitierten Definition der Hacker-Ethik genannt wird, ist eindeutig keine verbreitete Methode, heutzutage Geld zu verdienen; im Gegenteil, man verdient überwiegend Geld mit dem Besitz von Informationen. Auch das Ethos der ersten Hacker – dass das Handeln nicht in erster Linie vom Geld motiviert sein sollte, sondern vielmehr von dem Wunsch, etwas zu schaffen, das die Gemeinschaft Gleichgesinnter für wertvoll hält – ist keine häufig anzutreffende Einstellung. Zwar können wir nicht behaupten, dass heute alle Computer-Hacker diese Geldethik teilen oder dass sie sich – wie die Arbeitsethik – in der Gesellschaft insgesamt verbreiten wird, doch wir können zumindest sagen, dass sie eine wichtige Kraft unserer Zeit darstellt und dass die Debatte der Hacker über die Natur der Informationswirtschaft Konsequenzen haben könnte, die mindestens so radikal sind wie die ihrer Arbeitsethik.

Das dritte Element, das von Anfang an in der Hacker-Ethik zu finden ist und in der zitierten Definition mit dem Satz »den Zugang zu Informationen und Computern erleichtern« angesprochen wird, kann man als Netzwerk-Ethik oder *Nethik* bezeichnen. Dabei geht es um Vorstellungen wie die freie Meinungsäußerung im Netz und den Zugang zum Netz für alle. Die meisten Computer-Hacker unterstützen nur einen Teil dieser Nethik, doch im Hinblick auf ihre soziale Bedeutung müssen sie als ein Ganzes betrachtet werden. Der Einfluss solcher Themen wird sich erst noch zeigen, sie treffen jedoch definitiv den Kern der ethischen Herausforderungen im Informationszeitalter.

Dieses Buch gründet auf der fortlaufenden Zusammenarbeit seiner drei Autoren, die im Laufe der Jahre verschiedene Formen angenommen hat (mit Manuel Castells bei der Forschungsarbeit, die wir zusammen in Kalifornien durchführen, und mit Linus Torvalds bei gemeinsamen Freizeitaktivitäten). Die Idee für ein Buch über die Hacker-Ethik entstand bereits, als wir drei uns zum ersten Mal im Herbst 1998 begegneten. Wir waren als Redner zu einem Symposium der University of California in Berkeley eingeladen, der traditionellen Hacker-Hochburg. Damals beschlossen wir, unsere Vorträge, die sich mit dem gleichen Thema befassten wie dieses Buch, aufeinander abzustimmen. Linus machte als Vertreter der Computer-Hacker den Anfang, Manuel stellte seine Theorie des Informationszeitalters vor (dazu gehören das Vordringen des Informationalismus, des Paradigmas der neuen Informationstechnologie, und eine neue Sozialform, die Netzwerk-Gesellschaft), und ich untersuchte die gesellschaftliche Bedeutung der Hacker-Ethik, indem ich das Beispiel von Linus' Computer-Hackern und Manuels Zustandsbeschreibung einander gegenüberstellte. Natürlich vertrat jeder von uns trotzdem seine eigene Meinung.

Das vorliegende Buch folgt diesem Plan: Im Prolog »Was geht in Hackern vor? Oder: Das Linussche Gesetz« beschreibt Linus – als Urheber einer der berühmtesten Hacker-Schöpfungen, des Betriebssystems Linux – seine Sicht der Kräfte, die zum Erfolg der Hacker beigetragen haben. Manuel hat die letzten 15 Jahre auf eine Untersuchung verwendet, aus der seine dreibändige, 1500 Seiten umfassende Arbeit *The Information Age* hervorging (zweite überarbeitete Auflage 2000). Im Epilog unseres Buchs, »Informationalismus und die Netzwerk-Gesellschaft« präsentiert er zum ersten Mal die Erkenntnisse seiner Forschungsarbeit mit einigen wichtigen Ergänzungen in einer Form, die auch dem interessierten Laien zugänglich ist. Meine Analyse liegt zwischen den Analysen von Linus und Manuel und besteht aus drei Teilen, die den drei Ebenen der Hacker-Ethik entsprechen: Arbeitsethik, Geldethik und Nethik. (Weitere Ausführungen dieser Themen finden sich auf der Website dieses Buchs, www.hackerethic.org.).

Wer den theoretischen Hintergrund lieber vor meiner Untersuchung lesen möchte anstatt als abschließende Systematisierung, sollte gleich zu Manuels Epilog blättern. Ansonsten beginnen wir mit Linus.

Was geht in Hackern vor?
Oder: Das Linussche Gesetz

LINUS TORVALDS

Ich lernte Pekka und Manuel bei einer Veranstaltung der University of California in Berkeley kennen, einem halbtägigen Symposium über die Herausforderungen der Netzwerk-Gesellschaft. Sozialwissenschaftler mit Rang und Namen hatten sich versammelt und sprachen über den technischen Fortschritt und die Gesellschaft. Und ich war als Vertreter der technischen Seite eingeladen.

Ich bin eigentlich nicht so leicht einzuschüchtern, doch in dieser Umgebung fühlte ich mich nicht besonders wohl. Wie würden meine Ansichten zu den Überzeugungen von Soziologen passen, die über Technologie sprachen? Aber dann dachte ich, wenn dort Soziologen über Technologie sprachen, konnte genauso gut ein Technologe über Soziologie sprechen. Im schlimmsten Fall würde man mich nie wieder einladen. Was hatte ich zu verlieren?

Ich bekomme meine Vorträge nie rechtzeitig fertig, und auch dieses Mal arbeitete ich fieberhaft daran, einen »Standpunkt« für den nächsten Tag auszuarbeiten. Wenn man erst einmal einen Standpunkt – die Basis – hat, ist es im Allgemeinen nicht so schwer, noch ein paar Zeilen hinzuzufügen. Ich brauchte nur eine Idee.

Schließlich erklärte ich, was in Hackern vorgeht und warum Linux, das kleine Betriebssystem, das ich begründet habe, Hacker mit ihren Wertvorstellungen so stark anspricht. Am Ende berücksichtigte ich nicht nur die Hacker, sondern unsere höchsten Motive allgemein. In meiner gewohnt bescheidenen und selbstlosen Art nannte ich meine Erkenntnis das »Linussche Gesetz«.

Das Linussche Gesetz

Das Linussche Gesetz besagt, dass unsere Motivationen in drei Kategorien fallen. Fortschritt wird durch das Erleben dieser Motivationen als »Phasen« in einem Entwicklungsprozess erreicht, bei dem es darum geht, von einer Kategorie zur nächsten zu gelangen. Diese Kategorien lauten »Überleben«, »Sozialleben« und »Unterhaltung«.

Die erste Phase, das Überleben, ist eine Binsenweisheit. Jedes Lebewesen will in allererster Linie überleben. Doch was ist mit den anderen beiden Kategorien? Nehmen wir an, dass Sie mit dem *Überleben* als treibender Kraft einverstanden sind. Dann ergeben sich die beiden anderen Phasen aus der Frage »Wofür sind die Menschen bereit zu sterben?«. Alles, wofür man sein Leben geben würde, muss meiner Ansicht nach auf einer grundlegenden Motivation basieren.

Vielleicht wird jemand Einwände gegen meine Auswahl erheben, aber ich finde sie überzeugend. Natürlich kann man Beispiele für Menschen und Lebewesen finden, die ihre *sozialen Bindungen* höher bewerten als ihr eigenes Leben. Shakespeares *Romeo und Julia* ist ein klassisches Beispiel, man kann sich aber auch die Idee »für seine Familie/sein Land/seinen Glauben zu sterben« als Konstellationen vorstellen, bei denen die sozialen Bindungen potenziell wichtiger sind als das Leben selbst.

Unterhaltung klingt wahrscheinlich ziemlich merkwürdig, doch mit *Unterhaltung* meine ich mehr, als nur Nintendo zu spielen. Ich meine Schach. Malerei. Gedankenspiele, mit denen man versucht, das Universum zu erklären. Einstein dachte nicht an sein Überleben, als er seine Theorien entwickelte. Sie waren wahrscheinlich auch nicht sonderlich sozial. Für ihn war das Unterhaltung. Unterhaltung ist etwas Interessantes und Herausforderndes.

Der Wunsch nach Unterhaltung ist ein starkes Bedürfnis. Sie verspüren vielleicht nicht das Verlangen, für Ihr Nintendo zu sterben, aber denken Sie einmal an den Begriff »sterbenslangweilig«: Es gibt sicher Menschen, die lieber sterben würden, als sich auf ewig zu langweilen. Aus diesem Grund springen Leute mit einem Fallschirm aus vollkommen funktionstüchtigen Flugzeugen – nur damit sie den Schauer der Erregung spüren, damit keine Langeweile aufkommt.

Wie sieht es mit Geld als Motivationsfaktor aus? Geld ist nützlich, doch die meisten Menschen sind sich darin einig, dass Geld an sich letztlich nicht motiviert. Der Motivationsfaktor des Geldes liegt in dem, was man damit erreichen kann – es dient als Tauschmittel für das, was uns *wirklich* interessiert.

Bemerkenswert an Geld ist, dass man normalerweise leicht sein Überleben erkaufen kann, soziale Bindungen und Unterhaltung dagegen schwerer zu erwerben sind. Das gilt vor allem für die Form von Unterhaltung, die dem Leben einen Sinn gibt. Man darf die soziale Bedeutung des Geldes nicht ignorieren, es spielt eine Rolle, ob man etwas kauft oder nicht. Geld bleibt nach wie vor ein mächtiger Faktor, doch es steht nur stellvertretend für andere, grundlegendere Motivationsfaktoren.

Das Linussche Gesetz an sich befasst sich weniger mit der Tatsache, dass diese drei Faktoren die Menschen motivieren, sondern damit, dass unser Fortschritt darin besteht, dass wir den Phasenwechsel vom »Überleben« zum »Sozialleben« bis zur »Unterhaltung« vollziehen.

Sex? Sicher. Sex begann ursprünglich als Überleben und hat immer noch mit Überleben zu tun. Das steht außer Frage. Doch bei den am höchsten entwickelten Tieren ist daraus mehr als reines Überleben geworden – Sex wurde ein Teil des sozialen Gefüges. Und für den Menschen ist der Höhepunkt von Sex die Unterhaltung.

Essen und Trinken? Abgehakt. Krieg? Abgehakt. Vielleicht hat uns der Krieg noch nicht ganz erreicht, doch CNN tut sein Möglichstes. Der Krieg begann natürlich auch als Überlebenskampf, entwickelte sich dann weiter als Mittel, um eine soziale Ordnung zu erhalten, und befindet sich unaufhaltsam auf dem Weg, zur Unterhaltung zu werden.

Hacker

All dies lässt sich definitiv auf Hacker übertragen. Das bloße Überleben steht für Hacker nicht im Vordergrund. Hacker können ganz gut von Knabberzeug und Cola leben. Im Ernst, wenn sie einen Computer auf dem Schreibtisch stehen haben, ist es eher unwahrscheinlich, dass ihre Sorgen in erster Linie der Frage gelten, woher sie ihre nächste Mahlzeit oder ein Dach über dem Kopf nehmen sollen. Überleben ist nach wie vor ein Motivationsfaktor, aber es ist keine alltägliche Sorge, die andere Motivationen überdeckt.

Ein »Hacker« ist jemand, der über die Phase hinaus ist, in der er den Computer zum Überleben nutzt (»ich verdiene meine Brötchen mit Programmieren«), und bereits die beiden nächsten Phasen erreicht hat. Er (oder theoretisch, in der Praxis aber viel zu selten sie) benutzt den Computer für seine sozialen Bindungen – E-Mail und das Netz bieten großartige Möglichkeiten zur Bildung einer Gemeinschaft. Für den Hacker ist der Computer jedoch auch Unterhaltung. Nicht die Spiele oder die hübschen Bildchen im Netz, der Computer an sich ist Unterhaltung.

Auf diese Weise entsteht so etwas wie Linux. Man macht sich keine Gedanken darüber, damit groß Geld zu verdienen. Der Grund dafür, dass Linux-Hacker aktiv werden, liegt darin, dass sie es sehr interessant finden und dass sie diese interessanten Erkenntnisse mit anderen teilen möchten. Plötzlich hat man die Unterhaltung, weil man etwas Interessantes macht, und darüber hinaus noch die sozialen Kontakte. Damit wird der grundlegende Linux-Netzwerk-Effekt erzielt, bei dem viele Hacker zusammenarbeiten, weil sie Spaß an ihrem Tun haben.

Hacker glauben, dass es keine höhere Motivation geben kann. Und *diese* Ansicht hat enorme Auswirkungen auf Bereiche, die weit über Linux hinausgehen, wie Pekka Ihnen zeigen wird.

Teil I
Die Arbeitsethik

Kapitel 1

Die Arbeitsethik der Hacker

Linus Torvalds sagt in seinem Prolog, dass für den Hacker der Computer Unterhaltung ist. Das bedeutet, dass der Hacker programmiert, weil er das Programmieren an sich interessant, aufregend und befriedigend findet.

Die Einstellung anderer Hacker ist sehr ähnlich. Torvalds ist nicht der Einzige, der seine Arbeit mit Äußerungen beschreibt wie »Linux-Hacker machen etwas, weil sie es sehr interessant finden«. Vinton Cerf zum Beispiel, der manchmal als »der Vater des Internets« bezeichnet wird, kommentiert die Faszination des Programmierens mit den Worten: »Das Programmieren reizte mich unwiderstehlich.«[1] Steve Wozniak, der den ersten wirklichen Personal Computer gebaut hat, meint über seine Entdeckung der Wunder des Programmierens: »Es war einfach eine völlig faszinierende Welt.«[2] Diese Haltung finden wir immer wieder: Hacker programmieren, weil die Herausforderungen beim Programmieren sie *interessieren*. Probleme in Verbindung mit dem Programmieren wecken die Neugier des Hackers. Er ist begierig, Neues zu lernen.

Ein Hacker ist außerdem *begeistert* von seiner Tätigkeit, sie erfüllt ihn mit Energie. Seit den Zeiten am MIT in den 60er

Jahren steht der Hacker am frühen Nachmittag auf und beginnt freudig mit dem Programmieren. Völlig vertieft macht er bis in die frühen Morgenstunden weiter. Ein gutes Beispiel dafür ist die 16-jährige irische Hackerin Sarah Flannery, die ihre Arbeit am so genannten Cayley-Purser-Algorithmus, einer Verschlüsselungstechnik, beschreibt: »Ich spürte eine wunderbare Aufregung ... Ich arbeitete tagelang durch und war in Hochstimmung. Es gab Zeiten, da wollte ich nie wieder aufhören.«[3]

Die Tätigkeit des Hackers macht außerdem *Spaß*. Oft hat sie ihre Wurzeln in spielerischen Erkundungen. Torvalds beschreibt, wie sich Linux aus kleinen Experimenten mit dem Computer entwickelte, den er gerade gekauft hatte. Er erläutert seine Motivation für die Entwicklung von Linux mit dem schlichten Satz: »Die Arbeit daran hat Spaß gemacht.«[4] Tim Berners-Lee, der Mann hinter dem World Wide Web, sagt ebenfalls, dass die Idee mit Experimenten beim »Herumbasteln an Softwarespielzeug« begann, wie er es nennt.[5] Wozniak erzählt, wie viele Eigenschaften des Apple-Computers »aus einem Spiel entstanden, und die eingebauten Fun Features gab es nur, weil man ein Lieblingsprojekt verfolgte, nämlich ... [ein Spiel namens] Breakout zu programmieren und damit im Club anzugeben.«[6] Sarah Flannery beschreibt, wie sich ihre Arbeit an der Entwicklung der Chiffriertechnologie aus dem Wechsel zwischen dem Studium von Theoremen in der Bibliothek und dem praktischen Programmieren entwickelte: »Bei einem besonders interessanten Theorem ... schrieb ich ein Programm, um Beispiele zu schaffen ...

Immer, wenn ich etwas programmierte, spielte ich stunden-
lang herum, anstatt wieder zu meinen Papieren zurückzu-
kehren und mich weiter durchzukämpfen.«[7]

Manchmal zeigt sich dieser Spaß auch im »fleischlichen
Leben« der Hacker. So ist beispielsweise Sandy Lerner nicht
nur als Hackerin hinter den Internet Routern bekannt, sondern auch dafür, dass sie gern nackt auf Pferden reitet. Richard Stallman, der bärtige, langhaarige Hacker-Guru, tritt
bei Computertreffen in einer Robe auf und exorziert auf den
Geräten seiner Anhänger die kommerziellen Programme.
Eric Raymond, ein bekannter Anwalt der Hacker-Kultur,
pflegt demonstrativ seinen spielerischen Lebenswandel: Als
Fan von Rollenspielen zieht er in der Aufmachung eines
Druiden, eines römischen Senators oder eines Kavaliers aus
dem 17. Jahrhundert durch die Straßen und Wälder seiner
Heimatstadt in Pennsylvania.

Raymond fasst in seiner Beschreibung der Unix-Hacker-
Philosophie das Lebensgefühl der Hacker treffend zusammen:

Um die Unix-Philosophie richtig zu leben, muss man vollkommen loyal sein. Man muss glauben, dass Software ein
Handwerk ist, das all die Intelligenz und Leidenschaft wert
ist, die man aufbringt ... Die Softwareentwicklung und -an-
wendung sollte eine vergnügliche Kunst sein und ein Spiel
auf hohem Niveau. Wenn euch das grotesk oder peinlich vorkommt, solltet ihr innehalten und nachdenken: Fragt euch,
was ihr vergessen habt. Warum entwickelt ihr Software, an-

statt mit etwas anderem Geld zu verdienen und die Zeit herumzubringen? Ihr müsst einmal gedacht haben, dass Software eure Leidenschaft verdient hat ...

Um der Unix-Philosophie gerecht zu werden, müsst ihr diese Einstellung haben (oder wiedererlangen). Es muss euch etwas *angehen.* Ihr müsst *spielen.* Ihr müsst bereit sein zu *entdecken.*[8]

Für die Zusammenfassung des Lebensgefühls der Hacker verwendet Raymond den Begriff *Leidenschaft.* Er entspricht Torvalds' *Unterhaltung,* wie er sie im Prolog definiert. Raymonds Bezeichnung ist vielleicht noch treffender, denn obwohl beide Begriffe Konnotationen haben, die in diesem Zusammenhang nicht gemeint sind, vermittelt *Leidenschaft* die drei oben beschriebenen Ebenen intuitiv besser als *Unterhaltung:* sich einer Tätigkeit zu verschreiben, die interessant und inspirierend ist und Spaß macht.

Ein solches leidenschaftliches Verhältnis zur Arbeit findet sich nicht nur bei Computerhackern. Die akademische Welt ist in diesem Zusammenhang die deutlich ältere Vorgängerin. Das leidenschaftliche, intellektuelle Forschen wurde vor 2500 Jahren bereits auf ähnliche Weise in Worte gefasst. Laut Platon, dem Begründer der ersten Akademie, entsprang die Philosophie »plötzlich als Idee aus der Seele wie aus einem Feuerfunken das angezündete Licht und bricht sich dann selbst weiter seine Bahn.«[9]

Eine ähnliche Haltung finden wir in vielen anderen Lebensbereichen: unter Künstlern, Handwerkern und den »im

IT-Bereich Tätigen«, von Managern über Ingenieure und Medienleuten bis zu Designern. Nicht nur das »Jargon File« der Hacker enthält diese Idee. Bei der ersten Hacker-Konferenz in San Francisco 1984 definierte Burrell Smith, der Hacker, der für den Macintosh-Computer von Apple verantwortlich zeichnet, den Begriff so: »Hacker können fast alles machen und Hacker sein. Man kann ein Hacker-Schreiner sein. Das muss nicht unbedingt etwas mit Hightech zu tun haben. Ich glaube, es hat mit Handwerkskunst zu tun und damit, dass einem das eigene Handeln nicht gleichgültig ist.«[10] Raymond schreibt in seiner Anleitung »How To Become a Hacker«: »Es gibt Leute, die die Hacker-Einstellung auf andere Dinge [als Software] beziehen, zum Beispiel Elektronik und Musik – tatsächlich kann man die Einstellung auf den höchsten Ebenen jeder Wissenschaft oder Kunst finden.«[11]

Betrachtet man die Computerhacker auf diese Weise, werden sie zu hervorragenden Beispielen für eine allgemeinere Arbeitsethik – die wir als *Arbeitsethik der Hacker* bezeichnen. In unserer Netzwerk-Gesellschaft, in der die Rolle der Informationstechnologie und der darin Tätigen ständig wächst, setzt sich diese Ethik immer mehr durch. Zwar verwenden wir für diese Einstellung eine Bezeichnung, die von Computerhackern erfunden wurde, doch wir können auch ganz ohne Bezug auf Computerfreaks darüber sprechen. Wir diskutieren eine allgemeine soziale Herausforderung, die die protestantische Arbeitsethik in Frage stellt, die unser Leben so lange bestimmt hat und immer noch großen Einfluss auf uns hat.

Betrachten wir, welchen historischen und sozialen Kräften die Arbeitsethik der Hacker ausgesetzt ist. Der Begriff »protestantische Arbeitsethik« stammt aus Max Webers berühmtem Aufsatz »Die protestantische Ethik und der ›Geist‹ des Kapitalismus« (1904–1905).[12] Weber schreibt, dass die Vorstellung von Arbeit als Pflicht dem kapitalistischen Geist zugrunde liegt, der im 16. Jahrhundert entstand: »In der Tat: Jener eigentümliche, uns heute so geläufige und in Wahrheit doch so wenig selbstverständliche Gedanke der *Berufspflicht*, einer Verpflichtung, die der Einzelne empfinden soll und empfindet gegenüber dem Inhalt seiner ›beruflichen‹ Tätigkeit, gleichviel worin sie besteht, gleichviel insbesondere ob sie dem unbefangenen Empfinden als reine Verwertung seiner Arbeitskraft oder gar nur seines Sachgüterbesitzes (als ›Kapital‹) erscheinen muss – dieser Gedanke ist es, welcher der ›Sozialethik‹ der kapitalistischen Kultur charakteristisch, ja in gewissem Sinne für sie von konstitutiver Bedeutung ist.« Und weiter: »Die Fähigkeit der Konzentration der Gedanken sowohl als die absolut zentrale Fähigkeit, sich *der Arbeit gegenüber verpflichtet* zu fühlen, finden sich hier besonders oft vereinigt mit strenger Wirtschaftlichkeit, die mit dem Verdienst und seiner Höhe überhaupt *rechnet* und mit einer nüchternen Selbstbeherrschung und Mäßigkeit, welche die Leistungsfähigkeit ungemein steigert. Der Boden für jene Auffassung der Arbeit als Selbstzweck, als ›*Beruf*‹, wie sie der Kapitalismus fordert, ist hier am günstigsten.«[13]

Dann zeigt Weber, wie die andere treibende Kraft, die in seinem Aufsatz beschrieben wird, die Arbeitsethik der Protestanten, die ebenfalls im 16. Jahrhundert entstand, diese Ziele förderte. Der puritanische Moraltheologe Richard Baxter formulierte diese Arbeitsethik in ihrer reinsten Form: »Um des Handelns willen erhält uns Gott und unsere Aktivitäten; Arbeit ist sowohl die Moral als auch der natürliche Zweck der Macht.« Zu sagen »ich werde beten und meditieren [anstatt zu arbeiten], ist als ob ein Diener die schwerste Arbeit verweigern und sich selbst einer geringeren, leichteren Arbeit widmen würde«.[14] Gott ist nicht erfreut, wenn der Mensch nur meditiert und betet – er will, dass der Mensch seine Arbeit tut.

Ganz im kapitalistischen Geist rät Baxter den Arbeitgebern, sie sollten bei den Arbeitern den Wunsch stärken, die eigene Arbeit so gut wie möglich zu erledigen, indem sie daraus eine Gewissenfrage machen: »Ein wirklich gottesfürchtiger Diener erledigt jede Arbeit in Gehorsam zu Gott, als ob Gott selbst ihn darum gebeten hätte.«[15] Baxter fasst diese Haltung zusammen, indem er Arbeit als »Berufung«[16] bezeichnet, ein passender Begriff für die drei Hauptkennzeichen der protestantischen Arbeitsethik: Arbeit muss als gottgewollter Lebenszweck betrachtet werden, sie muss so gut wie möglich verrichtet werden und Arbeit muss als Pflicht gelten, die man erledigt, weil sie erledigt werden muss.

Während sich der Vorläufer der Arbeitsethik der Hacker in der Akademie findet, ist der Vorläufer der protestantischen Ethik Max Weber zufolge im Kloster beheimatet. Wenn wir von Webers Vergleich ausgehen, finden wir tatsächlich viele Ähnlichkeiten. So fordert die Benediktinerregel aus dem

6. Jahrhundert, dass alle Mönche die ihnen aufgetragene Arbeit als ihre Pflicht betrachten. Arbeitsscheue Brüder werden gewarnt, Müßiggang sei aller Laster Anfang.[17] Die Mönche sollen ihre Arbeit außerdem nicht in Frage stellen. Cassian, der einflussreiche Lehrer des Mönchtums im 5. Jahrhundert, stellte dies in seiner monastischen Regel klar, indem er in bewunderndem Ton den Gehorsam eines Mönchs namens Johannes schildert, der auf Anordnung seines Abtes einen Stein zu bewegen versucht, der so groß ist, dass niemand ihn von der Stelle bringen kann:

> Als sich einige andere an seinem Gehorsam [des Johannes] erbauen wollten, rief ihn der Älteste zu sich und sagte: »Johannes, lauf und rolle diesen Stein so schnell wie möglich hierher«; und machte sich unverzüglich daran, stemmte mal den Nacken, mal den ganzen Körper mit aller Kraft dagegen und versuchte, den Stein fortzubewegen, den eine ganze Menschenmenge nicht hätte vom Fleck bewegen können. Bald waren nicht nur seine ganzen Kleider vom Schweiß durchtränkt, sondern auch der Stein. Dabei überlegte er nie die Unmöglichkeit der Aufgabe und des Befehls, sondern handelte aus Ehrerbietung vor dem alten Mann und in aufrichtiger Schlichtheit, denn er glaubte, dass der alte Mann ihm nichts auftragen könne, das sinnlos oder unbegründet war.[18]

Diese sisyphushaften Strapazen beinhalten die Idee, die im Zentrum des monastischen Denkens steht: Man soll die Natur seiner Arbeit nicht in Frage stellen.[19] Die Benediktinerregel erklärt sogar, dass die Natur der Arbeit keine Rolle spiele, weil das höhere Ziel der Arbeit nicht darin liege, etwas zu erledigen, sondern die Seele des Arbeitenden *demütig* zu machen, indem er gezwungen ist, alles zu tun, was man ihm aufgibt – ein Prinzip, das offenbar in vielen Büros immer noch gilt.[20] Im Mittelalter existierte dieser Prototyp der protestantischen Arbeitsethik nur in den Klöstern und beeinflusste weder die vorherrschende Einstellung der Kirche noch die der Gesellschaft insgesamt. Erst durch die Reformation überwand das monastische Denken die Klostermauern und fand in der Welt Verbreitung.

Weber betont jedoch, dass der Geist des Kapitalismus zwar seine religiöse Rechtfertigung in der protestantischen Ethik hat, diese sich jedoch bald von der Religion löste und ihren eigenen Gesetzen folgte. Um Webers berühmte Metapher zu verwenden: Sie wurde zu einem religiös neutralen stahlharten Gehäuse.[21] Das ist eine wichtige Einschränkung. In unserer Welt der Globalisierung sollten wir uns den Begriff *protestantische Ethik* so vorstellen wie den Ausdruck *platonische Liebe*. Wenn wir sagen, dass jemand einen Menschen platonisch liebt, meinen wir damit nicht, dass er ein Platoniker ist – also ein Anhänger der Philosophie und Metaphysik Platons. Eine platonische Beziehung können wir dem Anhänger jeder Philosophie, Religion oder Kultur zuschreiben. Genauso können wir unabhängig von dem Glauben oder der Kultur eines Menschen von seiner »protestantischen Ethik« sprechen. So kann ein Japaner, ein Atheist oder ein gläubiger Katholik nach der protestantischen Ethik handeln.

Man muss sich nicht lange umschauen, um zu erkennen, wie stark die protestantische Ethik immer noch ist. Geläufige Bemerkungen wie »ich will meine Arbeit gut machen« oder die Worte der Arbeitgeber bei der Verabschiedung in den Ruhestand, jemand sei »immer ein fleißiger, verantwortungsbewusster/verlässlicher/loyaler Mitarbeiter« gewesen, sind das Erbe dieser protestantischen Ethik, denn sie stellen keine Anforderungen an die Arbeit selbst. Der Status der Arbeit als wichtigster Lebensinhalt – Arbeit wird im extremen Fall zur Sucht, die dazu führt, dass man seine Mitmenschen vernachlässigt – ist ein weiteres Symptom der protestantischen Ethik. So wird Arbeit mit zusammengebissenen Zähnen und einer von Verantwortung geprägten Einstellung erledigt; viele haben sogar ein schlechtes Gewissen, wenn sie krankheitsbedingt nicht arbeiten können.

In einem größeren historischen Kontext betrachtet ist diese fortgesetzte Dominanz der protestantischen Ethik nicht sonderlich überraschend. Wir müssen uns nur vor Augen halten, dass sich unsere Netzwerk-Gesellschaft zwar in vielerlei Hinsicht von ihrer Vorgängerin, der Industriegesellschaft, unterscheidet, die »New Economy« jedoch keinen völligen Bruch mit dem Kapitalismus bedeutet, den Weber beschreibt; wir haben es nur mit einer *neuen Form des Kapitalismus* zu tun. Im Informationszeitalter, hebt Castells hervor, wird Arbeit im Sinn von Anstrengung trotz der paradiesischen Versprechungen in Jeremy Rifkins Buch *Das Ende der Arbeit und ihre Zukunft* trotzdem weiter existieren. Wir fallen leicht auf die Illusion herein, dass der technische Fortschritt unser Leben automatisch weniger arbeitszentriert gestalten wird – aber wenn wir die empirischen Daten zur bisherigen Entwicklung der Netzwerk-Gesellschaft betrachten und sie in die Zukunft projizieren, müssen wir Castells zustimmen: »Die Arbeit ist der Mittelpunkt im Leben des Menschen und wird es auch in Zukunft bleiben.«[22] Die Netzwerk-Gesellschaft stellt die protestantische Ethik nicht in Frage. Sich selbst überlassen dominiert darin weiterhin der auf Arbeit ausgerichtete Geist des Kapitalismus.

Vor diesem Hintergrund zeigt sich die Radikalität des Hacker-Lebensgefühls, denn es birgt einen alternativen Ansatz für die Netzwerk-Gesellschaft – einen Ansatz, der schließlich die dominante protestantische Ethik in Frage stellt. In diesem Zusammenhang finden wir den einzigen Aspekt, nach dem alle Hacker echte Cracker sind: Sie versuchen, das Schloss des stahlharten Gehäuses aufzubrechen.

Der Lebenszweck

Die Verdrängung der protestantischen Ethik erfolgt nicht über Nacht. Wie jeder kulturelle Wandel braucht sie Zeit. Die protestantische Ethik ist in unserem derzeitigen Bewusstsein so tief verwurzelt, dass man glauben könnte, sie liege in der »Natur des Menschen«. Dies trifft natürlich nicht zu. Schon ein kurzer Blick auf die präprotestantische Arbeitseinstellung erinnert uns daran.

Sowohl die protestantische Ethik als auch die Hacker-

Ethik sind in der Geschichte einzigartig. Richard Baxters Sicht der Arbeit war der präprotestantischen Kirche völlig fremd. Vor der Reformation verwendete der Klerus seine Zeit auf Fragen wie »Gibt es ein Leben nach dem Tod?«, doch man machte sich keine Gedanken darüber, ob es nach dem Tod *Arbeit* gab. Die Arbeit zählte nicht zu den höchsten Idealen der Kirche. Gott selbst arbeitete an sechs Tagen und ruhte am siebten. Damit war auch das höchste Ziel des Menschen festgelegt: Im Himmel musste der Mensch genauso wenig arbeiten wie am Sonntag. Im Paradies war die Arbeit vorüber. Man könnte sagen, dass das Christentum auf die Frage »Was ist das Ziel des Lebens?« ursprünglich die Antwort gab: Das Ziel des Lebens ist der Sonntag.

Das ist nicht nur als geistreiche Bemerkung gemeint. Im 5. Jahrhundert verglich Augustinus unser Leben ganz wörtlich mit dem Freitag, dem Tag, an dem nach der Kirchenlehre Adam und Eva sündigten und Christus am Kreuz starb.[23] Augustinus schrieb, dass wir im Himmel einen ewigen Sonntag vorfinden würden, den Tag, an dem Gott ruhte und Christus in den Himmel aufstieg: »Das wird wahrlich der größte Sabbath; ein Sabbath, der kein Ende hat.« Das Leben ist nur ein langes Warten auf das Wochenende.

Da die Kirchenväter Arbeit nur als Folge des Sündenfalls ansahen, beschrieben sie das Leben von Adam und Eva im Paradies eingehend. Was immer die beiden dort taten, man konnte es nicht als *Arbeit* betrachten. Augustinus betont, dass im Paradies »lobenswerte Arbeit nicht mühselig« war – sie war eher ein angenehmes *Hobby*.[24]

Die vorreformatorischen Kirchenmänner verstanden Arbeit, »Mühsal«, als Strafe. In der mittelalterlichen visionären Literatur, in der von den kirchlichen Vorstellungen von der Hölle die Rede ist, zeigt die Arbeit ihr wahres Antlitz als Folterinstrument: Sünder werden mit Hämmern und anderen Werkzeugen bestraft.[25] Darüber hinaus gibt es in diesen Visionen in der Hölle eine noch grausamere Qual als die direkte körperliche Folter: ewige Arbeit. Als der fromme Bruder Brendan im 6. Jahrhundert bei seinem Besuch im Jenseits einen Arbeiter sah, machte er sofort das Kreuzzeichen: Er erkannte, dass er dort angekommen war, wo man alle Hoffnung fahren lässt. Hier die Schilderung seiner Vision:

Als sie weitergingen, hörten sie etwa einen Steinwurf entfernt das Geräusch eines Blasebalgs, der wie ein tosender Sturm blies, und das Schlagen von Vorschlaghämmern auf Ambossen und Eisen. Dann wappnete sich der heilige Brendan am ganzen Körper mit dem Kreuzzeichen und sagte: »Oh, Herr Jesus Christus, erlöse uns von diesem unheimlichen Eiland.« Bald erschien einer der Bewohner zur Arbeit. Er war behaart und bot einen grauenhaften Anblick, geschwärzt von Feuer und Rauch. Als er die Diener Gottes in der Nähe der Insel sah, zog er sich in seine Schmiede zurück und schrie dabei laut: »Weh! Weh! Weh!«[26]

Wenn man sich im diesseitigen Leben nicht gut verhält, so dachte man damals, ist man im nächsten Leben zur Arbeit verdammt. Und noch schlimmer, die Arbeit ist der vorreformatorischen Kirche zufolge vollkommen nutzlos und in einem Ausmaß sinnlos, das man sich selbst an seinem schlimmsten Arbeitstag auf Erden niemals vorstellen kann.

Dieses Thema kristallisiert sich in der Apotheose der vorreformatorischen Weltsicht heraus, in Dantes *Göttlicher Komödie* (die er kurz vor seinem Tod im Jahr 1321 vollendete). Darin sind Sünder, die ihr Leben dem Geld gewidmet haben – sowohl Verschwender als auch Geizhälse – dazu verdammt, riesige Felsbrocken in einem ewigen Kreis herumzuschieben:

> Dort sah ich mehr als anderswo Gedränge.
> Von beiden Seiten unter lautem Brüllen
> Wälzten sie Lasten mit der Kraft der Schultern.
>
> Sie stießen aufeinander, und dann wandte
> Sich jeder um, sie schrien sich entgegen:
> »Was hältst du fest?« »Was streust du in die Winde?«
>
> So drehten sie sich in dem finstern Kreise
> Auf beiden Seiten bis zum Gegenpunkte
> Und schrien immer ihre eigne Schande.
>
> Dann kehrte jeder um, wenn er gekommen
> Auf seinem Halbkreis zu dem nächsten Streite.[27]

Dante hat diese Idee aus der griechischen Mythologie entliehen. Im Tartarus, wo im Jenseits besonders schlechte Menschen landen, wurde der gierige Sisyphus schwer bestraft. Er war dazu verdammt, einen schweren Stein einen Hügel hinaufzuwälzen, von dem er immer wieder hinunterrollte.[28] Der Sonntag winkt Sisyphus und den Sündern aus Dantes Inferno, doch er kommt nie. Sie sind zum ewigen Freitag verdammt.

Wenn wir diesen Hintergrund berücksichtigen, verstehen wir besser, wie stark sich unsere Einstellung zur Arbeit durch die Reformation verändert hat. Metaphorisch ausgedrückt, verschob sie den Schwerpunkt des Lebens vom Sonntag auf den Freitag. Die protestantische Ethik richtete die Ideologie so gründlich neu aus, dass sogar das Verhältnis von Himmel und Hölle umgekehrt wurde. Nachdem die Arbeit auf Erden zum Selbstzweck geworden war, fiel es dem Klerus schwer, sich den Himmel als einen Ort des Müßiggangs vorzustellen, wo man seine Zeit vergeudete. Arbeit konnte nicht mehr länger als höllische Bestrafung betrachtet werden. Daher erklärte der reformierte Geistliche Johann Kaspar Lavater im 18. Jahrhundert, »[selbst im Himmel] können wir ohne eine Beschäftigung nicht gesegnet sein. Eine Beschäftigung zu haben, bedeutet, eine Berufung zu verspüren, ein Amt, eine spezielle, besondere Aufgabe zu haben«.[29] Der Baptist William Clarke Ulyat formulierte es zu Beginn des 20. Jahrhunderts kurz und bündig: »[Der Himmel] ist praktisch eine Werkstatt.«[30]

Die protestantische Ethik erwies sich als so mächtig, dass ihre Ausrichtung auf die Arbeit sogar unsere Fantasie durchdrang. Ein hervorragendes Beispiel ist Daniel Defoes *Robinson Crusoe* (1719), der Verfasser des Romans war als protestantischer Prediger ausgebildet. Nach dem Schiffbruch auf einer einsamen Insel ist Crusoe nicht müßig, sondern arbeitet die ganze Zeit. Er ist ein so gehorsamer Protestant, dass er nicht einmal am Sonntag frei nimmt, obwohl er sich ansonsten an die Sieben-Tage-Woche hält. Nachdem er einen Wilden vor dessen Feinden gerettet hat, nennt er ihn passenderweise Freitag, lehrt ihn die protestantische Ethik und lobt ihn dann auf eine Weise, die perfekt den idealen Arbeiter dieser Ethik beschreibt: »Es konnte keinen treueren, ergebeneren und aufrichtigeren Diener geben, als Freitag es war. Nie zeigte er sich heftig, mürrisch oder arglistig; stets war er gefällig und fleißig und brachte mir die Zuneigung eines Sohnes entgegen.«[31]

In Michel Tourniers satirischer Nacherzählung *Freitag oder das Leben in der Wildnis* aus dem 20. Jahrhundert ist Freitags Übertritt zur protestantischen Ethik zunächst noch totaler. Crusoe beschließt, Freitag auf die Probe zu stellen, indem er ihm eine Aufgabe gibt, die noch mehr einer Sisyphusarbeit gleicht als die Vorschriften in Cassians Mönchsregel:

Ich trug ihm eine Aufgabe auf, die in jedem Gefängnis der Welt als besonders erniedrigende Schikane gilt: Ein Loch zu graben und es mit dem Aushub eines zweiten zu füllen; dann ein drittes zu graben und so weiter. Er schuftete einen ganzen Tag lang in brütender Hitze ... Zu sagen, Freitag zeigte keinerlei Anzeichen von Abneigung gegen diese idiotische Beschäftigung, genügt nicht. Selten sah ich ihn so bereitwillig arbeiten.[32]

Sisyphus ist wirklich zum Helden geworden.[33]

Das leidenschaftliche Leben

Wenn wir die Hacker-Ethik in diesen großen historischen Kontext einordnen, erkennen wir leicht, dass sie – nicht als Ethik der Computerhacker, sondern als allgemeine soziale Herausforderung – der präprotestantischen Ethik weitaus stärker ähnelt als der protestantischen Ethik. Daher könnten wir sagen, dass der Sinn des Lebens für einen Hacker näher beim Sonntag als beim Freitag liegt. Allerdings, und das ist wichtig, nur näher, er ist nicht mit dem Sonntag identisch: Letztendlich ist die Hacker-Ethik nicht identisch mit der präprotestantischen Arbeitsethik, die von einem Paradies träumt, ohne etwas dafür zu tun. Hacker wollen ihre Leidenschaften verwirklichen. Sie akzeptieren, dass die Erledigung selbst interessanter Aufgaben nicht immer das vollkommene Glück sein kann.

Bei den Hackern beschreibt das Wort *Leidenschaft* treffend den allgemeinen Tenor ihres Handelns, auch wenn dessen Erfüllung nicht in jeder Hinsicht reines, fröhliches Spiel sein muss. So schildert Linus Torvalds seine Arbeit an Linux als eine Kombination aus einem unterhaltsamen Hobby und ernsthafter Arbeit: »Linux ist vor allem ein Hobby (aber die beste Form: ein ernsthaftes Hobby).«[34] Obwohl das Hacken leidenschaftlich und kreativ ist, gehört auch harte Arbeit dazu. Raymond schreibt in seiner Anleitung »How to Become a Hacker«: »Ein Hacker zu sein bringt viel Spaß, allerdings eine Form von Spaß, die viel Einsatz fordert.«[35] Einsatz ist immer erforderlich, sobald ein bisschen mehr als das Übliche geschaffen werden soll. Wenn es sein muss, sind Hacker auch zu den weniger interessanten Teilen bereit, die für die Schaffung des Ganzen nötig sind. Allerdings verleiht der Sinn des Ganzen selbst den langweiligeren Aspekten eine Bedeutung. Raymond schreibt: »Die harte Arbeit und die Hingabe sind weniger Mühsal als eine Art intensives Spiel.«[36]

Es gibt einen Unterschied zwischen ständiger Freudlosigkeit und dem Wissen, eine Leidenschaft im Leben gefunden zu haben, für deren Verwirklichung man bereit ist, auch den weniger erfreulichen, aber notwendigen Teil auf sich zu nehmen.

Kapitel 2

Zeit ist Geld?

»Zeit ist Geld«

Ein weiterer zentraler Aspekt der besonderen Arbeitsweise von Hackern liegt in ihrem Verhältnis zur Zeit. Linux, das Netz und der PC wurden nicht in einem Büro während der üblichen Arbeitszeiten entwickelt. Als Torvalds die ersten Versionen von Linux programmierte, arbeitete er bis spät in die Nacht, stand am frühen Nachmittag auf und machte weiter. Manchmal programmierte er gar nicht, spielte einfach mit dem Computer oder beschäftigte sich mit etwas ganz anderem. Freie Zeiteinteilung ist typisch für Hacker, denn sie schätzen einen individuellen Lebensrhythmus.

Max Weber betont in seinem berühmten Aufsatz die organische Verbindung zwischen den Konzepten von Arbeit und Zeit, indem er ein bestimmtes Verhältnis zur Zeit in sein Konzept der protestantischen Arbeitsethik einfügt. Er zitiert Benjamin Franklins berühmten Satz »Zeit ist Geld«.[1] Der Geist des Kapitalismus entwickelte sich aus dieser Einstellung gegenüber der Zeit.

Wenn wir bedenken, welch dominierende Rolle die Zeit in der Netzwerk-Gesellschaft spielt, ist offensichtlich, dass sich die New Economy zwar in vielen Aspekten von dem alten industriellen Kapitalismus unterscheidet, im Hinblick auf die optimale Nutzung der Zeit jedoch größtenteils den Vorgaben der protestantischen Ethik folgt. Heute sind selbst kürzere Zeiteinheiten Geld. Castells spricht folgerichtig von einem Trend zur Zeitkomprimierung in der Netzwerk-Gesellschaft.[2]

Optimierte Zeit

Die Optimierung der Zeit hat Konsequenzen, denen niemand entgehen kann. Bereits die Präsentation von Wirtschaftsnachrichten im Fernsehen zeigt, wie die Zeit immer schneller für uns tickt. Die Hintergrundmusik für die Wirtschaftsnachrichten auf CNBC hat mittlerweile mehr Drive als auf MTV, und auch die schnelle visuelle Ästhetik übertrifft bald jedes Musikvideo. Der Zuschauer muss den Inhalt der Nachrichten nicht verstehen, um zu begreifen, dass Eile geboten ist. Und genauso erkennt er, auch ohne die Bedeutung der Nachrichten selbst erfassen zu müssen, dass die Wirtschaft das Tempo unseres Handelns bestimmt. Im Übrigen ähneln die »Business News« auffallend dem Wetterbericht. Bei beiden werden wir über die »Wetterbedingungen« informiert, mit denen wir uns einfach abfinden müssen: freundlich in New York mit einem erfreulichen Anstieg der NASDAQ, Sturm- und Verlustwarnungen in Tokio ...

In seiner Untersuchung *The Information Age* weist Castells

empirisch nach, wie der Wettbewerb in der globalen Informationswirtschaft zunimmt (oder, um genau zu sein, der
Informatik-Wirtschaft, denn jede Wirtschaft basiert auf Informationen, doch unsere gründet auf dem Paradigma der
neuen Informationstechnologie; daher wird der Ausdruck
Informatik-Wirtschaft als Synonym für diese Vorstellung gebraucht).[3] Ein rascher technischer Fortschritt erfordert, dass
die neue Technologie den Verbraucher schnell erreicht, bevor einem die Konkurrenz zuvorkommt. Wer langsam ist,
bleibt mit seinen überflüssigen Produkten zurück; noch
schlimmer ist eine verspätete Reaktion auf fundamentale
Veränderungen in der Technologie.

Hervorragende Beispiele für diese Kultur der Geschwindigkeit sind Amazon.com, Netscape und Dell Computer, die
derzeitigen Symbole für die Informationswirtschaft in den
Medien. Jeff Bezos, ein ehemaliger Börsenmakler und Begründer des Online-Kaufhauses Amazon.com, erklärt, warum es so wichtig ist, mit dem technischen Fortschritt mit-
zuhalten: »Wenn etwas um 2300 Prozent im Jahr wächst
[wie das Netz zu der Zeit, als Amazon.com gegründet wur-
de], muss man schnell sein. Das Gefühl für die Dringlichkeit
wird zum kostbarsten Vermögenswert.«[4] Jim Clark, der Netscape als das zweite seiner drei milliardenschweren Unternehmen gründete, beschreibt seine Flucht von Illinois, wo
er den für den Durchbruch des World Wide Web entscheidenden Mosaic Browser entwickelte, ins Silicon Valley,
nachdem er die Möglichkeiten erkannt hatte, die das Web
bot: »Die Uhr tickte. Selbst der dreieinhalbstündige Flug von

Illinois nach San Francisco war verlorene Zeit. Verglichen mit dem Gesetz der kontinuierlichen Beschleunigung wirkte das Mooresche Gesetz mit seinen Sprüngen im Abstand von 18 Monaten fast gemütlich [laut dem Intel-Gründer Gordon Moore verdoppelt sich die Effizienz von Mikroprozessoren alle 18 Monate].[5] Wir hatten noch viel weniger Zeit, um ein völlig neues Produkt herzustellen und auf den Markt zu bringen ... Man rechnete nicht mehr mit den achtzehnmonatigen Zeitabschnitten des Mooreschen Gesetzes – das war inzwischen eine Ewigkeit! –, sondern mit dem Tempo, mit dem sich Licht in einem Glasfaserkabel fortbewegt.«[6]

Clarks Gesetz der »kontinuierlichen Beschleunigung« verlangt, dass technologische Produkte immer schneller auf den Markt kommen. Auch das Kapital der in diesem Bereich erfolgreichen Unternehmer muss sich immer schneller bewegen. Investitionen wechseln häufig innerhalb von Stunden, Minuten oder sogar Sekunden die Ziele. Kapital darf nicht in Lagerhäusern oder in Form von überschüssigem Personal irgendwo verharren: Es muss für schnelle Investitionen in technologische Neuerungen oder in sich ständig verändernde Ziele auf den Finanzmärkten bereitstehen.

Die Komprimierung der Zeit hat mittlerweile einen Punkt erreicht, an dem der technische und wirtschaftliche Wettbewerb in dem Versprechen besteht, dass die Zukunft den Konsumenten schneller erreicht als durch die Vermittlung der Konkurrenz. Neue technologische Errungenschaften werden mit der Behauptung vermarktet, dass sie uns jetzt die Zukunft bringen. Dementsprechend gibt sich in der Wirtschaft niemand mit dem Gedanken zufrieden, dass er reich wird, indem er auf die Zukunft wartet; daher haben Net-Firmen in Rekordzeit ihren Wert enorm gesteigert, noch lange bevor sich ihre Erwartungen an die Zukunft erfüllen konnten.

In dieser Welt der Geschwindigkeit kann eine rasche Veränderung des Umfelds (zum Beispiel eine technologische Weiterentwicklung oder eine überraschende Schwankung auf den Finanzmärkten) selbst hervorragende Unternehmen in Schwierigkeiten bringen und sie zwingen, Mitarbeiter zu entlassen, die ausgezeichnete Arbeit geleistet haben.

Um sich diesen raschen Veränderungen und dem beschleunigten technisch-wirtschaftlichen Fortschritt anzupassen, sind die Unternehmen zu beweglicheren Betriebsformen übergegangen. Beweglichkeit wird in erster Linie durch Vernetzung erreicht. In seinem Epilog beschreibt Manuel Castells den Aufstieg des *Netzwerk-Unternehmens*.[7] Netzwerk-Unternehmen konzentrieren sich auf ihre Stärken und bilden entsprechend ihrer wechselnden Bedürfnisse Netzwerke mit Subunternehmen und Beratern. Es dauert zu lange, sich jede Fertigkeit selbst anzueignen, und zusätzliches Personal kann später zur Belastung werden. Netzwerk-Unternehmen sind auf Projektbasis sogar zu Allianzen mit ihren Konkurrenten bereit, während sie ansonsten entschiedene Rivalen bleiben. Intern setzen sich Netzwerk-Unternehmen aus relativ unabhängigen Arbeitseinheiten zusammen, die gemeinsam an verschiedenen Projekten arbeiten.

Die Mitarbeiter sind mit flexibleren Verträgen angestellt als bei einem dauerhaften Arbeitsverhältnis. Castells bezeichnet sie als *Flexworkers* (Flexarbeiter).[8] Das Netzwerk-Modell ermöglicht es einem Unternehmen, nur das Personal zu beschäftigen, das für die laufenden Projekte erforderlich ist. Das bedeutet, dass in der New Economy nicht die Unternehmen die eigentlichen Arbeitgeber sind, sondern die Projekte.[9]

Zweitens werden die Abläufe in der Netzwerk-Gesellschaft durch die Optimierung von Prozessen beschleunigt. Dies wird nach dem viel beachteten Artikel des Management-Vordenkers Michael Hammer »Reengineering: Don't Automate, Obliterate«, erschienen 1990 im *Harvard Business Review*, auch als Reengineering[10] bezeichnet. Die Anpassung an die New Economy bedeutet nicht einfach, einem alten Ablauf eine Website hinzuzufügen; sie erfordert ein Umdenken bei sämtlichen Prozessen. Nach der Veränderung enthält der Vorgang vielleicht völlig neue Phasen. Zumindest verzichtet man auf alle unnötigen Zwischenstufen, und die Lagerzeit von Produkten wird verringert oder ganz beseitigt. In der Kultur der Geschwindigkeit ist Immobilität noch schlimmer als Langsamkeit.[11]

Drittens spielt auch die Automatisierung, die uns noch aus der Industriegesellschaft bekannt ist, eine wichtige Rolle. Es ist sehr aufschlussreich, dass in Berichten über Hightech-Unternehmen oft Arbeiter am Fließband zu sehen sind. Wenn ein Prozess optimiert wurde, müssen seine Bestandteile nach wie vor durch Automatisierung beschleunigt werden (manchmal erfolgen Prozess-Optimierung und Automatisierung in der umgekehrten Reihenfolge, was leicht dazu führt, dass unnötige oder völlig falsche Arbeiten erledigt werden). Auch die Hightech-Industrie ist immer noch auf die materielle Produktion angewiesen, allerdings sind die Menschen dabei möglichst nur Randfiguren, und sie lernen, ihre Handgriffe auf besonders zeitsparende Weise zu tun. Eine aktualisierte Version des Taylorismus, der von Frederick Winslow Taylor entwickelten Methode zur Zeit-Optimierung, existiert demnach auch noch in der Netzwerk-Gesellschaft.

Von dem typischen Berufstätigen in der Informationsbranche verlangt die Kultur der Geschwindigkeit heute eine immer effizientere Nutzung der Arbeitszeit. Der Arbeitstag zerfällt in verschiedene schnelle Termine, sodass man immer von einem zum nächsten weiterhetzen muss. Da man ständig versucht, die Fristen eines Projekts einzuhalten, bleibt keine Zeit für Spielereien. Wer an der Spitze bleiben will, muss seine Zeit optimal nutzen.

Der Sonntag wird zum Freitag

Die zentrale Ausrichtung der alten protestantischen Ethik auf die Arbeit bedeutete, dass für das Spiel bei der Arbeit keine Zeit blieb. Die Verherrlichung dieser Ethik in der Informationswirtschaft lässt sich daraus ersehen, dass das Ideal der Zeitoptimierung mittlerweile auch auf das Leben außerhalb des Arbeitsplatzes ausgedehnt wird (wenn es ein derartiges Leben überhaupt gibt). Der Druck der Optimierung im Arbeitsleben – oder, um unsere Metaphern aus Kapitel 1 zu verwenden, der Druck auf den Freitag – ist inzwischen so stark, dass er den anderen Pol der protestantischen Ethik, die Ruhe in der Freizeit oder am Sonntag, verdrängt. Wenn das Arbeitsleben erst einmal vollständig optimiert ist, wird der Anspruch auf Perfektion auf andere Bereiche übertragen. Selbst in der Freizeit kann man nicht mehr einfach »sein«, sondern muss dieses »Sein« besonders gut gestalten. So entspannt nur ein Anfänger, ohne zuvor Unterricht in Entspannungstechniken genommen zu haben. Und mitleidige Blicke erntet, wer sein Hobby nur hobbymäßig betreibt.

Zuerst wurde der Arbeit das Spielerische genommen, dann auch dem Spiel. Es bleibt die optimierte Freizeit. Witold Rybczynski zitiert in seinem Buch *Am Freitag fängt das Leben an* ein gutes Beispiel für die Veränderung: »Früher ›spielten‹ die Leute Tennis, heute ›arbeiten‹ sie an ihrer Rückhand.«[12] Eine weitere, auf die Arbeit ausgerichtete Methode der Freizeitgestaltung ist das Erlernen von Fertigkeiten, die für die Arbeit wichtig sind. Oder man löst sich so gut wie möglich von der Arbeit, um dann wieder in der bestmöglichen Form weiterarbeiten zu können.

In einem optimierten Leben übernimmt die Freizeit das Muster der Arbeitszeit. Die Zeit zu Hause ist genauso eingeteilt und verplant wie die Arbeitszeit: 17.30–17.45 Uhr: Kind zum Sport bringen. 17.45–18.30 Uhr: Fitnessstudio. 18.30–19.20 Uhr: Sitzung beim Therapeuten. 19.20–19.35 Uhr:

Kind vom Sport abholen. 19.35–20 Uhr: Abendessen zubereiten und essen. 20–23 Uhr: Fernsehen mit der Familie. 23–23.35 Uhr: Kind zu Bett bringen, Unterhaltung mit Lebenspartner. 23.35–0.35 Uhr: die Late-Night-Show ansehen. 0.35–0.45 Uhr: dem Partner weitere Aufmerksamkeit zukommen lassen (gelegentlich). Der Tag ist nach dem Vorbild des Arbeitslebens in klare Zeitabschnitte unterteilt. Natürlich wird das noch durch das Fernsehprogramm verstärkt. Die Zeit, die man zu Hause verbringt, wird oft so erlebt wie die Zeit am Arbeitsplatz: Man hetzt von einem Termin zum nächsten, damit man alle einhalten kann. Eine Mutter erklärte einem Interviewer sehr treffend, dass ihrer Ansicht nach die Familien ein neues Statussymbol haben: »Früher war es ein Haus oder ein Auto. Heute sagt man: ›Du hast viel zu tun? Du solltest erst mal sehen, wieviel *wir* zu tun haben.‹«[13]

Die Soziologin Arlie Russell Hochschild beschreibt in ihrem Buch *Time Bind* hervorragend, in welchem Ausmaß im häuslichen Bereich Methoden aus der Geschäftswelt zur optimalen Nutzung der Zeit angewendet werden. Hochschild untersucht die Veränderungen zu Hause nicht im Hinblick auf die Informationswirtschaft, doch die Veränderungen lassen sich leicht in einen größeren Kontext einordnen, wenn man sie als Adaptationen der drei Formen der Zeitoptimierung betrachtet, die im Geschäftsleben verwendet werden. Auch unser Zuhause wurde »taylorisiert« oder automatisiert, damit die Aufgaben des Menschen möglichst einfach und leicht zu erledigen sind. Hochschild spricht treffend davon, dass den Eltern zu Hause die Kompetenz entzogen wird: Fertiggerichte für die Mikrowelle ersetzen selbst gekochte Mahlzeiten nach eigenen Rezepten. Familien sorgen nicht mehr für ihre eigene Unterhaltung, sondern drücken die Fernbedienung und reihen sich in das soziale Fließband des Fernsehens ein. Mit treffsicherer Ironie schildert sie die Szene: »Nach dem Abendessen sitzen manche Familien stumm, aber gemütlich beisammen und sehen sich Sitcoms an, in denen sich Fernsehmütter, -väter und Kinder eifrig miteinander unterhalten.«[14]

Beim Management des eigenen Haushalts kommt noch eine weitere Geschäftsstrategie ins Spiel: die Vernetzung, vor allem in Form von Outsourcing, die von Fertiggerichten bis zu Kindertagesstätten reicht (die Zubereitung von Nahrung und die Betreuung der Kinder wird an »Subunternehmer« vergeben). Hochschild beschreibt das Image der Mutter (oder des Vaters), das dadurch entsteht: »Die in Zeitnot geratene Mutter muss sich entscheiden, ob sie Mutter sein will oder eine zum Produkt gewordene Version der Mutterschaft von jemand anderem kauft. Indem sie auf eine wachsende Palette von Gütern und Dienstleistungen vertraut, wird sie immer mehr zur Managerin des Elternseins und beaufsichtigt und koordiniert die nach außen vergebenen Teile des Familienlebens.«[15]

Dann folgt die Optimierung des Vorgangs. Selbst zu Hause wird der »Betriebsablauf« der Kinderbetreuung optimiert, indem man die »unnötigen« Teile abschafft. Eltern verbringen nicht mehr einfach ineffizient Zeit mit ihren Kindern;

sie widmen ihnen »Qualitätszeit«. Anfang und Ende der Qualitätszeit sind genau festgelegt, meist unternimmt man etwas oder erzielt ein bestimmtes Ergebnis (zum Beispiel besucht man eine Schulaufführung oder einen Wettkampf des Kindes oder fährt in einen Freizeitpark). In der Qualitätszeit wird jegliche Ausfallzeit minimiert oder beseitigt. Eltern, die die Kultur der Geschwindigkeit völlig verinnerlicht haben, meinen sogar, dass auch das Kind denkt, dieses Verhalten sei ebenso gut oder sogar besser als eine Beziehung, bei der die Erwachsenen unbegrenzt Zeit für das Kind haben. Dazu Hochschild: »Die Qualitätszeit birgt die Hoffnung, dass planmäßige, intensive Phasen des Zusammenseins den Gesamtverlust der Zeit so kompensieren können, dass die Beziehung keinen Qualitätsverlust erfährt.«[16]

Flexible Zeit

In der Informationswirtschaft wurde das gesamte Leben in einer für die Arbeit typischen (und in früheren Zeiten untypischen) Weise optimiert. Doch das ist noch nicht alles. Zusätzlich zu der auf die Arbeit ausgerichteten *Optimierung* der Zeit umfasst die protestantische Ethik auch die auf die Arbeit ausgerichtete *Organisation* von Zeit. Mit der protestantischen Ethik entstand die Vorstellung einer regulären Arbeitszeit als Mittelpunkt des Lebens. Die Selbstorganisation ging verloren und wurde in den Bereich verbannt, den die Arbeit übrig ließ: den Abend als Überbleibsel des Tages, das

Wochenende als Überrest der Woche und den Ruhestand als den Rest, der nach dem Arbeitsleben noch bleibt. Im Mittelpunkt des Lebens steht die regelmäßig wiederholte Arbeit, die alle anderen Verwendungen der Zeit organisiert. Weber beschreibt Geringschätzung der unregelmäßigen Arbeit in der protestantischen Ethik: »Die unstete Arbeit, zu welcher der gewöhnliche Tagelöhner gezwungen ist, ist oft ein unvermeidlicher, aber stets unerwünschter Zwischenzustand. Es fehlt eben dem Leben des ›Berufslosen‹ der systematisch-methodische Charakter, den ... die innerweltliche Askese verlangt.«[17]

Bislang hat die Organisation der Zeit in der Informationswirtschaft noch nicht viel verändert. Noch können nur wenige von den strikten, regulären Arbeitsstunden abweichen, obwohl die neuen Informationstechnologien die Zeit nicht nur komprimieren, sondern auch flexibler gestalten. (Castells beschreibt dies so, dass die Zeit von der Abfolge losgelöst wird.) Mit Technologien wie dem Internet und dem Handy kann man arbeiten, wo und wann es einem gefällt.

Doch die neue Flexibilität führt nicht automatisch zu einer ganzheitlicheren Organisation von Zeit. Tatsächlich dominiert in der Informationswirtschaft die Entwicklung, dass Flexibilität die Ausrichtung auf die Arbeit noch verstärkt. Immer häufiger nutzen die im IT-Bereich Tätigen die Flexibilität, um auch in der Freizeit kurze Arbeitsphasen einzulegen. In der Praxis konzentriert sich der Zeitblock, der für die Arbeit reserviert ist, immer noch um einen Arbeitstag von acht Stunden (oder mehr), doch auch die Freizeit wird durch

Arbeit unterbrochen: eine halbe Stunde Fernsehen, eine halbe Stunde E-Mails schreiben, eine halbe Stunde draußen mit den Kindern spielen, dazwischen verschiedene geschäftliche Gespräche mit dem Handy.

Die drahtlosen Kommunikationsmittel – wie zum Beispiel das Handy – verleihen für sich allein noch keine Freiheiten; sie können auch als »Nottechnik« für dringende Fälle fungieren. Leicht wird jedes Telefongespräch zu einem Notruf und das Handy zu dem Instrument, mit dem man die Notfälle des Tages übersteht.

So gesehen enthält die Tatsache, dass die ersten Nutzer des Telefons (sowohl im Festnetz als auch über Funk) Notfall-Spezialisten wie zum Beispiel Polizisten waren, die in dringenden Fällen rasch reagieren mussten, eine gewisse Ironie. Aronson und Greenbaum schildern, wie beispielsweise Ärzte mit Telefonanschluss »langsam, aber stetig moralisch verpflichtet wurden, ständig telefonisch erreichbar zu sein«.[18] Auch dem breiteren Publikum wurde das Telefon ursprünglich als Überlebenshelfer schmackhaft gemacht. In einer Reklame aus dem Jahr 1905 wird beschrieben, wie das Telefon das Leben einer einsamen Hausfrau retten kann: »Die moderne Frau stellt fest, dass Notfälle dank des Telefons ihren Schrecken verlieren. Sie weiß, sie kann ihren Arzt oder wenn nötig die Polizei oder Feuerwehr schneller herbeirufen, als es üblicherweise dauert, nach einem Bediensteten zu klingeln.«[19] Ein weiterer Vorzug war der Werbung zufolge, dass ein Geschäftsmann seiner Frau mitteilen konnte, er komme wegen einer dringenden Angelegenheit später nach Hause.

In einer Reklame aus dem Jahr 1910 sagt ein Mann zu seiner Frau »Ich komme eine halbe Stunde später«, und die Frau antwortet fröhlich »In Ordnung, John«. Der Text unter der Illustration erklärt weiter: »Unerwartete Vorfälle halten den Geschäftsmann oft im Büro fest. Mit einem Bell-Telefon auf dem Schreibtisch und einem Telefon bei sich zu Hause kann er seine Familie sofort erreichen. Wenige Sätze und die Familie ist beruhigt.«[20]

Seit den ersten Worten, die der Erfinder Alexander Graham Bell im Jahr 1876 am Telefon zu seinem Assistenten sprach (»Mr. Watson, kommen Sie hierher, ich brauche Sie«), ist das Telefon mit der Kultur der Dringlichkeit eng verbunden. Paradox daran ist, dass eine hoch entwickelte Technologie uns leicht auf die niedrigste Stufe des Überlebenskampfes versetzt: Wir sind ständig auf Abruf bereit, um auf dringende Situationen zu reagieren. Das Bild der Elite in der Informationswirtschaft spiegelt diese Veränderung wider: Früher gehörte man zur Elite, wenn man nicht mehr von einem Ort zum anderen eilen musste; heute besteht die Elite aus Menschen, die ständig in Bewegung sind, sich per Handy um dringende Geschäfte kümmern und stets versuchen, irgendeinen Termin zu schaffen.

Der Freitag wird zum Sonntag

Wenn wir den technischen Fortschritt dazu nutzen, uns noch stärker auf die Arbeit auszurichten, haben Technologien wie etwa der Mobilfunk leicht die Folge, dass sich die Grenze zwischen Arbeit und Freizeit zugunsten der Arbeit auflöst. Die optimierte und flexible Nutzung der Zeit kann dazu führen, dass der Sonntag mehr und mehr zum Freitag wird.

Doch diese Entwicklung ist nicht zwangsläufig. Hacker optimieren die Zeit, damit sie mehr Raum für Spiele haben: Torvalds zum Beispiel ist der Ansicht, dass auch mitten in der Arbeit für die Entwicklung von Linux immer noch Zeit sein muss für eine Partie Pool oder Programmierexperimente, die kein unmittelbares Ziel haben. Diese Einstellung teilen Hacker seit den Tagen am MIT in den 60er Jahren. In der Hacker-Version der flexiblen Arbeitszeit werden unterschiedliche Lebensbereiche wie Arbeit, Familie, Freunde, Hobbys und so weiter locker kombiniert, sodass die Arbeit nicht immer im Mittelpunkt steht. Ein Hacker trifft sich mitten am Tag mit seinen Freunden zu einem ausgedehnten Mittagessen oder geht abends mit ihnen ein Bier trinken und arbeitet dann am Nachmittag oder am nächsten Tag weiter. Manchmal entschließt er oder sie sich vielleicht spontan, den ganzen Tag nicht zu arbeiten und etwas völlig anderes zu unternehmen. Nach Ansicht eines Hackers sollte der Einsatz von Maschinen zur optimalen und flexiblen Nutzung der Zeit den Menschen ein Leben ermöglichen, das weniger dem einer Maschine gleicht – also weniger von Optimierung und Routine geprägt ist. Raymond schreibt dazu: »Um sich wie ein Hacker zu verhalten, muss man hinreichend überzeugt sein [dass der Mensch nie stupide, sich wiederholende Arbeit verrichten soll], um die langweiligen Elemente durch Automatisierung so weit wie möglich abzuschaffen, und zwar nicht nur für sich selbst, sondern auch für alle anderen.«

Wenn das Hacker-Ideal der selbstbestimmten Zeit realisiert wird, dann sollte sich der Freitag (die Arbeitswoche) dem traditionellen Sonntag (den »Überresten des Lebens«) angleichen.

Historisch betrachtet hat die Freiheit, die eigene Zeit selbst zu organisieren, einen Vorläufer in der Akademie. Die Akademie verteidigte stets die Freiheit einer Person, ihre Zeit selbst zu gestalten. Platon definierte das akademische Verhältnis zur Zeit, indem er sagte, ein freier Mann habe *scholé*, das heißt Muße. »Es kümmert sie [die Freien] nicht, ob sie lang oder kurz reden, wenn sie nur das Rechte treffen.«[21] Doch *scholé* bedeutete nicht einfach »Muße«, sondern auch ein bestimmtes Verhältnis zur Zeit: Wer ein akademisches Leben führte, konnte *seine Zeit selbst einteilen* – konnte Arbeit und Freizeit so kombinieren, wie er wollte. Obwohl sich ein freier Mann zu bestimmten Arbeiten verpflichten konnte, gehörte seine Zeit niemandem. Wenn man nicht über seine Zeit bestimmen konnte – *ascholía* –, wurde dies mit dem Zustand der Gefangenschaft (Sklaverei) in Verbindung gebracht.

Im vorreformatorischen Leben bestimmten die Menschen auch außerhalb der Akademie mehr über ihre Zeit als nach der Reformation. In *Montaillou: Ein Dorf vor dem Inquisitor 1294–1324* liefert Emmanuel Le Roy Ladurie ein faszinierendes Porträt des Lebens in einem mittelalterlichen Dorf Ende des 13. und Anfang des 14. Jahrhunderts. Die Dorfbewohner hatten keine Möglichkeit zur exakten Zeitbestimmung. Wenn sie über Zeit sprachen, verwendeten sie vage Begriffe und sagten beispielsweise, etwas sei in der Jahreszeit geschehen, »da die Ulmen eben ihre Blätter entfaltet haben« oder etwas dauere so lange »wie man braucht, zwei Vaterunser zu sagen«.[22] In Montaillou benötigte man keine genauen Zeitangaben, da das Leben im Dorf keinen festen Arbeitsrhythmus kannte.

Le Roy Ladurie schreibt: »Die Leute von Montaillou fürchteten harte Arbeit nicht und konnten fest zupacken, wenn sie mussten; aber feste Arbeitszeiten waren ihnen noch fremd ... Gelegenheiten zu einem Schwätzchen mit einem Freund nahm man gern wahr und hieß Unterbrechungen im Allgemeinen willkommen: ›Als ich das hörte‹, sagte Arnaud Sicre, ›legte ich meine Arbeit beiseite und ging zu Guillemette Maury ...‹ Oder bei anderer Gelegenheit: ›Pierre Maury ließ mich aus der Werkstatt holen, wo ich Schuhe machte ...‹, ›Guillemette ließ mir sagen, dass ich zu ihr kommen sollte, und ich tat es.‹ Oder schließlich: ›Als ich das hörte, ließ ich die Arbeit liegen ...‹.«[23]

In Montaillou bestimmte meistens noch der Arbeiter und nicht die Uhr das Tempo. Heute würde man einen Schuster entlassen, der mitten am Tag beschließt, die Arbeit liegen zu lassen und mit einem Freund ein Glas Wein zu trinken, egal wie viele Schuhe er anfertigt und wie gut er arbeitet. Berufstätige genießen heute nicht mehr die gleichen Freiheiten und können nicht mehr über ihre Zeit bestimmen wie einst ein Schuster oder Schäfer im »finsteren« Mittelalter. Natürlich ist keine Schilderung des mittelalterlichen Arbeitslebens vollständig ohne die Leibeigenschaft, doch abgesehen von dieser wichtigen Ausnahme können wir von der Arbeit im Mittelalter sagen, dass niemand die Zeiteinteilung der Arbeitenden beaufsichtigte, solange das Ergebnis zufrieden stellend ausfiel.

Nur in den Klöstern war das Leben an den *Glockenschlag* und damit an die Uhr gebunden. So findet sich der historische Vorläufer der protestantischen Ethik wieder einmal im Kloster. Tatsächlich hat man bei der Lektüre der Ordensregeln oft den Eindruck, man lese eine Beschreibung der Abläufe in einem modernen Unternehmen. Die Benediktinerregel ist dafür ein gutes Beispiel. Sie lehrte, dass der Tagesablauf »immer in gleicher Weise bei eben diesen Gebetszeiten« wiederholt werden müsse.[24] Die »Gebetszeiten« waren die sieben kanonischen Stunden *(horae canonicae)*:[25]

Dämmerung:	Morgenlob *(laudes)*
gegen 7.30 Uhr:	Prim, die erste Stunde *(prima)*
Mittag:	Sext, die sechste Stunde *(sexta)*
15 Uhr:	Non, die neunte Stunde *(nona)*
gegen 16.30 Uhr:	Vesper, der Abendgottesdienst *(vespera)*

| Dämmerung: | Komplet, das Nachtgebet (*completorium*, der Abschluss des Tages) |
| Nachts: | Mette, der Nachtgottesdienst *(matutinae)* |

Die kanonischen Stunden legten die Zeit für sämtliche Verrichtungen fest. Nach ihnen stand der Mönch immer zur selben Zeit auf und ging zur selben Zeit zu Bett.[26] Arbeit, Studium und Mahlzeiten wurden ebenfalls bestimmten Stunden zugeschrieben.

Gemäß der Benediktinerregel war eine Abweichung von dem festen Stundenplan zu bestrafen. Verschlafen wurde verurteilt: »Man sorge aber dafür, dass dies ja nicht vorkommt.«[27] Niemand durfte nach eigenem Belieben eine kurze Pause einlegen oder sich stärken, wann er wollte: »Auch nehme sich keiner heraus, vor der festgesetzten Stunde oder nachher etwas zu essen oder zu trinken.«[28] Wer den Anfang der Gebetszeiten versäumte, wurde bestraft[29] – die einzige Ausnahme bei der Forderung nach absoluter Pünktlichkeit war das Nachtgebet, bei dem man bis zur Lesung des zweiten Psalms jederzeit eintreffen konnte (eine »gestaffelte Arbeitszeit«).[30]

Die protestantische Ethik brachte die Uhr aus dem Klosterleben in den Alltag, wodurch das Konzept des modernen Arbeiters und die damit verbundenen Vorstellungen von Arbeitsplatz und Arbeitszeit entstanden. Danach galten Benjamin Franklins Worte in seiner Autobiographie für alle: »Jeder Teil meines Geschäfts habe seine zugewiesene Zeit.«[31] Trotz der neuen Technologie basiert die Informationswirtschaft immer noch überwiegend auf Bürostunden, in denen es keinen Platz für individuelle Abweichungen gibt.

Dies ist eine merkwürdige Welt, und der Wandel, der sie herbeiführte, fand nicht ohne erheblichen Widerstand statt. In seinem Artikel »Time, Work-Discipline, and Industrial Capitalism« (1967)[32] charakterisiert der Soziologe Edward Thompson die Schwierigkeiten, die beim Übergang zur industriellen Arbeit auftraten. Er stellt fest, dass beispielsweise die mittelalterlichen Bauern Arbeit gewohnt waren, die sich an den Aufgaben orientierte. In ihrem traditionellen Denken war es grundlegend notwendig, eine Aufgabe fertigzustellen. Das Wetter setzte gewisse Grenzen, doch innerhalb dieser Grenzen konnte man seine Aufgaben nach persönlicher Neigung erledigen. Die Industriearbeit war dagegen an der Zeit orientiert: Die Arbeit wurde nach der für sie erforderlichen Zeit definiert. Die Idee, das Verhältnis zur Arbeit über die Zeit und nicht über die Arbeit selbst zu definieren, war den Menschen vor der Industrialisierung fremd, und sie wehrten sich dagegen.

Die neue Informationstechnologie bietet ein interessantes Versprechen: Sie könnte eine neue Form der aufgabenorientierten Arbeit ermöglichen. Man muss jedoch bedenken, dass dies nicht automatisch so ist. Tatsächlich sieht es im Moment eher danach aus, dass die Technologie für eine intensivere Kontrolle des Arbeitenden zum Beispiel mittels der Stechuhr genutzt wird. (Die Absurdität dieser Anwendung erinnert mich an einen Monat im wirtschaftlich aufstrebenden Indien. Bei meinen täglichen Spaziergängen fielen mir die indischen Straßenkehrer auf, die von morgens bis abends unterwegs waren, obwohl die Straßen tatsächlich nie sauberer wurden. Als ich meine Verwunderung einem indischen Freund mitteilte und fragte, warum die Chefs der Straßenkehrer nichts unternahmen, erklärte der Freund, ich würde die Angelegenheit aus einer völlig falschen Perspektive betrachten. Fälschlicherweise hätte ich angenommen, die indischen Straßenkehrer hätten die Aufgabe, die Straßen zu fegen, doch es sei gar nicht die Aufgabe der indischen Straßenkehrer, die Straßen zu fegen, sondern *untadelig in der Eigenschaft eines Straßenkehrers zu existieren*! Dies ist auch eine gute Umschreibung für die Ideologie, die sich hinter der Stechuhr verbirgt. Ich kenne besonders raffinierte Stechuhren mit Dutzenden von Codes, die das Personal benutzen soll, um anzuzeigen, mit welcher speziellen Nuance ihrer untadeligen Existenz sie zu einer bestimmten Zeit beschäftigt sind. Dazu gehört auch der Zustand ihres Verdauungssystems, das als Hauptursache und Rechtfertigung für Pausen dient. Das ist zeitorientierter Einsatz von Technik in Höchstform.)

Der Rhythmus der Kreativität

Es ist nicht zu leugnen, dass sich die Verantwortlichen in Unternehmen immer noch zu stark auf die externen Faktoren der Arbeit wie Zeit und Arbeitsplatz konzentrieren, anstatt die Kreativität zu fördern, auf der schließlich der Erfolg eines Unternehmens in der Informationswirtschaft basiert. Die meisten Manager haben die Frage »Besteht der Sinn der Arbeit darin, ›Zeit zu erledigen‹ oder etwas anderes zu erledigen?« nicht verstanden. Anfang der 70er Jahre fasste Les Earnest vom Labor für Künstliche Intelligenz an der Stanford University die Antwort der Hacker auf diese Frage zusammen: »Wir versuchen, Menschen nicht danach zu beurteilen, wie viel Zeit sie vergeuden, sondern danach, was sie über relativ lange Zeiträume wie etwa ein halbes Jahr oder ein Jahr erreichen.«[33]

Diese Antwort lässt sich sowohl pragmatisch als auch ethisch deuten. Die pragmatische Interpretation besagt, dass die wichtigste Quelle der Produktivität in der Informationswirtschaft die Kreativität ist. Es ist nicht möglich, nach Vorschrift von 8 Uhr bis 17 Uhr in ständiger Eile kreativ zu arbeiten. Daher ist es selbst aus rein wirtschaftlichen Gründen wichtig, Spielereien und individuelle Formen der Kreativität zuzulassen, sonst kann es in der Informationswirtschaft durchaus vorkommen, dass die Kontrolle kontraproduktiv wird. Eine wichtige Zusatzbedingung ist dabei, dass bei der Umsetzung der aufgabenorientierten Projektkultur die Termine nicht zu eng gesetzt sind – dass man keine Endtermine hat, die unbedingt eingehalten werden müssen –, sodass allgemein ein kreativer Rhythmus möglich ist.

Noch wichtiger ist natürlich die ethische Dimension der Antwort: Wir sprechen von einem lebenswerten Leben. Die Kultur der Kontrolle der Arbeitszeit ist eine Kultur, die Erwachsene als zu unreif betrachtet, um für ihr Leben verantwortlich zu sein. Nach dieser Sicht gibt es in einem Unternehmen oder einer Behörde nur wenige Mitarbeiter, die über die nötige Reife verfügen, um Verantwortung für sich selbst zu übernehmen. Die Mehrheit der Erwachsenen ist dazu unfähig und braucht die ständige Anleitung von Autoritätspersonen. In einer derartigen Kultur ist die Mehrheit der Menschen zum Gehorsam verurteilt.

Hacker respektieren stets das Individuum. Sie sind von jeher antiautoritär. Raymond definiert die Position der Hacker: »Eine autoritäre Haltung muss bekämpft werden, wo immer man sie findet, bevor sie einen selbst oder andere Hacker unterdrückt.«[34]

Inmitten der Beschneidung von Wert und Freiheit des Individuums, die im Namen der »Arbeit« vorangetrieben wird, erinnert uns die Hacker-Ethik daran, dass unser Leben hier und jetzt stattfindet. Die Arbeit ist ein Teil unseres stetig voranschreitenden Lebens, in dem es aber auch Raum für andere Leidenschaften geben muss. Bei einer Reform der Arbeitsformen geht es nicht nur darum, die Arbeitenden zu respektieren, sondern alle Menschen als menschliche Wesen zu respektieren. Für Hacker gilt nicht das Sprichwort »Zeit ist Geld«, sondern »es ist mein Leben«. Und es *ist* unser Leben, das wir voll ausleben müssen, keine abgespeckte Beta-Version davon.

Teil II
Die Geldethik

Kapitel 3

Geld als Motivation

Die Geldethik

Wie wir bereits festgestellt haben, steht die *Arbeits-ethik* der Hacker im Kontrast zur vorherrschenden protestantischen Ethik. Wahrscheinlich ist es nicht allzu schwierig, hier in vielen Punkten den Hackern zuzustimmen – obwohl die protestantische Arbeitsethik immer noch einen starken Rückhalt in der Informationswirtschaft hat, scheint sich die Arbeitsethik der Hacker langsam von den Computerhackern auf andere Gruppen auszudehnen. Wenn es jedoch um die zweite Ebene in Webers Konzept der protestantischen Ethik geht – die *Geldethik*, unser Verhältnis zum Geld –, fallen die Reaktionen sehr unterschiedlich aus.

Weber schrieb über diesen Aspekt des alten kapitalistischen Geistes, die protestantische Geldethik: »Das ›summum bonum‹«, das höchste Gut, »dieser Ethik ist der *Erwerb* von *Geld* und immer mehr Geld.«[1] In der protestantischen Ethik werden Arbeit und Geld als Selbstzweck betrachtet.

Das »Neue« an der »New Economy« ist sicher nicht die Ablehnung des alten Zieles, Geld zu verdienen. In Wahrheit leben wir in einer ausgeprägt kapitalistischen Epoche der Geschichte. Dies wird auch darin deutlich, dass das traditionelle Gegengewicht zum kapitalistischen Geist, der vom antikapitalistischen Geist beseelte Sonntag, uns so fremd vorkommt, dass wir das Verkaufsverbot an Sonntagen abschaffen und den Sonntag zum Freitag machen wollen. Unser verändertes Verhältnis zum Sonntag ist außerdem ein wichtiger Hinweis auf den Wandel der protestantischen Ethik in der New Economy: Der Sonntag als Tag der Muße ist mittlerweile hauptsächlich ein Tag des Konsums. Webers frugaler Puritaner des 17. Jahrhunderts wurde durch den alles verschlingenden, von Gratifikationen getriebenen Konsumenten des 21. Jahrhunderts abgelöst.

Dies bedeutet, dass der zentrale Konflikt der protestantischen Ethik heute auf neue Art gelöst ist. Der Konflikt entstand aus der gleichzeitigen Forderung nach Arbeit, die den wirtschaftlichen Wohlstand fördert, *und* der Forderung, jede Art von Arbeit generell als Pflicht zu betrachten. Wenn jemand aber Arbeit wirklich als das höchste Gut ansieht, macht er sich keine Gedanken über die Maximierung seines Einkommens. Und wenn jemand Geld als das höchste Ziel ansieht, ist die Arbeit an sich kein Wert mehr, sondern nur noch ein Mittel. Im alten Kapitalismus wurde der Konflikt dadurch gelöst, dass man Arbeit höher einstufte als Geld. Dies zeigt sich auch darin, dass die meisten Menschen den Begriff *protestantische Ethik* als *protestantische Arbeitsethik* verstehen.

In der neuen Wirtschaft ist Arbeit immer noch ein autonomer Wert, aber dem Geld untergeordnet. Natürlich gibt es weiterhin viele Menschen, die Arbeit als höherwertig betrachten, außerdem werden Müßiggänger von der Gesellschaft nach wie vor verachtet, selbst wenn sie so reich sind, dass sie nicht arbeiten müssen. Doch allmählich neigt sich die Waagschale mehr dem Geld zu – und der Faszination durch die Art, wie Reichtum in der New Economy angehäuft wird. Das finanzielle Ergebnis der Arbeit, das ein Unternehmen erwirtschaftet (seine Dividenden), ist mittlerweile weniger wichtig als der Kapitalzuwachs, die Wertsteigerung seiner Aktien. Der Schwerpunkt beim Verhältnis zwischen Arbeit (Bezahlung) und Kapital verlagert sich zum Kapital. Dies ist eine Folge von Aktienoptionen, Start-up-Unternehmen, Aktienanteilen als Form der Entlohnung und davon, dass man sein Geld nicht mehr bei der Bank anlegt, sondern an der Börse investiert. Während die auf Arbeit ausgerichteten Puritaner des 17. Jahrhunderts das Zocken verboten, ist es inzwischen die entscheidende Treibkraft für die New Economy.

Doch die New Economy erhöht nicht nur den Stellenwert des Geldes, sondern untermauert auch die Idee des *Besitzes*, die dem alten kapitalistischen Geist zugrunde liegt, indem sie die Besitzvorstellung in einem noch nie dagewesenen Ausmaß auf Informationen überträgt. In der Informationswirtschaft verwirklichen Unternehmen ihr Gewinnstreben und versuchen, Informationen in Form von Patenten, Warenzeichen, Urheberrechten und geheimen Abkommen anzuhäufen. Informationen werden so ängstlich gehütet, dass man sich beim Besuch eines Unternehmens der Informationstechnologie angesichts der Sicherheitsmaßnahmen vorkommt wie in einem Hochsicherheitsgefängnis.

In starkem Kontrast zu der wiederbelebten protestantischen Geldethik betonte die ursprüngliche Ethik der Computerhacker die Offenheit. Wie wir bereits erwähnten, beinhaltet die Hacker-Ethik gemäß dem »Jargon File« die Überzeugung, dass »das Teilen von Informationen ein positives Gut« und es die ethische Pflicht eines Hackers ist, andere an seinem Fachwissen teilhaben zu lassen und kostenlose Software zu schreiben.[2] Der historische Vorläufer für die Kontrolle des freien Informationsflusses war das Kloster (in der Benediktinerregel wurde ein Bibelzitat zum Prinzip erhoben, das auch für viele Unternehmen der New Economy zutrifft: »Schweige selbst über Gutes.«[3] In Klöstern galt die Triebkraft der Informationsfreiheit, die *curiositas*, als Laster).[4] Der historische Vorläufer der Hacker-Ethik ist dagegen die akademische oder wissenschaftliche Ethik (als der Soziologe Robert Merton seine berühmte Äußerung über die Entwicklung der wissenschaftlichen Ethik in der Renaissance prägte, betonte er, dass einer ihrer Grundsteine der »Kommunismus« war – also die Vorstellung, dass wissenschaftliche Erkenntnisse bekannt gemacht werden müssen[5] (eine Idee, die in der Renaissance wiederbelebt wurde und die ursprünglich von der akademischen Ethik der ersten wissenschaftlichen Gemeinschaft – Platons Akademie – stammte, die auf der Idee der *synusia* gründete, dem gemeinsamen Handeln mit freiem Wissensaustausch).[6]

Gemäß dieser Hacker-Ethik legen viele Hacker immer

noch die Ergebnisse ihrer Kreativität offen, damit andere sie benutzen, testen und weiterentwickeln können. Das gilt beispielsweise für das Internet oder für Linux. Das Betriebssystem wurde von einer Gruppe von Hackern entwickelt, die in ihrer Freizeit gemeinsam daran arbeiteten. Damit die offene Entwicklung sich fortsetzen konnte, stellte Torvalds Linux von Anfang an unter das »Copyleft«. (»Copyleft« ist das Gegenteil von Copyright und eine Lizenzform, die ursprünglich bei Stallmans GNU-Projekt entwickelt wurde. Sie garantiert, dass alle Neuerungen jedem kostenlos zur Nutzung und Weiterentwicklung zur Verfügung stehen. Stallman hatte die Bezeichnung von einem Briefumschlag, auf dem stand: »Copyleft: all rights reversed.«)[7]

Geld als Motiv

In einer Zeit, in der das Geldmotiv immer mehr an Bedeutung gewinnt und deswegen sogar Informationen geheim gehalten werden, überrascht die Erklärung der Hacker, warum sie ein so umfangreiches Projekt wie Linux verfolgen, bei dem Geld nicht die treibende Kraft ist, sondern die Entwicklungen gratis an andere abgegeben werden. Am Anfang dieses Buchs präsentiert Torvalds sein »Linussches Gesetz« und ordnet seine Form der Hackeranschauung in den Kontext allgemeiner menschlicher Motive ein. In einer bewussten Vereinfachung spricht er von drei *ultimativen* Motiven, die er *Überleben*, *Sozialleben* und *Unterhaltung* nennt. *Überle-*

ben wird nur kurz als die unterste Stufe erwähnt. Sie ist die Voraussetzung für die anderen Motive. Im Vokabular dieses Buchs ist Torvalds' *Unterhaltung* die *Leidenschaft*: Motivation aufgrund von Interesse, Spannung und Spaß.

Der Begriff *Sozialleben* umfasst das Bedürfnis, dazuzugehören, anerkannt und geliebt zu werden. Sicher wird jeder zustimmen, dass wir hier von grundlegenden Motivationsfaktoren sprechen. Jeder von uns braucht das Gefühl, zu einer Gruppe zu gehören und akzeptiert zu sein. Doch Dazugehören allein reicht nicht: Wir wollen Anerkennung für das, was wir tun, außerdem haben wir das Bedürfnis nach einer viel tieferen Erfahrung: Wir wollen geliebt werden und jemand anderen lieben. Oder anders ausgedrückt: Der Mensch braucht die Erfahrung, Teil eines *Wir* mit anderen zu sein, die Erfahrung, ein(e) respektierte(r) *Er* oder *Sie* in einer Gemeinschaft zu sein, sowie die Erfahrung, ein besonderes *Ich* für jemand anderen zu sein.

Seit den 60er Jahren haben viele Hacker ähnliche Ansichten geäußert. Wozniak zum Beispiel fasste die Faktoren, die ihn motivieren, in einer Rede zusammen, die er anlässlich seiner Abschlussfeier an der University of California in Berkeley im Jahr 1986 hielt: »Jegliches Handeln im Leben ist vom Streben nach Glück bestimmt ... Das ist mein Lebensmotto ... Wirklich eine einfache Formel: $H = F^3$. Happiness (Glück) gleich Food, Fun and Friends (Essen, Spaß und Freunde).«[8] (In Wozniaks Terminologie entspricht *Essen* Torvalds' *Überleben, Freunde* dem *Sozialleben* und *Spaß* der *Unterhaltung*.) Diese Sichtweise erinnert natürlich auch an Versuche der Psychologie, die grundlegenden menschlichen Motivationen zu benennen – vor allem an Abraham Maslows fünfstufige Hierarchie der Bedürfnisse, die er in *Motivation und Persönlichkeit* (1954) und *Psychologie des Seins* (1962) beschrieben hat. Die Hierarchie wird oft als Pyramide dargestellt mit den höchsten Motiven an der Spitze. Auf der untersten Ebene stehen die physiologischen Bedürfnisse wie das Bedürfnis zu überleben, das eng mit der zweiten Ebene verbunden ist, dem Bedürfnis nach Sicherheit. Auf der dritten Ebene finden sich soziale Zugehörigkeit und Liebe, die wiederum eng mit der vierten Ebene verknüpft sind, dem Bedürfnis nach sozialer Anerkennung. Die höchste Ebene ist die Selbstverwirklichung. Man kann leicht erkennen, dass Torvalds' Trias des Überlebens, Soziallebens und der Unterhaltung Maslows Modell entspricht.

Derartige Vereinfachungen ignorieren zwangsläufig die Vielfalt der Motive menschlichen Handelns, doch trotz dieses theoretischen Vorbehalts kann das Modell von Torvalds/Maslow erklären, inwieweit sich die Handlungsmotivation der Hacker von der Motivation der protestantischen Ethik unterscheidet. Auf die Frage, warum man arbeitet, antworten die meisten Menschen mit »um zu überleben« oder »man muss schließlich seinen Lebensunterhalt verdienen« (oft reagieren sie leicht überrascht auf die Frage, als ob man das gar nicht mehr aussprechen müsste). Genau genommen meinen sie jedoch nicht das nackte Überleben – also sich Lebensmittel zu beschaffen. In ihrem Sprachgebrauch bezieht sich *Überleben* auf einen sozial bestimmten Lebensstil: Sie arbeiten nicht nur, um zu überleben, sondern um die sozialen Bedürfnisse zu befriedigen, die für eine Gesellschaft charakteristisch sind.

In unserer von der protestantischen Ethik geprägten Gesellschaft ist Arbeit die Grundlage gesellschaftlicher Akzeptanz. Ein extremes Beispiel dafür ist die Vorstellung einer idealen Gesellschaft, die der Philosoph Henri Saint-Simon im 19. Jahrhundert entworfen hat: Nur wer arbeitet, besitzt das Bürgerrecht – ein deutlicher Gegensatz zum antiken Gesellschaftsideal, wie man es etwa in der *Politik* des Aristoteles findet. Dort ist nur derjenige, der nicht arbeitet, der Bürgerrechte würdig.[9] Auch wenn die Arbeit selbst keine soziale Interaktion beinhaltet, bleibt die gesellschaftliche Akzeptanz, die über den bloßen Broterwerb hinausgeht, ein wichtiger sozialer Motivationsfaktor für die Arbeit.

Natürlich findet auch in fast jeder Arbeit das Bedürfnis nach Zugehörigkeit Ausdruck, da am Arbeitsplatz besondere soziale Bedingungen gegeben sind und die Arbeitenden Gelegenheit zum sozialen Austausch mit Kollegen und Kunden haben. Am Arbeitsplatz kann man sich Klatsch erzählen, seine Lebensbedingungen diskutieren und über aktuelle Ereignisse streiten. Wenn man seine Arbeit gut erledigt, erntet man dafür vielleicht auch Anerkennung. Der Arbeitsplatz ist sogar ein Forum für die Liebe. Diese sozialen Motive waren natürlich bereits vor der protestantischen Ethik mit der Arbeit verbunden, doch die Ethik brachte eine neue, besondere Methode, die Motive zu verwirklichen. In einem Leben, bei dem die Arbeit im Mittelpunkt steht und das von der protestantischen Ethik geprägt ist, hat man außerhalb des Arbeitsplatzes kaum Freunde, außerdem gibt es wenige Orte, an denen man sich verlieben kann. (Denken Sie an die vielen Menschen, die heutzutage einen Partner unter ihren Kollegen finden, und an jene, die sich über ihre Arbeit kennen gelernt haben. Romanzen am Arbeitsplatz sind häufig.) Bei dieser Lebensweise bietet das Leben neben der Arbeit oft nicht das soziale Zugehörigkeitsgefühl, die Anerkennung und Liebe, die man traditionell zu Hause oder in der Freizeit erfahren hat, daher wird die Arbeit leicht zu einem Ersatz für das Zuhause – was nicht bedeutet, dass die Arbeit in einer entspannten »häuslichen« Atmosphäre stattfindet, sondern dass jemand die Arbeit zur Befriedigung seiner Bedürfnisse braucht, da die Ausrichtung auf die Arbeit in die Freizeit eingedrungen ist und sie annektiert hat.

Bei den Hackern spielen soziale Motivationen auf ganz andere Weise eine wichtige Rolle. Eigentlich ist es gar nicht zu verstehen, warum manche Hacker ihre Freizeit darauf verwenden, Programme zu entwickeln und diese kostenlos an andere weiterzugeben, ohne die starken sozialen Motive dahinter zu sehen. Raymond erklärt, dass Hacker durch die *Anerkennung Gleichgesinnter* motiviert werden.[10] Für Hacker ist die Anerkennung durch eine Gemeinschaft, die ihre Leidenschaft teilt, wichtiger und befriedigender als Geld. Bei Forschern an der Universität ist es ähnlich. Der entscheidende Unterschied zur protestantischen Ethik besteht darin, dass die Anerkennung durch die Gruppe kein Ersatz für die Leidenschaft ist – sie muss das *Resultat* leidenschaftlichen Handelns sein, der Schaffung von etwas sozial Wertvollem für die kreative Gemeinschaft. Bei der protestantischen Ethik ist oft das Gegenteil der Fall: Soziale Beweggründe lenken von der Vorstellung ab, dass die Arbeit selbst das Ausleben einer Leidenschaft sein sollte. Folglich wird die Betonung der sozialen Begleiterscheinungen der Arbeit in der protestantischen Ethik in zweifacher Hinsicht zum Ersatz: zum Ersatz für ein mangelndes Sozialleben außerhalb der Arbeit *und* für das Fehlen der Leidenschaft für die Arbeit selbst.

Die Verbindung zwischen der sozialen Ebene und der leidenschaftlichen Ebene macht das Modell der Hacker so stark. Hacker haben sehr Wichtiges über die zutiefst befriedigenden sozialen Motive und deren Potenzial herausgefunden. Damit widerlegen sie das stereotype Bild des ungeselligen Computerfreaks – ein Stereotyp, das nie richtig zutraf. (Marvin Minsky, der berühmte Pionier der Künstlichen Intelligenz, in dessen Labor die ersten Hacker programmierten, hatte vielleicht genau dies vor Augen, als er über sie sagte: »Entgegen der allgemeinen Ansicht sind Hacker sozialer als andere Menschen.«)[11]

Das Streben nach Arbeit und Geld in der protestantischen Ethik gründet auf den gleichen drei Kategorien sozialer Motivation, doch weil dabei die Befriedigung sozialer Bedürfnisse durch Geld und Arbeit vermittelt wird, anstatt sich direkt von der Handlung und ihren Resultaten abzuleiten, kann sie nicht den gleichen Effekt haben. Die Folge ist, dass die soziale Motivation, wenn sie keine Entsprechung in der Leidenschaft findet, mit dem Überleben verknüpft wird und man sich darauf konzentriert, »seinen Lebensunterhalt zu verdienen«.

Hacker wie Torvalds, die Leidenschaft und Gemeinschaft propagieren, finden ein Leben, das nur vom Gedanken ans Überleben erfüllt ist, sehr merkwürdig. Tatsächlich muss man sich fragen, warum die Tage des Menschen trotz aller technischer Errungenschaften überwiegend dem so genannten Broterwerb gewidmet sind. Hätte uns der unglaubliche technische Fortschritt nicht von der Stufe des Überlebens auf höhere Ebenen heben sollen? Vielleicht müssen wir den Fortschritt so interpretieren, dass er unser Leben nicht einfacher, sondern den Broterwerb kontinuierlich schwieriger gestaltet hat. Oder wie der chinesische Philosoph Lin Yutang meinte: Aus der Sicht der Gesellschaft, die von der protestantischen Ethik beherrscht wird, sei »die Zivilisation überwiegend eine Frage der Nahrungssuche, während der Fortschritt die Entwicklung ist, die es immer schwieriger macht, Nahrung zu finden«.[12]

Man kann mit dem Gedanken, sein Einkommen zu maximieren, ein Studienfach wählen oder auf eine Anzeige antworten. *Oder* man kann zuerst überlegen, was man wirklich mit seinem Leben anfangen will, und sich dann Gedanken machen, wie das finanziell möglich ist. Das ist ein großer Unterschied. Für Hacker wie Torvalds ist der grundlegende Organisationsfaktor im Leben nicht Arbeit oder Geld, sondern Leidenschaft und der Wunsch, gemeinsam mit anderen etwas sozial Wertvolles zu schaffen.

Die Frage nach der Organisation des eigenen Lebens ist

von großer Bedeutung. Wenn Geldverdienen das Hauptziel ist, vergisst man oft, wo die eigentlichen Interessen liegen und wie man die Anerkennung anderer gewinnen will. Es ist viel schwieriger, einem Leben, das ursprünglich nur aufs Geldverdienen ausgerichtet war, darüber hinaus Sinn zu verleihen, als ein persönlich interessantes Unternehmen finanziell möglich oder sogar profitabel zu machen. Im ersten Fall ist das, was ich tue, obwohl ich es uninteressant finde, auch aller Wahrscheinlichkeit nach uninteressant für andere. Um es ihnen schmackhaft zu machen, muss ich sie davon überzeugen, dass diese uninteressante Tätigkeit doch ganz interessant ist (die Aufgabe der meisten Werbung).

Kapitalistische Hacker

Man sollte sich jedoch die Haltung der meisten Hacker zum Geld nicht als paradiesische Utopie oder eine generelle Abneigung vorstellen. Bei der ursprünglichen Hacker-Ethik ging es in erster Linie darum, welchen Platz Geld als Motiv haben soll und wie der Einfluss auf andere Motive vermieden werden kann. Hacker sind nicht naiv. Sie sind nicht blind gegenüber der Tatsache, dass es in einer kapitalistischen Gesellschaft sehr schwierig ist, vollkommen frei zu sein, es sei denn, man verfügt über ausreichend Kapital. Wer Kapital hat, gewinnt mittels des Geldes Macht über das Leben anderer. Gerade wenn man für jemand anderen arbeitet, kann man seine Arbeit nicht auf die Grundlage persönlicher

Leidenschaft stellen. Man verliert das Recht, den eigenen Lebensrhythmus zu bestimmen, und das Ideal der Offenheit liegt nicht in der eigenen Macht. Wenn man dagegen der mächtige Kapitalist ist, kann man seine eigenen Lebensentscheidungen treffen.

Es gibt viele Beispiele für Hacker, die sich für ein »kapitalistisches Hacker-Dasein« entschieden haben. Einige klinken sich nur vorübergehend in den traditionellen Kapitalismus ein: Sie machen sich finanziell unabhängig durch Aktien oder Aktienoptionen, die sie bekommen haben, weil sie selbst ein Unternehmen betrieben oder einige Jahre ohne Rücksicht auf ihre Interessen gearbeitet haben. Wozniak ist dafür ein gutes Beispiel. Als er sich im Alter von 29 Jahren nur sechs Jahre nach der Gründung von Apple aus dem Unternehmen zurückzog, gehörten ihm Aktien im Wert von einigen hundert Millionen Dollar (obwohl er eine beträchtliche Zahl davon zu einem außergewöhnlich niedrigen Preis an Mitarbeiter verkauft hatte, weil er den Reichtum im Unternehmen gerechter verteilen wollte).[13] Dank seiner finanziellen Unabhängigkeit kann »Woz« seitdem frei entscheiden, was er tun möchte und was nicht. Er beschreibt sein Leben nach Apple folgendermaßen: »Ich habe Buchhalter und Sektretärinnen, die alles erledigen, sodass ich so viel Zeit wie möglich damit verbringen kann, das zu tun, was ich gerne mache, also die Arbeit mit Computern und Schulen und Jugendlichen.«[14] Nachdem Wozniak Apple verlassen hatte, beschloss er, zurück aufs College zu gehen, um die formalen Anforderungen zu erfüllen, die er für die Verwirklichung seines Traums benötigte: neue Generationen von Hackern auszubilden. (Er unterrichtet den Umgang mit Computern an den Schulen vor Ort und bei sich zu Hause.)

Es gibt auch Hacker, die sagen, ein Hacker zu sein bedeute in erster Linie, den eigenen Interessen zu folgen und frei über seine Zeit verfügen zu können. Solange diese Arbeitsethik verwirklicht werde, denken sie, sei es kein Problem, im traditionellen Kapitalismus kontinuierlich Geld zu verdienen. Viele der bekannten Technologie-Unternehmen sind dafür ein gutes Beispiel. Die Gruppe junger Leute, die im Jahr 1982 Sun Microsystems für die Entwicklung vernetzter Workstations gründete, bestand aus Bill Joy von der University of California in Berkeley und drei Studenten aus Stanford, darunter das deutschstämmige Technologie-Genie Andreas »Andy« Bechtolsheim. Der Name des Unternehmens war ein Akronym für Stanford University Network, an dem Bechtolsheim gearbeitet hatte. Bechtolsheim erinnert sich an die Leidenschaft der ursprünglichen Gruppe: »Wir waren Anfang zwanzig, betrieben gemeinsam ein Unternehmen und hatten uns erst kurz zuvor kennen gelernt, doch wir teilten die gleiche Leidenschaft.«[15] Joy und Bechtolsheim sind weiterhin im Unternehmensbereich tätig: Joy blieb bei Sun, und Bechtolsheim wechselte zu einem anderen von Hackern gegründeten Unternehmen, zu Cisco Systems, dem Hersteller von Internet Routern. Durch diese von Hackern gegründeten Unternehmen in der Technologie-Branche verbreitet sich die Hacker-Ethik langsam weiter, genau wie Max Weber zufolge die protestantische Ethik zu ihrer Zeit zuerst von Protestanten geleitete Unternehmen prägte und später allgemein zum Geist des Kapitalismus wurde.

Zwischen der Hacker-Idee und dem traditionellen Kapitalismus besteht jedoch eine Spannung. Die ursprünglichen Bedeutungen der Begriffe *Kapitalismus* und *Hacker* deuten in zwei verschiedene Richtungen. In Übereinstimmung mit der auf Geld ausgerichteten protestantischen Ethik ist das höchste Ziel des Kapitalismus die Mehrung des Kapitals. Die Arbeitsethik der Hacker dagegen betont die von Leidenschaft und eigenem Rhythmus bestimmte Tätigkeit. Obwohl eine Angleichung der Ziele theoretisch möglich wäre, wird die Spannung zwischen beiden in der Praxis oft dadurch gelöst, dass man auf die Hacker-Ethik verzichtet und sich nur noch an die Richtlinien der protestantischen Ethik hält.

Der Feind Nummer Eins der Hacker, Bill Gates mit Microsoft, ist dafür ein gutes Beispiel. Als Gates das Unternehmen im Jahr 1975 mitbegründete, war er einfach ein Hacker wie Joy, Wozniak und Torvalds. Seit Kindertagen waren Computer seine Leidenschaft, und er hatte jede freie Minute damit verbracht, die Computer zu programmieren. Gates erlangte sogar die Hochachtung der Hacker, als er seinen ersten Interpreter für die Programmiersprache BASIC programmierte, ohne Zugang zu dem Computer zu haben, für den er bestimmt war (den MITS Altair): der Interpreter funktionierte. Zusammen mit seinem Freund Paul Allen gründete Gates Microsoft. Die ursprüngliche Absicht dahinter war die Entwicklung von Programmiersprachen für PCs, ein typischer

Hacker-Ansatz, da nur Hacker PCs zum Programmieren benutzten.[16]

Im weiteren Verlauf der Unternehmensgeschichte von Microsoft gewann das Profit-Motiv Vorrang gegenüber den ursprünglichen Interessen. Da es beim kapitalistischen Hacken wie in der protestantischen Ethik darum geht, Vermögen zu maximieren, beeinflusst diese Orientierung unvermeidlich die Arbeitsethik in einem Unternehmen und dominiert sie letztendlich. Wenn Geld zum höchsten Selbstzweck wird, ist die Leidenschaft für die Arbeit nicht länger ein Kriterium. Projekte werden danach ausgewählt, ob sie möglichst viel Gewinn versprechen. Die Anerkennung wird dann von der Machtposition bestimmt – der Stellung, die jemand in der Organisation innehat, und seinem persönlichen Vermögen.

Nach der Start-up-Phase von Microsoft hat Gates seine Einstellung zur Arbeit gelegentlich in einem Ton beschrieben, der mehr nach der protestantischen Ethik als nach der Hacker-Ethik klingt. So sagte er beispielsweise einmal: »Wer nicht gerne hart und intensiv arbeitet und bereit ist, sein Bestes zu geben, für den ist hier kein Platz.«[17]

Die freie Marktwirtschaft

Angesichts der Probleme, die Hacker-Ethik und die derzeitige Form des Kapitalismus zu vereinbaren, hat sich eine Gruppe von Hackern in eine neue Richtung aufgemacht. Sie treten für eine neue Wirtschaftsform ein, die auf dem so genannten Open-Source-Unternehmen basiert, das Software nach dem offenen Modell entwickelt. Bei diesem Modell, das von so erfolgreichen Unternehmen wie dem Linux-Entwickler Red Hat angewandt wird, hat jeder Zugang zum Quellcode der Programme und kann daraus sogar seine eigenen Produkte entwickeln.[18] Der geistige Vater dieser Unternehmen ist der umstrittene Richard Stallman. Er denkt so radikal, dass viele Open-Source-Unternehmen lieber Abstand von ihm als Person nehmen. Ein typisches Beispiel für Stallmans kompromisslose Haltung ist sein »Free Software Song«, den er fürs Internet aufgenommen hat:

Kommt zu uns und teilt eure Software;
Ihr werdet frei sein, Hacker, ihr werdet frei sein.
(wiederholen)

Hamsterer haben vielleicht haufenweise Geld,
Das stimmt, Hacker, das stimmt.
Doch ihren Nachbarn können sie nicht helfen;
Das ist nicht gut, Hacker, das ist nicht gut.

Wenn uns genug lizenzfreie Software
Zur Verfügung steht, Hacker, zur Verfügung steht;
Schmeißen wir die schmutzigen Lizenzen
Für immer weg, Hacker, für immer weg.

Kommt zu uns und teilt eure Software;
Ihr werdet frei sein, Hacker, ihr werdet frei sein.
(wiederholen)[19]

Für viele hört sich das Lied zunächst wie eine Form von Kommunismus oder wie die reine Utopie an. Doch bei einer genaueren Betrachtung stellt man fest, dass es weder das eine noch das andere ist. Trotz des eindeutig antikapitalistischen Tons steht Stallman nicht im Gegensatz zum Kapitalismus an sich. Nach seiner Definition bedeutet das Wort *free* (frei, auch lizenzfrei), das er in seinem Lied und in anderen seriöseren Veröffentlichungen in der Bezeichnung *free software* verwendet, nicht zwangsläufig »kostenfrei«, sondern einfach frei im Sinne von »Freiheit«. Er schlägt vor, die Idee im Sinne von »Redefreiheit« und nicht von »Freibier« zu interpretieren.[20] Stallmans Version der Geldethik der Hacker richtet sich nicht gegen das *Geldverdienen*, sondern dagegen, Geld zu verdienen, indem man *anderen Informationen vorenthält*. Er plädiert für eine neue Art der freien Marktwirtschaft: eine in einem viel weiteren Sinn *freie* Marktwirtschaft als im normalen kapitalistischen Vokabular, aber dennoch eine kapitalistische Wirtschaft. Mit dieser radikalen Vorstellung tun sich viele Open-Source-Unternehmen schwer, und sie ziehen es vor, ihr offenes Modell rein pragmatisch zu begründen: Das offene Modell wird für die Projekte benutzt, bei denen es sich in technischer oder wirtschaftlicher Hinsicht als überlegen erweist, ansonsten zieht man das geschlossene Modell vor.[21]

Bei Stallmans ethischem Ansatz geht es um mehr. Die Frage lautet: Ist die derzeitige Politik der Unternehmen, Informationen für sich zu beanspruchen, ethisch haltbar? Die Tatsache, dass dies zur Zeit so ist, heißt nicht, dass es automatisch richtig ist oder dass fundierte Argumente dafür sprechen. Nur selten bringt jemand zugunsten der jetzigen Praxis schlagkräftige Argumente ganz ohne Einschränkungen vor. Jeder ernsthafte Versuch sollte sich gegen grundlegende Probleme unseres Informationszeitalters wenden, darunter zum Beispiel die paradoxe Abhängigkeit der nicht verfügbaren Informationen von den frei verfügbaren Informationen. Dieses Paradox ist ein Schlüsselproblem unserer Zeit: Wenn man die Abhängigkeit der Technologieunternehmen von der Forschung ernst nimmt, könnte man sagen, dass das ethische Dilemma der Unternehmen in der neuen Informationswirtschaft darin besteht, dass ein kapitalistischer Erfolg nur möglich ist, solange ein Großteil der Forscher »kommunistisch« (im Sinne von Merton) bleibt. Nur solange wissenschaftliche Erkenntnisse frei verfügbar sind, bewirken marginale geheime Ergänzungen zum kollektiven Wissen dramatische individuelle Gewinne. Dieses Paradox basiert auf der Tatsache, dass die Netzwerk-Gesellschaft nicht nur vom Kapitalismus bestimmt wird, sondern in einem zumindest ähnlichen Ausmaß vom wissenschaftlichen »Kommunismus«. Ein Hacker nach dem Vorbild Stallmans könnte sich zu dem Ausruf inspiriert fühlen: »Der derzeitige Kapitalismus basiert auf der Ausbeutung des wissenschaftlichen Kommunismus!« Es ist ein ethisches Dilemma, wenn man die von allen geschaffenen Informationen benutzt und gleichzeitig die eigenen Informationen zurückhält. Dieses Dilemma spitzt sich im Verlauf des Informationszeitalters immer weiter zu, da sich ein immer größerer Teil des Produktwerts von der zugrunde liegenden, allgemein zugänglichen Forschung ableitet.

Diese extreme Form der Hacker-Ethik wirft eine Frage auf: Kann es eine freie Marktwirtschaft geben, bei der Wettbewerb nicht auf der Kontrolle von Informationen basiert, sondern auf anderen Faktoren – eine Wirtschaft, bei der Wettbewerb auf einer anderen Ebene stattfindet (und das natürlich nicht nur bei der Software, sondern auch in anderen Bereichen)? Wir sollten nicht versuchen, uns mit einer simplen, fehlerhaften Lösung um die Antwort auf diese Frage zu drücken, indem wir einfach sagen, dies sei eine neue Form des Kommunismus, der bekanntlich nicht funktioniert hat. Dies ist kein richtiger *Kommunismus*: Zum Kommunismus gehört eine zentrale Autorität – der Kommunismus ist eine statische Wirtschaftsform –, und das ist Hackern fremd. (Mertons Wortwahl *Kommunismus* für eine der Haupteigenschaften der wissenschaftlichen Ethik ist daher etwas unglücklich, da er etwas ganz anderes meint: die freie Verfügbarkeit aller Informationen.)

Wenn sich die Arbeitsethik der Hacker gegen die Ausrichtung auf die Arbeit im Kapitalismus wendet, wendet sie sich auch im Kommunismus dagegen. Wir dürfen nicht vergessen, dass Kapitalismus und Kommunismus trotz der großen Unterschiede historisch auf der protestantischen Ethik gründen, wie uns der Soziologe Peter Anthony in *The Ideology of Work* ins Gedächtnis ruft: »All die Bestandteile, die man in der protestantischen Ehtik [hinter dem Kapitalismus] erkennen kann – Arbeit, Messbarkeit, Rationalismus und Materialismus –, sind [im Kommunismus] nicht als wirre Alternativen anderer und besser akzeptierter Vorstellungen vertreten, sondern als dominante Themen, die andere ausschließen.«[22] Aus dieser Sicht unterscheidet sich der CEO mit aufgekrempelten Ärmeln nicht allzu sehr vom sowjetischen Arbeiter, der mit der Sichel auf dem Feld arbeitet: Beide sind Helden der Arbeit. Kapitalismus, Kommunismus und bislang auch die neue Informationswirtschaft propagieren einfach die Form der protestantischen Ethik, die sie für die reinste halten.

Alle Formen der Geldethik der Hacker bedeuten eine Herausforderung der bestehenden Systeme. Die Hacker-Gemeinde ist sich bei ihren Antworten auf die großen Fragen nicht einig, doch es ist schon ein radikaler Schritt, die Debatte über diese Fragen im Zentrum der Informationsgesellschaft auch nur angestoßen zu haben.

Kapitel 4

Die Akademie und das Kloster

Das offene Modell

Bei der ursprünglichen Geldethik der Hacker wird die vorherrschende Haltung in der New Economy, die »berufsmäßig und systematisch Gewinn um des Gewinnes willen ... erstrebt« (Webers Beschreibung für den Geist des alten Kapitalismus, die auch für unsere Zeit immer noch sehr treffend ist)[1], vom offenen Modell in Frage gestellt, bei dem ein Hacker seine Arbeit kostenlos anderen überlässt, die sie nutzen, testen und weiterentwickeln können. Für die ersten Hacker vom MIT war diese Idee ein so wichtiges Identität stiftendes Element wie die Beziehung des Hackers zur Arbeit, doch heute heißt es im »Jargon File«, das ethische Ideal der Offenheit werde von Hackern »vielfach, aber nicht allgemein« akzeptiert.[2]

Obwohl aus der Perspektive dieses Buchs die ethischen Argumente der Hacker besonders interessant und wichtig sind, ist auch die pragmatische Ebene bedeutsam und faszinierend. Wir können zu unseren ethischen Argumenten für die leidenschaftliche und freie Arbeitsethik den pragmatischen Standpunkt hinzufügen, dass neue Information im Informationszeitalter am effektivsten geschaffen wird, wenn man Spielereien zulässt und es ermöglicht, dass jeder nach seinem eigenen Arbeitsrhythmus arbeitet. Daher überzeugt das offene Modell nicht nur ethisch, sondern auch in praktischer Hinsicht. (Tatsächlich heißt es im Jargon File, es sei ein »*starkes* positives Gut«.) Wir sollten die Hacker-Vorstellung von Offenheit unter diesem Blickwinkel näher betrachten. Die Entwicklung des Internets wäre dafür ein gutes Beispiel, doch noch besser ist das Linux-Projekt, weil es das Ideal der Offenheit bislang am weitesten verwirklicht hat. Wenn wir das offene Modell verstanden haben, welches das Netz und Linux erst ermöglichte, können wir uns Wege vorstellen, das Modell auf andere Bereiche als Software zu übertragen.

Torvalds begann mit der Arbeit an Linux im Jahr 1991 noch während seiner Studienzeit an der Universität von Helsinki.[3] Er interessierte sich für die Probleme von Betriebssystemen und übernahm für seinen PC das Unix-ähnliche Betriebssystem Minix, das der holländische Informatikprofessor Andrew Tanenbaum geschrieben hatte. Torvalds studierte Minix und verwendete es als Rahmen, in dem er schließlich sein eigenes Betriebssystem entwickelte.[4] Ein wichtiges Kennzeichen von Torvalds' Arbeit war, dass er von Anfang an andere in sein Projekt miteinbezog. Am 25. August 1991 stellte er eine Nachricht unter dem Titel »Welche Eigenschaften sollte Minix deiner Meinung nach haben?« ins Netz und gab bekannt, dass er »an einem (freien) Betriebssystem« arbeitete.[5] Er erhielt verschiedene Vorschläge und sogar Angebote, ihm beim Testen des Programms zu helfen. Die erste Version des Betriebssystems wurde als frei zugänglicher Quellcode im September 1991 ins Netz gestellt.[6]

Die nächste verbesserte Version stand bereits Anfang Oktober zur Verfügung. Torvalds sprach eine noch direktere Einladung aus, bei der Entwicklung des neuen Systems mitzumachen.[7] In einer Botschaft im Netz bat er um Tipps zu Informationsquellen. Er erhielt sie, und die Entwicklung machte rasch Fortschritte. Binnen eines Monats kamen weitere Programmierer dazu. Seitdem wächst das Linux-Netzwerk mit einer erstaunlichen kreativen Geschwindigkeit. Tausende von Programmierern haben sich an der Entwicklung von Linux beteiligt, und ihre Zahl steigt stetig. Es gibt Millionen von Nutzern, und auch ihre Zahl wächst. Jeder kann sich beteiligen und jeder ist willkommen, das Betriebssystem kostenlos zu nutzen.[8]

Für die Koordination der Entwicklungsarbeit verwenden die Linux-Hacker alle Möglichkeiten des Internets: E-Mail, Mailing-Listen, Newsgroups, File-Server und Webseiten.[9] Die Entwicklungsarbeit wurde außerdem in verschiedene unabhängige Module aufgeteilt, in denen Hacker-Gruppen konkurrierende Versionen entwickeln. Eine Gruppe mit Torvalds und anderen Hauptentwicklern entscheidet dann, welche Version in die verbesserte Linux-Version aufgenommen wird (natürlich entwickelt sich auch die Modulstruktur weiter). Torvalds' Gruppe besitzt jedoch die Entscheidungsgewalt nicht auf Dauer, sondern behält ihre Autorität nur, solange ihre Entscheidungen mit den Entscheidungen der Hacker-Gemeinschaft übereinstimmen. Wenn ihre Beschlüsse einmal nicht mehr plausibel sind, wird die Hacker-Gemeinschaft das Projekt nach eigenen Vorstellungen weiter entwickeln und die ehemaligen Anführer zurücklassen.

Um die kontinuierliche Entwicklung von Linux zu koordinieren, wurden die Veröffentlichungen in zwei Serien unterteilt. Bei den stabilen Versionen, die für die Nutzung durch den normalen Anwender geeignet sind, ist das y in der Nummer $x.y.z$ gerade (zum Beispiel Version 1.0.0), bei den Entwicklungsversionen dagegen, die für Programmierer bestimmt sind, ist das y das y der stabilen Version +1 (zum Beispiel trägt die verbesserte, aber noch nicht endgültig getestete Entwicklungsversion der stabilen Version 1.0.0 die Bezeichnung 1.1.0). X steigt nur, wenn eine grundlegende Veränderung erfolgt ist (beim Erscheinen dieses Buchs war 2.4.0 die aktuellste Version). Dieses einfache Modell funktioniert beim Management der Linux-Entwicklung überraschend gut.

In dem bekannten Aufsatz »The Cathedral and the Bazaar«, der ursprünglich im Internet veröffentlicht wurde, definiert Raymond den Unterschied zwischen dem offenen Modell von Linux und dem geschlossenen Modell, das die meisten Unternehmen bevorzugen, über einen Vergleich zwischen Basar und Kathedrale. Obwohl Raymond selbst aus der Technologie kommt, betont er, die wirkliche Innovation von Linux liege nicht im technischen, sondern im sozialen Bereich: in seiner neuen, völlig offenen und sozialen Entwicklungsmethode. In Raymonds Worten war dies der Schritt von der Kathedrale zum Basar.[10]

Raymond definiert die Kathedrale als ein Modell, bei dem eine Person oder eine kleine Gruppe alles im Voraus plant und diesen Plan dann in Eigenregie umsetzt. Die Entwicklung findet hinter verschlossenen Türen statt, alle anderen bekommen nur das »fertige« Resultat zu sehen. Beim Basar-Modell dagegen können sich alle an der Ideenfindung beteiligen, von Anfang an werden Ideen ausgetauscht und von anderen getestet. Die Vielfalt der Ansichten ist wichtig: Wenn Ideen frühzeitig verbreitet werden, profitieren die Entwicklungen von Ergänzungen von außen und der Kritik anderer. Wenn eine Kathedrale fix und fertig präsentiert wird, kann man an ihrem Fundament nichts mehr ändern. Beim Basar probiert man verschiedene Ansätze aus, und wenn jemand eine brillante Idee hat, übernehmen sie die anderen und bauen darauf auf.

Allgemein lässt sich dieses Open-Source-Modell folgendermaßen beschreiben: Alles beginnt mit einem Problem oder einem Ziel, das jemandem persönlich wichtig ist. Dieser Jemand gibt vielleicht nur das Problem oder Ziel an sich bekannt, normalerweise bietet er jedoch auch gleich eine Lösung an – Version 0.1.1 im Nummerierungssystem von Linux. Beim offenen Modell hat der Angesprochene das Recht, diese Version kostenlos zu benutzen, zu testen und weiterzuentwickeln. Das ist nur möglich, wenn die Informationen, die zu der Lösung (der Quelle) geführt haben, mit ihr weitergegeben werden. Beim Open-Source-Modell beinhaltet die Freigabe dieser Rechte zwei Verpflichtungen: Die gleichen Rechte müssen weitergegeben werden, wenn die ursprüngliche Lösung oder ihre verbesserte Version (0.1.2.) weitergegeben wird, außerdem müssen alle genannt werden, die etwas beigetragen haben, wenn eine Version verbreitet wird. Es ist ein gemeinsamer Prozess, bei dem sich die Beteiligten Schritt für Schritt – oder manchmal auch mit Sprüngen und großen Sätzen (zum Beispiel ein Sprung von Version $0.y.z$ zu Version $1.y.z$) – zu besseren Versionen bewegen. Projekte in der Praxis folgen diesem Idealmodell mehr oder weniger.

Die Akademie und das Kloster

Eine weitere mögliche Metapher für das Modell des offenen Quellcodes ist erneut die Akademie, ihr ähnelt es sogar noch stärker als dem Basar. Auch Wissenschaftler überlassen ihre Arbeit anderen, damit diese sie benutzen, testen und weiterentwickeln können. Ihre Forschung basiert auf der Vorstellung von einem offenen und sich selbst korrigierenden Vorgang. Die Idee der Selbstkorrektur wird von Robert Merton als ebenso wichtiger Eckpfeiler der wissenschaftlichen Ethik gesehen wie die Offenheit. Er bezeichnet sie als »*organisierte Skepsis*«[11] – historisch betrachtet ist sie eine Fortsetzung der *synusia* von Platons Akademie, zu der auch der Gedanke gehörte, sich der Wahrheit über den kritischen Dialog anzunähern.[12] Die wissenschaftliche Ethik umfasst ein Modell, bei dem Theorien kollektiv entwickelt und Fehler durch die Kritik aller Wissenschaftler entdeckt und beseitigt werden.[13]

Natürlich haben auch die Wissenschaftler dieses Modell nicht nur aus ethischen Gründen gewählt, sondern weil es sich als erfolgreiche Methode erwiesen hat, zu wissenschaftlicher Erkenntnis zu gelangen. Unser gesamtes Verständnis der Natur basiert auf diesem akademischen oder wissenschaftlichen Modell. Der Grund, warum das ursprüngliche Open-Source-Modell der Hacker so gut funktioniert, liegt offenbar – neben der Tatsache, dass Hacker wie auch Wissenschaftler ihre Leidenschaften verwirklichen und durch die Anerkennung Gleichgesinnter motiviert werden – darin, dass es dem idealen offenen akademischen Modell sehr nahe kommt, das sich in der Geschichte als besonders geeignet für die Schaffung von Informationen erwiesen hat.

Allgemein kann man sagen, dass der Ausgangspunkt beim akademischen Modell auch ein Problem oder ein Ziel ist, das die Wissenschaftler persönlich interessiert; sie bieten dann ihre eigene Lösung an (obwohl in vielen Fällen die bloße Darlegung des Problems oder die Vorstellung eines Programms schon an sich interessant ist). Die akademische Ethik verlangt, dass jeder die Lösung verwenden, kritisieren und weiterentwickeln kann. (Es genügt nicht, einfach die Formel »$E = mc^2$« zu veröffentlichen – man braucht auch theoretische und empirische Begründungen.) Allerdings umfasst die wissenschaftliche Ethik nicht nur Rechte, sondern auch zwei grundlegende Pflichten: Die Quellen müssen stets genannt werden (Plagiate sind ethisch verwerflich), und die neue Lösung darf nicht geheim gehalten, sondern muss zum Nutzen aller Wissenschaftler wiederum veröffentlicht werden. Die Erfüllung dieser beiden Verpflichtungen ist nicht gesetzlich vorgeschrieben, sondern wird durch interne moralische Sanktionen der wissenschaftlichen Gemeinde durchgesetzt.

Bei diesem Modell bringt zum Beispiel die Forschung in der Physik ständig neue Ergänzungen (»Entwicklungsversionen«) zum bisherigen Forschungsstand. Nach einer gründlichen Überprüfung akzeptiert die Gemeinschaft der Wissenschaftler die Verbesserungen als Teil des Wissens (»stabile Versionen«). Wesentlich seltener ist ein völliger »Paradigmenwechsel«, um den Begriff des Wissenschaftsphilosophen Thomas Kuhn zu verwenden, den er in seinem Buch *Die Struktur wissenschaftlicher Revolutionen* eingeführt hat.[14] Im weitesten Sinne gab es in der Physik nur drei langlebige Forschungsparadigmen: die aristotelisch-ptolemäische Physik, die »klassische« Newtonsche Physik und die Einsteinsche-Heisenbergsche Physik, die auf der Relativitätstheorie und der Quantenphysik gründet. So gesehen sind die derzeitigen Theorien die Versionen 3.*y.z.* (Viele Physiker bezeichnen die Version 4, die ihrer Ansicht nach unmittelbar bevorsteht, als die »Theorie von Allem«. Computer-Hacker würden der Version 4.0.0 nicht so entgegenfiebern.)

Das Gegenteil des Hacker-Modells und des akademisch offenen Modells kann als geschlossenes Modell bezeichnet werden. Das geschlossene Modell enthält nicht nur Informationen vor, sondern ist auch noch autoritär. In einem Unternehmen, das nach dem Modell des Klosters aufgebaut ist, setzt die Autorität das Ziel. Eine geschlossene Gruppe von Mitarbeitern wird ausgewählt, die das Ziel dann verwirklichen soll. Wenn die Gruppe ihre Tests beendet hat, müssen die anderen das Ergebnis akzeptieren. Andere Verwendungen fallen unter die Rubrik »unerlaubter Gebrauch«. Auch in diesem Punkt ist der Vergleich mit dem Kloster erhellend. So erklärt Basilius der Große in seiner Klosterregel aus dem 4. Jahrhundert: »Niemand soll sich mit der Verwaltungsmethode des Abtes befassen.«[15] Das geschlossene Modell lässt keine Initiative oder Kritik zu, durch die eine Tätigkeit kreativer werden oder sich selbst korrigieren könnte.

Wir haben bereits gesagt, dass Hacker aus ethischen Gründen gegen eine hierarchische Arbeitsweise sind. Ihrer Ansicht nach kann sie leicht dazu führen, dass die Menschen gedemütigt werden. Außerdem sind sie überzeugt, dass Selbstorganisation wesentlich effektiver ist. Vom Standpunkt eines traditionell strukturierten Unternehmens betrachtet, ergibt dies anfänglich keinen Sinn. Wie soll das je funktionieren? Sollte man nicht ein Organigramm für die Entwickler des Internets und von Linux entwerfen? Interessanterweise lässt sich eine ähnliche Aussage über die Wissenschaft treffen. Wie konnte Einstein je im Chaos der selbst organisierten Forschungsgruppen auf die Formel $E = mc^2$ kommen? Sollte die Wissenschaft nicht mit einer klaren Hierarchie arbeiten, unter Leitung eines CEO der Wissenschaft und mit Abteilungsleitern für jede Fachrichtung?

Wissenschaftler und Hacker haben aus der Erfahrung gelernt, dass der Mangel an Machtstrukturen einer der Gründe dafür ist, warum dieses Modell so gut funktioniert. Hacker und Wissenschaftler können zunächst einfach ihren Interessen nachgehen und dann mit anderen zusammenarbeiten, die ihre Interessen teilen. Diese Haltung unterscheidet sich eindeutig von der, die man in Unternehmen und auch in Regierungen findet. In Regierungseinrichtungen durchdringt die Autorität jede Tätigkeit sogar noch stärker als in Unternehmen. Für den Hacker ist das typische Verfahren, endlose Versammlungen einzuberufen, zahllose Ausschüsse zu bilden und langweilige Strategieentwürfe zu verfassen, bevor überhaupt etwas passiert, mindestens so unangenehm wie das Verfahren, zunächst Marktforschung zur Rechtfertigung einer Idee zu betreiben, bevor man kreativ sein darf. (Es irritiert Wissenschaftler und Hacker daher sehr, wenn die Universität zu einer Regierungsbürokratie oder einem Kloster wird.)

Der relative strukturelle Mangel bedeutet jedoch nicht, dass es überhaupt keine Strukturen gibt. Trotz des offensichtlichen Durcheinanders herrscht weder unter Hackern noch in der Wisssenschaft ein Zustand der Anarchie. Hacker-Projekte und Projekte in der Wissenschaft verfügen über gewisse Leitfiguren wie zum Beispiel Torvalds. Sie haben die Aufgabe, die Richtung vorzugeben und die Kreativität anderer zu fördern. Darüber hinaus besitzen das Akademiker- und das Hacker-Modell eine spezielle Publikationsstruktur. Die Forschung steht jedem offen, doch in der Praxis werden die Beiträge zu namhaften wissenschaftlichen Veröffentlichungen von einer kleineren Gruppe Schiedsrichter ausgewählt. Allerdings ist das Modell so angelegt, dass langfristig die Wahrheit über die Schiedsrichtergruppe bestimmt und nicht umgekehrt. Wie bei der akademischen Schiedsrichtergruppe behält auch die Schiedsrichtergruppe des Hacker-Netzwerks ihre Position nur so lange, wie ihre Entscheidungen den Entscheidungen der gesamten Gemeinschaft entsprechen. Wenn die Schiedsrichtergruppe dazu nicht in der Lage ist, wird sie von der Gemeinschaft umgangen, die dann einfach andere Kanäle nutzt. Das bedeutet, dass die Führungsposition im Grunde allen offen steht und nur auf Leistung basiert – niemand kann eine Anstellung auf Lebenszeit erreichen. Niemand kann eine Position einnehmen, bei der seine Arbeit nicht wie die der anderen von Gleichgesinnten überprüft wird.

Das Lernmodell der Hacker

Selbstverständlich übte die Akademie lange vor den Computer-Hackern großen Einfluss aus. So wäre zum Beispiel seit dem 19. Jahrhundert jeder technische Fortschritt (Elektrizität, Telefon, Fernsehen usw.) ohne die entsprechende wissenschaftliche Untermauerung undenkbar gewesen. Die späte industrielle Revolution kennzeichnete bereits den Übergang in eine Gesellschaft, die auf wissenschaftlichen Erkenntnissen basierte; die Hacker erinnern daran, dass im Informationszeitalter das *offene akademische Modell*, das diese Ergebnisse hervorbringt, sogar noch wichtiger ist als die wissenschaftlichen Erkenntnisse.

Dies ist eine zentrale Erkenntnis. Sie begründet den praktischen Erfolg des Hacker-Modells, denn das Lernen der Hacker ist nach dem Vorbild der Software-Entwicklung aufgebaut (die als Grenzbereich ihres kollektiven Lernens betrachtet werden kann). Damit hat ihr Lernmodell die gleichen Stärken wie ihr Entwicklungsmodell.

Der typische Lernprozess des Hackers beginnt mit einem interessanten Problem. Dann arbeitet er unter Verwendung verschiedener Quellen auf eine Lösung hin und unterzieht sie umfangreichen Tests. Mehr über ein Thema zu erfahren, wird zur Leidenschaft des Hackers. Linus Torvalds brachte sich das Programmieren selbst auf einem Computer bei, den er von seinem Großvater geerbt hatte. Er stellte sich selbst Probleme und fand heraus, was er brauchte, um sie zu lösen. Viele Hacker haben das Programmieren auf ähnliche Weise gelernt, indem sie einfach ihren Neigungen folgten. Die Beispiele für die Fähigkeiten von Zehnjährigen, komplizierte Programmierfragen zu begreifen, sagen viel darüber aus, wie wichtig Interesse beim Lernprozess ist, vor allem wenn man bedenkt, wie langsam die Ausbildung ihrer Altersgenossen an herkömmlichen Schulen oft verläuft.[16]

Am Anfang von Torvalds' Betriebssystem stehen seine Versuche mit dem Prozessor eines 1991 erworbenen PCs. In typischer Hacker-Manier wurde aus einfachen Experimenten mit einem Programm, das nur die Eigenschaften des Prozessors testete, indem es entweder A oder B ausschrieb, mit der Zeit der Plan für ein Programm zum Lesen von Newsgroups im Netz und später die ehrgeizige Idee, ein ganzes Betriebssystem zu entwickeln.[17] Doch obwohl Torvalds sich das Programmieren in dem Sinne selbst beibrachte, dass er sein Grundwissen ohne Unterricht erwarb, lernte er nicht alles allein. Um sich zum Beispiel mit Betriebssystemen vertraut zu machen, untersuchte er die Quellcodes von Tanenbaums Minix und andere Informationsquellen der Hacker. Von Anfang an zögerte er – ganz der Hacker – nie, auf Gebieten, für die er kein Experte war, um Hilfe zu bitten.

Eine wesentliche Stärke des Lernmodells der Hacker liegt in der Tatsache, dass das Lernen eines Hackers andere weiterbringt. Wenn ein Hacker den Quellcode eines Programms untersucht, entwickelt er es oft weiter, und andere können so aus seiner Arbeit lernen. Überprüft ein Hacker Informationsquellen im Netz, fügt er oft nützliche Informationen aus seinem Erfahrungsschatz hinzu. Andere Probleme werden laufend einer kritischen Entwicklungsdiskussion unterworfen. Die Belohnung für die Teilnahme an dieser Diskussion ist die Anerkennung durch Gleichgesinnte.

Das offene Lernmodell der Hacker kann man als ihre »Netz-Akademie« bezeichnen. Damit meinen wir eine sich kontinuierlich weiterentwickelnde Lernumwelt, die von den Hackern selbst geschaffen wird. Das Lernmodell der Hacker hat viele Vorteile. In der Hacker-Welt sind die Lehrenden oder Sammler von Informationen oft diejenigen, die gerade erst selbst etwas gelernt haben. Das ist nützlich, denn oft kann jemand, der sich neu mit einem Thema befasst hat, dies anderen besser vermitteln als ein Experte, der vielleicht vergessen hat, wie Neulinge denken. Für einen Experten bedeutet das Hineinversetzen in jemanden, der gerade erst etwas lernt, eine Vereinfachung, die er aus intellektuellen Gründen möglicherweise ablehnt. Außerdem ist die Vermittlung von Grundlagen für den Experten wahrscheinlich nicht sonderlich befriedigend, ein Student dagegen empfindet diese Tätigkeit als lohnend, da er normalerweise nicht in die Position eines Lehrers kommt und selten die Gelegenheit hat, seine Talente einzusetzen. Die Lehrtätigkeit beinhaltet bereits von sich aus die umfassende Analyse eines Themas. Wenn man anderen wirklich etwas beibringen will, muss man das Material bereits für sich einleuchtend dargelegt haben. Bei der Vorbereitung wird man das Material in Hinblick auf mögliche Fragen und Gegenargumente sorgfältig durchgehen.

Wieder einmal erinnert das Hacker-Modell an Platons Akademie, in der Schüler nicht als Objekte der Wissensvermittlung betrachtet, sondern als Partner beim Lernen bezeichnet wurden *(synetheis)*.[18] Aus Sicht der Akademie bestand die Hauptaufgabe des Lehrens darin, die Fähigkeit des Lernenden zu stärken, Probleme zu erkennen, Gedankengänge zu entwickeln und kritische Fragen zu stellen. Entsprechend wurde der Lehrer metaphorisch als Hebamme[19], Ehestifter[20] und Zeremonienmeister bei Banketten[21] beschrieben. Die Aufgabe des Lehrers bestand nicht darin, den Schülern fertiges Wissen einzuimpfen, sondern ihnen zu helfen, eigenständig zu denken. Auch bei den Hackern verstehen sich Experten als Lernende, die dank ihres Wissens anderen als Wespen, Hebammen oder Symposiarchen dienen können.

Die Netzakademie

Das Ethos des ursprünglichen akademischen Modells und des Hacker-Modells – treffend in Platons Vorstellung zusammengefasst, dass »kein freier Mensch etwas wie ein Sklave lernen sollte«[22] – unterscheidet sich ganz und gar von dem des Klosters (der Schule), dessen Geist in der Benediktinerregel ausgedrückt ist: »Denn Reden und Lehren kommt dem Meister zu, Schweigen und Hören ist Sache des Jüngers.«[23] Ironischerweise neigt die Akademie derzeit dazu, ihre Lernstruktur am klösterlichen Sender-Empfänger-Modell zu orientieren. Die Ironie wird noch verstärkt, wenn die Akademie mit dem Aufbau einer »virtuellen Universität« beginnt: Das Ergebnis ist eine computerisierte Klosterschule.

Bei der wissenschaftlichen Revolution im 17. Jahrhundert sollte ursprünglich die Scholastik aufgegeben und durch eine Wissenschaft ersetzt werden, die sich kontinuierlich um neues Wissen bemühte. Trotzdem hielten sich an der Universität das scholastische Lehrmodell und die entsprechende Hierarchie, wie selbst noch in den Begriffen abzulesen ist (»Dekan« zum Beispiel war ursprünglich der Vorsteher von zehn Mönchen). Die wissenschaftliche Revolution fand vor 400 Jahren statt, aber unsere Universitäten haben nicht viel davon als Grundlage für ein auf Forschen basierendes Lernen aufgenommen. Es wirkt sehr merkwürdig, dass wir von scholastischen Lehrmethoden erwarten, sie könnten moderne Individualisten hervorbringen, die zu unabhängigem Denken fähig sind und neues Wissen schaffen können.

Die größere Bedeutung des Lernmodells der Hacker liegt darin, dass es uns an das Potenzial der ursprünglichen Idee erinnert, akademische Entwicklung und Lernmodelle gleichzusetzen. Wir könnten diese Idee auch dazu benutzen, eine allgemeine Netzakademie zu gründen, bei der sämtliche Unterrichtsmaterialien jedem kostenlos zur Nutzung, Kritik und Weiterentwicklung zur Verfügung stehen. Indem man das vorhandene Material verbessert und ihm eine neue Richtung gibt, würde das Netzwerk kontinuierlich bessere Ressourcen für das Studium der vorhandenen Fachgebiete schaffen. Die Mitglieder des Netzwerks würden durch ihre Interessen für verschiedene Fächer und die Anerkennung Gleichgesinnter zu eigenen Beiträgen motiviert werden.

Logischerweise wären die fortgesetzte Ausdehnung und Entwicklung dieses Materials sowie seine Diskussion und Untersuchung die einzige Möglichkeit der Netzakademie, Noten zu geben. Die höchsten Noten sollten für Leistungen vergeben werden, die sich für die gesamte Lerngemeinschaft als besonders wertvoll erweisen. Die Betrachtung von Material in Hacker-Manier, bei der kritisiert und nach Verbesserungsmöglichkeiten gesucht wird – das heißt, etwas damit zu machen, sich damit zu motivieren – ist für das Lernen wesentlich förderlicher als die derzeitige Tendenz, Texte einfach nur zu lesen.

Die Netzakademie orientiert sich am Hacker-Modell und schafft ein wichtiges Kontinuum vom Erstsemester bis zum Wissenschaftler in vorderster Reihe. Studenten würden lernen, indem sie von Anfang an als forschende Lernende arbeiten, Themen mit Forschenden besprechen und später die Forschungspublikationen ihres Gebiets direkt untersuchen.

Auf der Netzakademie wäre jeder Lernvorgang für alle anderen Lernenden eine Bereicherung. Allein oder zusammen mit anderen fügt der Lernende dem gemeinsamen Lernstoff etwas hinzu. Dies unterscheidet sich von der derzeitigen Methode des »Einweglernens«, bei der jeder Student von vorn beginnt, isoliert von anderen die gleichen Prüfungen ablegt und nie von der Erkenntnis anderer profitiert. Noch schlimmer: Nach der Prüfung wirft der Prüfer im Grunde sämtliche Erkenntnisse der Prüflinge in den Papierkorb. Dieses Verfahren ist genauso absurd, wie wenn jede Generation von Wissenschaftlern beschließen würde, ihre gesamten Erkenntnisse wegzuwerfen (»Ich verstehe: $E = mc^2$; was soll's – in den Papierkorb damit!«), und die nächste Generation von vorn beginnen ließe.[24]

Natürlich stellt die praktische Umsetzung der allgemeinen Netzakademie eine große Herausforderung dar. So ist zum Beispiel wie in der Welt der Hacker und Wissenschaftler eine Leitstruktur für die kollektive Schaffung des Lernstoffs erforderlich. Wenn der Lernstoff kontinuierlich überarbeitet und um neue Bereiche erweitert wird, entstehen konkurrierende Versionen. Dies ist bei Hackern und in der Forschung der Fall. Hacker haben die daraus entstehenden Probleme durch die Entwicklung so genannter gleichzeitiger Systemversionen gelöst: Sie zeigen, wie sich konkurrierende Versionen von der bestehenden Version und voneinander unterscheiden. Auf theoretischer Ebene lässt sich das Problem durch

Schiedsrichter lösen. Mit Hilfe eines Systems der gleichzeitigen Versionen kann eine selbst organisierte Gruppe von Schiedsrichtern zwischen konkurrierenden Versionen unterscheiden und bei Bedarf verschiedene Ideen kombinieren.

Nachdem wir dank der Hacker die große Bedeutung des akademischen Modells erkannt haben, wäre es seltsam, wenn wir bei unserer derzeitigen Praxis blieben, Lernende hauptsächlich mit Ergebnissen zu versorgen, ohne ihnen das akademische Modell selbst beizubringen: das gemeinschaftliche Unternehmen, Probleme zu formulieren, sie in Frage zu stellen und dann Lösungen zu entwickeln. Angetrieben wird der Vorgang von Interesse und von sozial wertvollen Beiträgen. Der Kern der Akademie besteht nicht aus ihren individuellen Leistungen, sondern aus dem akademischen Modell selbst.

Das soziale Modell

Wenn wir diese mögliche allgemeinere Anwendung des Hacker-Modells vorstellen, sollte dies natürlich nicht so verstanden werden, dass wir einfach darauf warten können, bis Regierungen oder Organisationen es anwenden. Zentrale Aussage der Hacker-Philosophie ist, dass beim offenen Modell durch die direkte Zusammenarbeit Einzelner Großartiges erreicht werden kann. Die einzige Grenze ist unsere Vorstellungskraft. So könnte das offene Modell der Hacker beispielsweise in ein soziales Modell umgewandelt werden –

nennen wir es das offene Ressourcen-Modell. Jemand gibt bekannt: Ich habe eine Idee, ich kann Folgendes dazu beitragen, bitte schließt euch mir an! Obwohl diese Version des offenen Modells auch aktives Handeln vor Ort umfassen würde, könnte das Internet als effektives Mittel eingesetzt werden, Mitglieder zu sammeln und die Idee später weiter zu verbreiten und zu entwickeln.

So könnte ich zum Beispiel im Netz bekannt geben, dass ich bereit bin, gelegentlich einem älteren Menschen zu helfen. Ich könnte mitteilen, dass Kinder nach der Schule in unserem Haus zum Spielen vorbeikommen dürfen. Ich kann sagen, dass ich an Wochentagen gerne einen Hund spazieren führe. Vielleicht könnte die Effizienz des Modells erhöht werden, indem man die Bedingung einführt, dass die Person, der geholfen wurde, auch jemandem helfen muss. Das Internet kann zur Organisation lokaler Ressourcen genutzt werden. Allmählich werden andere sich der Umsetzung großer sozialer Ideen anschließen, und dies wird zu noch besseren Ideen führen. Wie beim Modell der Computer-Hacker gäbe es einen Effekt, der sich selbst speist.

Wir haben gesehen, dass das Hacker-Modell ohne die Vermittlung von Regierungen und Unternehmen im Cyberspace Großartiges bewirken kann. Nun bleibt noch abzuwarten, welche großartigen Leistungen die direkte Zusammenarbeit Einzelner in der »Realität aus Fleisch und Blut« hervorbringt.

Teil III
Die Nethik

Kapitel 5

Von der Netikette zur Nethik

Netikette und Nethik

Neben der Arbeits- und Geldethik der Hacker gibt es noch ein drittes Element der Hacker-Ethik, das man als *Nethik* oder Net-Ethik bezeichnet. Dieser Begriff bezieht sich in einem weiteren Sinn auf das Verhältnis der Hacker zu den Netzwerken unserer Netzwerk-Gesellschaft als die bekanntere Bezeichnung *Netikette* (die Verhaltensregeln für die Kommunikation im Netz beschreibt, beispielsweise »nicht fluchen« oder »zuerst die häufig gestellten Fragen lesen, bevor man eine Nachricht abschickt« und so weiter).[1] Auch in diesem Fall teilen nicht alle Hacker sämtliche Bestandteile der Nethik, dennoch sind die Regeln in ihrer sozialen Bedeutung und ihrem Verhältnis zur Hacker-Ethik untrennbar miteinander verbunden.

Der erste Teil der Hacker-Nethik besteht aus der Beziehung der Hacker zu Mediennetzwerken wie etwa dem Internet. Obwohl die Anfänge der Hacker-Ethik bis in die 60er Jahre zurückreichen, wurde die Nethik erst in jüngster Zeit bewusst formuliert. Ein wichtiger Zeitpunkt war das Jahr 1990, als die Hacker Mitch Kapor und John Perry Barlow die Electronic Frontier Foundation in San Francisco zur Förderung der Grundrechte im Cyberspace gründeten.[2] Barlow ist geprägt von der Gegenkultur der 60er Jahre, er schrieb früher Songs für Grateful Dead, und er war einer der Pioniere in der Cyberrechtsbewegung. Er übertrug als Erster William Gibsons Wortschöpfung *Cyberspace* (aus Gibsons Roman *Neuromancer*) auf alle elektronischen Netzwerke.[3] Kapor spielte bei der Entwicklung des Personal Computer eine wichtige Rolle und schrieb im Jahr 1982 das Tabellenkalkulationsprogramm Lotus. Es war die erste PC-Anwendung, die eine verbreitete Funktion deutlich vereinfachte, und das war wiederum ein wichtiger Faktor für den Durchbruch des PC.[4] Der Name *Lotus* verweist auf Kapors Hintergrund: Als ehemaliger Psychotherapeut mit einem Abschluss in Psychologie und späterer Lehrer für transzendentale Meditation war er an fernöstlicher Philosophie interessiert.

Das gleichnamige Unternehmen, das um das Programm Lotus herum entstand, entwickelte sich rasch zur damals größten Softwarefirma. Doch als Kapors ursprünglicher Hacker-Ansatz immer mehr vom Geschäftsdenken verdrängt wurde, wuchs bei ihm ein Gefühl der Entfremdung, und er verließ das Unternehmen nach vier Jahren. Er selbst meinte dazu: »Ich persönlich fand es schrecklich. Also ging ich. Ich verschwand einfach eines Tages … Für das, was für das Geschäft als Organismus wichtig war, konnte ich immer weniger Begeisterung aufbringen.«[5]

Barlow und Kapor sahen die Grundrechte im Cyberspace wie zum Beispiel die Redefreiheit und das Recht auf Privatsphäre gefährdet. Der unmittelbare Anstoß zur Gründung der Electronic Frontier Foundation war der Verdacht des FBI, dass Barlow und Kapor einen gestohlenen Quellcode besaßen; sie galten als »Hacker« im populären Sprachgebrauch (also als Cracker). Beide erhielten Besuch von FBI-Agenten. Der Verdacht war unbegründet, doch er hinterließ bei Barlow und Kapor den Eindruck, dass Gesetzgeber und Gesetzeshüter nicht verstanden, um was es sich beim Hacken und beim Cyberspace eigentlich handelte. So wusste beispielsweise der FBI-Agent, der Barlow besuchte, kaum etwas über Computer und sprach von »New Prosthesis« (»neue Prothese«), wenn er »Nu Prometheus« meinte, die Cracker-Gruppe, die den Code gestohlen hatte.

Barlow und Kapor hätten die Besuche mit einem Schulterzucken abtun können, doch sie machten sich Sorgen, dass mangelndes Verständnis letztendlich zu einer totalitären Regulierung des elektronischen Raums führen und das Recht auf freie Meinungsäußerung und auf Privatsphäre ernsthaft gefährden könnte. Ironischerweise hieß Barlows FBI-Besucher – ein Hüter von Recht und Ordnung im Kapitalismus – Richard Baxter wie der protestantische Prediger, den Weber als den reinsten Vertreter der protestantischen Ethik bezeichnete. Man hätte fast glauben können, die Begegnung sei als allegorische Konfrontation zwischen der protestantischen Ethik und der Hacker-Ethik von einem Drehbuchautor erfunden worden.

Zu den Mitbegründern der EFF gehörten Steve Wozniak, John Gilmore und Stewart Brand. Gilmore unterstützte die

Verwendung von Verschlüsselungstechnologien der Kategorie »strong encryption« zum Schutz der Privatsphäre im Internet, außerdem prägte er den Satz: »Das Netz betrachtet Zensur als Schaden und umgeht sie.« Entsprechend war er Mitbegründer der völlig unkontrollierten alt-Newsgroups im Internet. Brand entwickelte *The Whole Earth Catalog* und spielte eine wichtige Rolle in der Geschichte der Hacker: Er schrieb den ersten Artikel über Hacker (erschienen 1972 im *Rolling Stone*) und organisierte die erste Hacker-Konferenz (1984 in San Francisco).

Die EFF bezeichnet sich selbst als »gemeinnützige, unparteiische Organisation, die im öffentlichen Interesse zum Schutz der grundlegenden Bürgerrechte, darunter dem Schutz der Privatsphäre und dem der Redefreiheit, im Bereich von Computer und Internet arbeitet«.[6] In der Praxis trug die EFF unter anderem dazu bei, dass die Umsetzung des Communication Decency Act scheiterte, der 1997 vom amerikanischen Kongress verabschiedet wurde. Das Gesetz sah eine Art Zensurbehörde für das Internet vor. Die EFF spielte auch eine wichtige Rolle bei der Verteidigung von Verschlüsselungstechnologien der Kategorie »strong encryption«, die in den USA zuvor für illegal erklärt worden waren. Bevor das Gesetz geändert wurde, konstruierte Gilmore für die EFF den DES-Cracker, der den so genannten DES-Schutz knacken konnte, der für die Chiffrierung von Banktransaktionen und E-Mails im Internet verwendet wurde; damit sollte gezeigt werden, dass die in den USA zulässigen Chiffriermethoden die Privatsphäre nicht schützen konnten.[7] Hacker mit sozialer Verantwortung betonen, dass Chiffriertechnologien nicht nur den Bedürfnissen von Regierungen und Unternehmen entsprechen dürfen, sondern auch den Einzelnen vor Regierungen und Unternehmen schützen sollen.

Die Redefreiheit und der Schutz der Privatsphäre sind wichtige Hacker-Ideale, und dementsprechend entwickelte sich das Internet. Der Bedarf an Hacker-Organisationen wie der EFF entstand in den 90er Jahren, als Regierungen und Unternehmen großes Interesse am Netz zeigten und versuchten, eine Richtung vorzugeben, die den Hacker-Idealen widersprach.

Bei der Verteidigung der Redefreiheit und der Privatsphäre gehen die Hacker im Allgemeinen dezentral vor. Neben der EFF gibt es noch zahlreiche weitere Hacker-Gruppen mit ähnlichen Zielen. Zwei Beispiele sind der holländische Internet Service XS4ALL, der sich ethisch engagiert, sowie die Gruppe Witness, die Menschenrechtsverletzungen im Cyberspace bekannt macht. Diese Hacker-Gruppen sammeln sich in thematischen Einheiten wie etwa der Internet Liberty Campaign.[8]

Redefreiheit: Das Beispiel Kosovo

Die Gruppen haben mehr als genug zu tun. Selbst in den so genannten Industrieländern, in denen das Recht auf freie Meinungsäußerung und der Schutz der Privatsphäre Grundrechte sind, wird immer wieder versucht, diese Rechte im

Cyberspace zu beschneiden.[9] In der übrigen Welt werden die Rechte jedoch nicht einmal eindeutig anerkannt. Laut *Censor Dot Gov: The Internet and Press Freedom 2000*, einer Untersuchung, die vom Forschungszentrum Freedom House herausgegeben wird, verfügten zu Beginn des Jahres 2000 etwa zwei Drittel aller Länder auf der Welt und vier Fünftel der Weltbevölkerung nicht über uneingeschränkte Redefreiheit.[10]

Wenn ihnen der Sinn danach steht, können die herrschenden Mächte die Medien kontrollieren, vor allem die traditionellen, zentralisierten Medien wie Presse, Radio und Fernsehen. Natürlich versuchen sie auch die Kontrolle über die Inhalte im Netz zu erlangen, aber das ist in der Praxis wegen der dezentralisierten Struktur des Netzes bemerkenswert schwierig. Daher ist das Netz ein wichtiges Medium für die freie Meinungsäußerung in totalitären Gesellschaften. Und die Hacker, die das Medium von E-Mail und Newsgroups bis zum Chat und dem World Wide Web geschaffen haben, helfen Dissidenten in vielen Teilen der Welt, es zu nutzen.

Der Kosovo-Konflikt im Jahr 1999 bietet für diese Bemühungen, die sich auch in anderen Ländern beobachten lassen, ein hervorragendes Beispiel.[11] Zensur ist häufig ein frühes Warnsignal für weitere Menschenrechtsverletzungen, und wenn es zu solchen Verletzungen kommt, wird von der Zensur nur eine gesäuberte offizielle Version der Ereignisse genehmigt, was die Verbreitung jeglicher Kritik verhindert. Genau dies passierte auch in Jugoslawien, wo der damalige

Präsident Slobodan Miloševic allmählich die Zensur verschärfte, während die serbische Mehrheit des Landes die »ethnischen Säuberungen« in der Provinz Kosovo vorantrieb, deren albanische Mehrheit die Unabhängigkeit anstrebte.

Ein kritischer Punkt ist erreicht, wenn die Redefreiheit beschnitten wird. Während serbische Truppen im Kosovo Männer hinrichteten, Frauen vergewaltigten und ganze Dörfer – von den neugeborenen bis zu den hochbetagten Bewohnern – ins Exil trieben, verkündeten die offiziellen jugoslawischen Medien, alles sei in bester Ordnung. (So ging es bis zu Miloševics Sturz weiter: Nachdem er die Wahlergebnisse manipuliert hatte, protestierten Hunderttausende im Zentrum von Belgrad, doch das serbische Fernsehen zeigte Wiederholungen der Olympischen Spiele, untermalt von klassischer Musik.) Die Medien konnten über die Gräueltaten nicht berichten, und Kritiker wurden zum Schweigen gebracht. Während der NATO-Luftschläge, die den Massakern ein Ende bereiten sollten, befanden sich die traditionellen jugoslawischen Medien praktisch in der Hand der Regierung. Auch die akademische Welt wurde ausgeschaltet, denn sie ist üblicherweise die Vertreterin der Redefreiheit.[12] Die Worte in der Regel des Basilius »Niemand soll ... neugierige Fragen über das stellen, was vorgeht« beschreiben treffend das Verhalten der jugoslawischen Regierung.

Im Internet jedoch konnten die Nachrichten verbreitet werden. Auf Initiative der EFF bot ein Network Server namens anonymizer.com Kosovaren die Möglichkeit, Nachrichten zu verschicken, ohne dass diese von den Behörden zurückverfolgt werden konnten.[13] Die bekanntesten Berichte vom Kriegsschauplatz wurden jedoch direkt per E-Mail übermittelt. Ein berühmtes Beispiel ist die E-Mail-Korrespondenz zwischen »Adona«, einer 16-jährigen Kosovo-Albanerin, und Finnegan Hamill, einem ebenfalls 16-jährigen Schüler an der Berkeley High School in Kalifornien. (Adonas wahre Identität wurde aus Sicherheitsgründen geheim gehalten.) Adona schrieb:

Hallo Finnegan ... Eines Nachts, ich glaube, es war letzte Woche, wurden wir alle von Polizisten und Soldaten umstellt. Gott weiß, wie viele Opfer es ohne die OSZE-Beobachter gegeben hätte. Auch meine Wohnung wurde umstellt. Ich kann dir die Angst nicht beschreiben ... Am nächsten Tag töteten sie nur wenige Meter von meiner Wohnung entfernt den albanischen Journalisten Enver Maloku. Einige Tage zuvor explodierte im Stadtzentrum, wo die Jugendlichen normalerweise ausgehen, eine Bombe.[14]

An einem anderen Tag schrieb sie:

Ich weiß nicht einmal mehr, wie viele Menschen getötet werden. Man sieht sie einfach in den Gedenkseiten der Zeitung. Ich will nicht vergewaltigt werden und wie die Massakrierten völlig zerfetzt sterben. Ich wünsche niemandem auf der ganzen Welt, nicht im ganzen Universum das, was wir durchmachen. Du weißt nicht, was für ein Glück du hast, dass du ein ganz normales Leben führen kannst. Wir alle wollen frei sein und so leben wie du, unsere Rechte haben und nicht immer herumgestoßen werden. Finnegan, ich sage dir, wie ich über diesen Krieg denke, und meine Freunde denken genauso.

Kurz vor dem Einsatz der NATO-Luftschläge schickte Adona folgende Nachricht:

Lieber Finnie,
ich schreibe dir dies direkt von meinem Balkon. Ich sehe Menschen mit Koffern umherrennen und höre Schüsse. Ein Dorf nur wenige Kilometer von meiner Wohnung ist völlig umzingelt. Für den Notfall ... habe ich eine Tasche mit dem Wichtigsten gepackt: Kleider, Dokumente und Geld. In den letzten Tagen kamen so viele neue Truppen, Panzer und Soldaten in das Kosovo. Gestern wurde ein Teil meiner Stadt umstellt und es gab Schießereien ... Ich warte ungeduldig auf Neuigkeiten.

Die von Miloševics Regierung ausgeübte Kontrolle basierte auf dem rigiden »Gesetz zur Information der Öffentlichkeit« von 1998, das es ermöglichte, Medien nach Lust und Laune der Behörden zu verbieten oder mit brutaler Gewalt zu unterdrücken. So erschoss beispielsweise im März 1999 die serbische Polizei den Rechtsanwalt Bajram Kelmendi und seine beiden Söhne. Kelmendi hatte die albanischsprachige Zeitung verteidigt, die die Polizei geschlossen hatte. Slavko Curuvija, Herausgeber von zwei unabhängigen Zeitungen und dem staatlichen Fernsehen zufolge ein Befürworter der NATO-Luftschläge, wurde am 11. April 1999 vor seinem Haus erschossen. Dutzende andere Journalisten wurden verhaftet, gefoltert oder vertrieben.[15]

Das einflussreichste oppositionelle Medium in Jugoslawien, der Radiosender B92, geriet immer wieder in Konflikt mit den Behörden. Bei Demonstrationen gegen die Regierung am 27. November 1996 wurde sein Übertragungssignal gestört, und am 3. Dezember wurde B92 komplett geschlossen. Daraufhin bot XS4ALL dem Sender seine Hilfe an. Die Sendungen wurden im Internet übertragen (die Übertragungstechnologie stellte RealAudio von RealNetworks, das von Mitchell Kapor finanziert wird). Voice of America und andere Sender sendeten das über das Internet übertragene Signal dann zurück nach Jugoslawien. Als die jugoslawische Regierung feststellen musste, dass ihre Zensur wirkungslos war, erlaubte sie B92 bald wieder, normale Radiosendungen auszustrahlen.[16]

Das Anliegen von XS4ALL kommt schon im Namen zum Ausdruck: Der Internetzugang soll für alle möglich sein, da das Internet ein Medium der Redefreiheit ist. XS4ALL ist nach eigener Aussage bereit, sich »aktiv in der Politik« zu engagieren, und fürchtet auch keine juristischen Auseinandersetzungen.[17] Die Zusammenarbeit zwischen XS4ALL und B92 wurde zu Beginn des Kosovokriegs am 24. März 1999 aufgenommen, als das jugoslawische Ministerium für Kommunikation wieder einmal die Radiostation schloss und ihre Sendeeinrichtungen beschlagnahmte. Der verantwortliche

Redakteur Veran Matic wurde ohne ein Wort der Erklärung verhaftet, allerdings ließ man ihn am selben Tag wieder frei. Sasa Mirkovic, der Chef des Senders, wurde am 2. April entlassen. Die Behörden ernannten einen neuen Direktor und legten neue Richtlinien fest. Mit Hilfe von XS4ALL konnten die ursprünglichen Redakteure von B92 ihre Sendungen weitermachen. Wieder wurde über das Internet übertragen und ausländische Radiostationen sendeten das Signal zurück nach Jugoslawien.[18]

Der Sieg von Radio B92 über die staatliche Zensur war vor allem deshalb wichtig, weil die Radiostation ein Symbol für unabhängige und kritische Medien in Jugoslawien geworden war. Die »Verteidigung der freien Medien«, die Matic zu Beginn des Krieges verfasst hatte, bringt zum Ausdruck, was auf dem Spiel stand: »Als ein Vertreter der freien Medien kenne ich das Bedürfnis nach Informationen nur zu gut, egal auf welcher Seite jemand bei dem Konflikt steht. Die Menschen im Land sollten sowohl über die internationalen Debatten als auch über die Ereignisse im eigenen Land auf dem Laufenden gehalten werden. Die Menschen im Ausland müssen die Wahrheit erfahren, was hier vorgeht. Doch anstelle von ausführlichen, unzensierten Fakten bekommen wir nur Kriegspropaganda einschließlich westlicher Rhetorik zu hören.«

Gegen Ende des Krieges schulte die Organisation Witness vier Kosovaren, Menschenrechtsverletzungen digital auf Video zu dokumentieren. Das Bildmaterial wurde dann mit einem Laptop und Satellitentelefon über das Internet übertragen und dem internationalen Kriegsverbrechertribunal zur Verfügung gestellt.[19]

Witness wurde 1992 gegründet. Die Organisation glaubt an die Macht der Bilder bei der Berichterstattung über Menschenrechtsverletzungen und sieht ihre Aufgabe darin, zu diesem Zweck die Videotechnologie weiterzuentwickeln und Menschen vor Ort in ihrem Gebrauch zu schulen: »Unser Ziel ist es, die Verteidiger von Menschenrechten mit den Instrumenten auszustatten, die sie benötigen, um Menschenrechtsverletzungen aufzunehmen, zu senden und zu veröffentlichen, da diese ansonsten vielleicht unbeachtet und ohne Folgen für die Täter bleiben.« Der Gründer der Organisation, der Musiker und Cyberart-Pionier Peter Gabriel, formuliert es so: »Die Wahrheit kennt keine Grenzen. Information will frei sein. Die Technologie ist der Schlüssel.«[20]

Neben diesen Hacker-Gruppen begaben sich während des Kosovo-Konflikts auch die traditionellen Menschenrechtsorganisationen »ins Netz«. Die Organisation OneWorld, die Bürgerrechtsbewegungen koordiniert, und ihr Partner Out There News richteten im Internet eine Datenbank für Flüchtlinge ein, damit sie ihre Verwandten und Freunde finden konnten.[21] Selbst bei den Friedensverhandlungen, die natürlich in erster Linie von humanitären und nicht von technologischen Faktoren bestimmt waren, kam der neuen Technologie eine symbolische Bedeutung zu. Bei den Verhandlungen unter Vorsitz des finnischen Präsidenten Martti Ahtisaari und des ehemaligen russischen Premierministers Viktor Tschernomyrdin wurde der erste Vertragsentwurf auf einem Mobiltelefon mit Internetzugang geschrieben, und die ersten vorbereitenden Berichte über die Verhandlungen wurden als Textdatei an die Vertreter verschiedener Länder geschickt.[22] So könnte man den Kosovokrieg durchaus als den ersten Internetkrieg bezeichnen, so wie der Vietnamkrieg als der erste Krieg im Fernsehen in die Geschichte einging.

Ein kleiner Teil des Krieges fand sogar im Internet statt. Cracker auf den verschiedenen Seiten führten ihre eigenen Angriffe durch, wie Dorothy E. Denning in ihrer Untersuchung *Activism, Hacktivism, and Cyberterrorism* (2000) berichtet. Serbische Cracker störten wenige Tage nach Kriegsausbruch den NATO-Server. Ein kalifornischer Cracker konterte mit einem Angriff auf die Webseiten der jugoslawischen Regierung. Cracker bezogen je nach ihrer Position zum Konflikt Stellung: Russen und Chinesen griffen amerikanische Webseiten an, Amerikaner, Albaner und Westeuropäer attackierten serbische Seiten. Einige osteuropäische Cracker bastelten Viren mit Botschaften, die sich gegen die NATO richteten. Nach Kriegsende verbreiteten einige Medien sogar die (falsche) Behauptung, Präsident Clinton habe einem Plan zugestimmt, Cracker für Operationen wie etwa die Plünderung von Miloševics Bankkonten einzusetzen.[23]

Man muss jedoch zugeben, dass das Internet nur geringen Einfluss auf die allgemeine Beurteilung des Krieges und noch weniger auf seine Durchführung hatte. Trotzdem sollte man das Internet als Medium der Redefreiheit nicht losgelöst von den anderen Medien betrachten, da alle Medien in ihrem Einflussbereich miteinander verbunden sind. Als Rezeptionskanal ist das Internet immer noch kein Massenmedium, doch diese Feststellung muss gleich in zwei Punkten eingeschränkt werden. Zum einen ist das Internet als Rezeptionskanal unter gewissen Bedingungen unverzichtbar, denn via Internet können Meldungen der traditionellen Medien ein Publikum erreichen, das durch Zensurmaßnahmen der eigenen Regierung isoliert wird. So empfangen viele Menschen in totalitären Systemen Informationen und Sichtweisen, die ihre Regierung nicht erlaubt.

Zweitens muss das Internet nicht zwingend ein Massenmedium sein, um Einfluss auf ein größeres Publikum zu haben. Es kann auch ein effektives Instrument beim Erstellen von Berichten sein, die dann über die traditionellen Medien verbreitet werden. Wir dürfen nicht vergessen, dass das Netz jeden mit dem Handwerkszeug eines Journalisten ausstattet. Selbst die Reporter und Redakteure der traditionellen Medien schreiben ihre Berichte, zeichnen sie als Video auf und verschicken sie unter Verwendung der neuen Technik. Wenn Computer, die Telekommunikation und die traditionellen Medien ihre Kräfte zu einem schnellen Multimedia-Netz vereinen und wenn der Computer, das Telefon und die Kamera zu einem kleinen Multimedia-Gerät kombiniert werden, ist jeder in der Lage, Berichte für die große Medienmaschinerie zu liefern. Ein derartiger Nutzer zukünftiger Internetanwendungen arbeitet vielleicht nicht auf dem technischen und journalistischen Niveau eines Profis, doch das wird dadurch ausgeglichen, dass er direkt vor Ort ist und die Ereignisse aus erster Hand mitbekommt. Im Kosovo haben wir erst den Anfang dessen erlebt, was mit der Einstellung der Hacker in den Medien zu erreichen ist.

Privatsphäre oder elektronische Omnipräsenz

Das Internet ist zwar ein Medium der Redefreiheit, es kann jedoch auch in ein Medium der Überwachung umgewandelt werden. Von jeher haben viele Hacker daran gearbeitet, dies zu verhindern, indem sie die Privatsphäre im Cyberspace verteidigten. Seit einiger Zeit versuchen Regierungen und Unternehmen, auf verschiedene Weise in die Privatsphäre einzudringen.[24]

In vielen Ländern wird eine so genannte Hintertür ins Netz diskutiert, die die Regierung zu Beobachtungszwecken nutzen kann, wenn sie es für nötig hält, oder mit der man sogar automatisch E-Mails und Muster beim Webbrowsen permanent im Auge behalten kann. (Die automatische Überwachung basiert auf Programmen, die die Inhalte von Nachrichten und Internetbesuchen analysieren und »dubiose« Fälle an einen menschlichen Überwachungsagenten weitermelden.) In dieser Hinsicht besteht der Unterschied zwischen den so genannten Industrieländern und Entwicklungsländern darin, dass in den Industrieländern immer noch über solche Methoden diskutiert wird, während die Regierungen der Entwicklungsländer sie bereits ohne vorhergehende Diskussion anwenden. So sind Internet Provider in Saudi-Arabien dazu verpflichtet, über die Aktivitäten der User im Internet Buch zu führen und sie automatisch zu warnen, sobald sie versuchen, Zugang zu verbotenen Seiten und Adressen im Netz zu bekommen. Die Nutzer werden ständig daran erinnert, dass sie überwacht werden.[25]

In den Industrieländern stellt zumindest in Friedenszeiten die Wirtschaft eine größere Bedrohung der Privatsphäre dar als die Regierung. Obwohl Unternehmen nicht in gleicher Weise wie Regierungen Zugang zu den Datenbanken der Internet-Anbieter haben, können sie sich auf andere Weise ähnliche Informationen verschaffen. Beim Surfen im Netz tauschen der Browser des Nutzers und die Webpage-Server Informationen aus, die den User identifizieren (so genannte Cookies). Dies allein verschafft noch niemandem die Kenntnis persönlicher Daten des Nutzers, doch immerhin kann man damit feststellen, wann und wie oft der User X eine bestimmte Webseite besucht. Danach kann man X zumindest im Prinzip identifizieren, sobald die Person persönliche Informationen an eine Webseite weitergibt, die Informationen sammelt und weiterverkauft. Damit kennt man von X Name, Geschlecht, Alter, Adresse, E-Mail-Adresse und so weiter. Und danach wiederum lässt sich ermitteln, wer Seiten über Hunde, die Seiten eines bestimmten Popstars, pornographische Seiten und so weiter besucht. Auf dieser Grundlage werden die Interessen einer Person analysiert.

Einige Unternehmen haben sich auf die Sammlung derartiger Informationen mittels Anzeigen auf Webseiten spezialisiert. Da die Reklame nicht wirklich Teil der Seite ist, sondern von dem Web Server des Werbers zur Verfügung gestellt wird, kann der Werbetreibende auch Informationen mit dem Browser des Benutzers austauschen. Die Hauptaufgabe solcher Anzeigen – oder genauer »Spy Links« – besteht in der Sammlung von Informationen über die Surfgewohnheiten von Usern. Die Lebensgewohnheiten von Verbrauchern sind das Kapital dieser Unternehmen. Wie umfassend Verbraucheranalysen sind, die ein Unternehmen aus solchen Informationen zieht, hängt davon ab, wie viele Spionageseiten es unterhalten kann und wie viele Informationen über die Besucher oder Kunden die Unternehmen außerhalb des »Spionagerings« zu verkaufen bereit sind.

Nachrichten an Newsgroups sind eine weitere wichtige Quelle für Verbraucherinformationen. Sie lassen sich leichter analysieren, da im Grunde alle Nachrichten an Newsgroups irgendwo permanent gespeichert werden. Überraschend viele Informationen lassen sich allein schon dadurch sammeln, dass man beobachtet, an welchen Newsgroups eine Person teilnimmt, sowie durch die Analyse ihrer Sprache.

Im elektronischen Zeitalter hinterlassen Nutzer ständig elektronische Spuren in verschiedenen Datenbanken. Je wichtiger die Elektronik ist, desto mehr Spuren kann man finden. Wenn sich Computer, Telefon und Medien verbinden, können selbst die Fernsehsendungen, die jemand anschaut, die Radiosender, die jemand im Auto hört, und die Artikel, die jemand in Online-Zeitungen liest, auf elektronischen Datenbanken gespeichert werden. Über die Basisstationen lässt sich sogar der Aufenthaltsort von Nutzern eines Mobiltelefons genau ermitteln. Mit all diesen Informationen kann man ein sehr intimes Bild einer Person erzeugen.

Mit der wachsenden Zahl der elektronischen Spuren wird das Bild einer Person immer schärfer. Bereits heute wird jede Bank- und Kreditkartentransaktion in der Datenbank der Kartengesellschaft verzeichnet; wenn jemand eine Zweitkarte benutzt, werden auch diese Transaktionen von der Gesellschaft gespeichert. Die elektronische Währung der Zukunft (egal, ob man sie nun über den Computer, das Handy, den Fernseher oder ein anderes Gerät verwendet) wird diese Informationen noch umfassender festhalten. In besonders ausführlichen Fällen wird eine Datenbank jedes einzelne Produkt aufführen, das eine Person in ihrem Leben gekauft hat. Man kann sich vorstellen, was für ein detailliertes Persönlichkeitsprofil sich damit erstellen lässt.

Spezifisches Wissen über die Lebensgewohnheiten eines Menschen interessiert die Unternehmen aus zwei Gründen. Zum einen erleichtert es ein gezieltes Marketing: Wenn zum Beispiel bekannt ist, dass jemand einen Hund hat, empfängt er auf seinem digitalen Fernseher in den Werbepausen Reklame für Hunde- und Heimtierprodukte. (Wenn die Person einmal eine E-Mail mit dem Titel »Katzen sind doof« verschickt hat, wird er oder sie außerdem keine Werbung für Katzenfutter erhalten.) Wenn bekannt ist, dass jemand gerne Süßes mag, erhält er mehrmals am Tag Nachrichten auf seinem Handy, in denen Sonderangebote in einem nahe gelegenen Laden angepriesen werden.

Zweitens ermöglichen detaillierte Persönlichkeitsprofile die Überprüfung von Mitarbeitern und Bewerbern. Wenn Tun und Lassen von Personen in elektronischen Datenbanken gespeichert werden, bedeutet dies letztendlich, dass nichts verborgen bleibt. Im elektronischen Zeitalter wird die Pforte eines Unternehmens von einem computerisierten Petrus bewacht, der sich vom allwissenden Gott nur darin unterscheidet, dass er nicht vergibt. Beim Vorstellungsgespräch ersteht das gesamte bisherige Leben des Bewerbers auf dem Bildschirm, und er muss Rechenschaft über all seine Sünden ablegen: Im Alter von sechs Jahren haben Sie in einer politisch nicht korrekten Weise einen Kumpel im Internet beleidigt; mit vierzehn haben Sie pornographische Webseiten besucht; mit achtzehn haben Sie in einem Chatroom gebeichtet, dass Sie mit Drogen experimentieren ...

Immer mehr Unternehmen überwachen (manchmal auch heimlich) das elektronische Verhalten ihrer Mitarbeiter. Viele Firmen haben Computerprogramme installiert, die den Gebrauch von E-Mail und Internet bei den Mitarbeitern beobachten: Verwendet der Mitarbeiter eine unangemessene Sprache (das heißt Kraftausdrücke), mit wem steht er oder sie in Kontakt (doch hoffentlich nicht mit der Konkurrenz?), besucht er oder sie übel beleumundete (pornographische) Seiten? Selbst der Inhalt von Telefongesprächen lässt sich durch Spracherkennungsprogramme kontrollieren.[26]

Hacker betonen schon seit langem, dass die Wahrung der Privatsphäre im elektronischen Zeitalter keineswegs selbstverständlich ist, sondern einen bewussten Schutz erfordert.

Sie haben viel Zeit darauf verwendet, auf die Gefahren für die Privatsphäre, die vom Staat und von Unternehmen drohen, aufmerksam zu machen. Zum Schutz der Privatsphäre greifen einige Hacker unter bestimmten Umständen sogar wieder symbolisch auf präelektronische Lösungen zurück. Eric Raymond zum Beispiel verwendet keine Bankkarte, weil er dagegen ist, dass jede finanzielle Transaktion aufgezeichnet wird. Es wäre technisch möglich gewesen, ein Modell zu entwickeln, bei dem keinerlei persönliche Informationen des Kunden preisgegeben würden und das Unternehmen trotzdem die richtige Karte belasten könnte. Es gab durchaus Alternativen.

Viele Hacker verabscheuen jegliche Verletzung der Privatsphäre, in der Freizeit genauso wie in der Arbeitszeit. Ein Arbeitsverhältnis gibt niemandem das Recht, in die Privatsphäre einzudringen. Danny Hillis' Anekdote über Persönlichkeitstests ist ein Beispiel dafür, was Hacker von dem Eifer der Arbeitgeber halten, den Einzelnen unter Einsatz aller verfügbaren Methoden so genau wie möglich zu analysieren: »Einmal kam ein Anhänger einer anderen Methode zu Drescher [einem wissenschaftlichen Mitarbeiter in Minskys Labor für Künstliche Intelligenz], als dieser gerade frühstückte. ›Ich möchte Ihnen diesen Persönlichkeitstest geben‹, erklärte der Eindringling, ›denn ich möchte, dass Sie glücklich sind.‹ Drescher nahm das Blatt Papier und steckte es in den Toaster: ›Ich möchte, dass der Toaster auch glücklich ist.‹«[27]

Zum Schutz der elektronischen Privatsphäre verteidigen viele Hacker den Einsatz der von staatlicher Seite abgelehnten Verschlüsselungstechnologie der Kategorie *strong encryption*. In dem amerikanischen Gesetz über Waffenexporte werden diese Technologien (die einen Schlüssel verwenden, der größer als 64 bits ist) als Munition bezeichnet, und damit unterliegt ihr Verkauf strengen Regeln. Als Parodie auf das Gesetz tätowierte ein Hacker die so genannte *RSA encryption method*, die als *strong encryption* klassifiziert ist, in nur drei kurzen Codezeilen auf seinen linken Arm. Daneben stand streng nach Vorschrift die Erklärung: WARNUNG: DIESER MANN IST ALS MUNITION KLASSIFIZIERT. LAUT GESETZ IST DER TRANSFER DIESES MANNES AN AUSLÄNDER VERBOTEN.[28]

Hacker-Gruppen spielten eine wichtige Rolle bei der Lockerung einiger Vorschriften zu Beginn des Jahres 2000.[29] Eine der wichtigsten Gruppen, die an der Entwicklung der *strong encryption*-Methoden arbeiten, sind die Cyberpunks, die von John Gilmore, Tim May und Eric Hughes gegründet wurden. Ihre Ziele werden in Hughes' Cyberpunk-Manifest aus dem Jahr 1993 zusammengefasst:

Wir müssen unsere Privatsphäre verteidigen, wenn wir nicht darauf verzichten wollen. Wir müssen uns zusammenschließen und Systeme entwickeln, die anonyme Transaktionen ermöglichen. Der Mensch verteidigt seine Privatsphäre seit Jahrhunderten mit Flüstern, Dunkelheit, Umschlägen, verschlossenen Türen, geheimen Handzeichen und Kurieren. Die Technologien der Vergangenheit ließen keine völlige Privatsphäre zu, die elektronische Technologie dagegen schon. Wir Cyberpunks widmen uns dem Aufbau von anonymen

Systemen. Wir schützen unsere Privatsphäre mit Kryptographie, mit anonymen Mail-Versandsystemen, mit digitalen Unterschriften und mit elektronischem Geld.[30]

In seinem Manifest »Privacy, Technology, and the Open Society« (1991) malt John Gilmore weiter aus, wie eine Gesellschaft, die auf Hacker-Prinzipien basiert, aussehen könnte:

> Was wäre, wenn wir eine Gesellschaft aufbauen könnten, in der Informationen nicht gesammelt werden? In der man die Leihgebühr für ein Video bezahlen könnte, ohne eine Kreditkarten- oder Kontonummer zu hinterlassen? In der man beweisen könnte, dass man einen Führerschein besitzt, ohne seinen Namen nennen zu müssen? In der man Nachrichten schreiben und verschicken könnte, ohne seinen Aufenthaltsort preiszugeben? So eine Gesellschaft möchte ich aufbauen.[31]

Hacker arbeiten an technischen Lösungen, die den Schutz der Privatsphäre im elektronischen Zeitalter ermöglichen. Die Cyberpunks stehen bei der Umsetzung dieses Ziels keineswegs allein. Der erste anonyme Server, der es möglich machte, E-Mails und Nachrichten an Newsgroups zu versenden, ohne die eigene Identität zu enthüllen (ein so genannter Remailer), wurde von dem finnischen Hacker Johan Helsingius entwickelt. Helsingius ist selbst ein Mitglied der Schwedisch sprechenden Minderheit in Finnland. Vor diesem Hintergrund beschreibt er den Wunsch nach einem anonymen Server: »Wenn man mit einer Minderheit zu tun hat, sei es nun eine ethnische, politische, sexuelle oder was auch immer, findet man immer Fälle, in denen die Angehörigen der Minderheit wichtige Themen diskutieren möchten, ohne dass man sie identifizieren kann.« In einem anderen Zusammenhang meinte er: »Die Remailer machen es möglich, dass sehr sensible Themen wie zum Beispiel Gewalt in der Familie, Mobbing in der Schule oder Menschenrechtsverletzungen anonym und vertraulich im Internet diskutiert werden.«[32]

In Zukunft wird die Privatsphäre nicht nur eine ethische, sondern auch eine technische Frage sein. Die technische Umsetzung der elektronischen Netzwerke hat bedeutende Auswirkungen für das Recht des Einzelnen auf Privatsphäre. Der Schutz der Privatsphäre in der Nethik der Hacker wird zu einer schwierigen gemeinsamen Anstrengung: Man muss das Internet und das World Wide Web nicht nur sicherer machen, sondern auch Einfluss auf andere Netzwerke ausüben, in denen Details aus dem Leben von Privatpersonen gespeichert werden.

Virtuelle Realität

Historisch betrachtet besitzt das Netz als Medium der Hacker noch eine dritte wichtige Dimension, die oft nicht mit der Hacker-Ethik in Verbindung gebracht wird, obwohl sie eindeutig mit den oben beschriebenen Einstellungen gegenüber den Medien zusammenhängt: Neben dem Recht auf freie Meinungsäußerung und dem Schutz der Privatsphäre schätzen Hacker die Eigenaktivität des Einzelnen. Und *Aktivität* ist der richtige Begriff für die gemeinsame Idee, die hinter allen drei Elementen der Hacker-Ethik steht. Die Redefreiheit ermöglicht es, ein aktives Mitglied der Gesellschaft zu sein, denn man lernt unterschiedliche Ansichten kennen und artikuliert eigene Standpunkte. Die Privatsphäre schützt das Bemühen, einen persönlichen Lebensstil zu entwickeln, denn Überwachung wird dazu verwendet, Menschen zu überzeugen, dass sie auf eine bestimmte Art leben sollten oder Lebensweisen ablehnen, die von den herrschenden Normen abweichen. Mit der Eigenaktivität verwirklicht man eigene Vorstellungen und Interessen, anstatt nur ein passiver Empfänger zu sein.

In dieser Hinsicht unterscheiden sich die traditionellen Medien (vor allem das Fernsehen), die den Nutzer zum bloßen Konsumenten machen, deutlich von der Hacker-Ethik. Das Fernsehen führt die monastische Vorstellung einer einseitigen »Verbindung zum Himmel« zu ihrem säkularisierten logischen Schluss. Bereits in den 80er Jahren wies der französische Sozialphilosoph Jean Baudrillard darauf hin, dass die symbolische Apotheose des Fernsehzuschauers als Konsument erreicht war, als die Fernsehshows das Lachen vom Band einführten: Die TV-Show war Darsteller und Publikum zugleich, und dem Zuschauer am Bildschirm blieb nur die »pure Verwunderung«.[33]

Obwohl man eigentlich das Internet als »virtuelle Realität« bezeichnet, erlebt der Fernsehzuschauer seine Situation heutzutage genauso häufig als virtuell im Sinne von *un-wirklich*. Das Fernsehen weckt das Gefühl, dass das Gesehene als eine Art absurde Parodie dessen gemeint sein muss, was Fernsehen im schlimmsten Fall sein könnte.

Die Erfahrung des Unwirklichen wird durch die offensichtliche Art verstärkt, mit der das Fernsehen Teil der Wirtschaft geworden ist. Fernsehsendern geht es immer häufiger wie anderen Wirtschaftsunternehmen nur um den Profit. Wichtig ist für sie nur die Zuschauerquote, denn damit kann man Werbeblöcke verkaufen. Die Sendungen sind zur Reklame für die Werbung geworden, und die Zuschauer werden nur noch gebraucht, um den Preis für die Werbeminute in die Höhe zu treiben. Ein wichtiger Beweggrund für die traditionellen Medien, ihre Tätigkeit auf das Internet auszudehnen, ist die Tatsache, dass die neuen Technologien die Möglichkeit bieten, detaillierte Informationen über die Nutzer zu sammeln, was wiederum den Verkauf von noch besser auf die Zielgruppen ausgerichteter Werbung ermöglicht. Die Technologie soll genutzt werden, um eine marktgesteuerte Zuschauersegmentierung zu fördern.

Da das Fernsehen so eng mit dem Kapitalismus verflochten ist, wird es auch größtenteils von der protestantischen Ethik dominiert. Diese Verbindung erklärt die zuvor angesprochenen Bedrohungen der Redefreiheit und der Privatsphäre, denn auch hier prallen protestantische Ethik und Hacker-Ethik aufeinander. Der kommerzielle Charakter der Medien verhindert den Blick auf kommerziell uninteressante Themen und führt zu Verletzungen der Privatsphäre.

Man kann jedoch auch argumentieren, dass wir uns nicht mit dem derzeitigen Angebot im Fernsehen zufrieden geben würden, wenn unser Leben nicht so stark von der protestantischen Arbeitsethik bestimmt wäre. Nur wenn die Arbeit sämtliche Energien verschlingt und man zu müde ist, um seinen eigenen Interessen nachzugehen, ist man bereit, sich auf den passiven Konsumentenstatus reduzieren zu lassen, den das Fernsehen verlangt.

Die Netzwerk-Gesellschaft allein gibt noch keinen Grund zu der Illusion, die von Büchern wie Jeremy Rifkins *Ende der Arbeit* verbreitet wird, nämlich dass die Rolle der Arbeit in unserem Leben automatisch an Bedeutung verlieren und unsere Energie damit für unsere Freizeit freigesetzt wird. Tatsächlich ist die reine Arbeitszeit in den letzten Jahrzehnten sogar noch angestiegen. Behauptungen, die Arbeitszeit sei kürzer geworden, lassen sich nur durch einen Vergleich mit dem extremen Zwölfstundentag der Industriegesellschaft im 19. Jahrhundert stützen, nicht jedoch in einem allgemeineren historischen und kulturellen Kontext.

Außerdem ist die bloße Dauer der Arbeit nicht der entscheidende Aspekt beim Vergleich. Wir dürfen nicht vergessen, dass Verkürzungen der Arbeitszeit stets mit einer Optimierung der verbleibenden Arbeitszeit einhergingen: Sie wurde noch besser genutzt. Kürzere Arbeitszeiten müssen also nicht unbedingt bedeuten, dass man weniger arbeitet. Im Gegenteil: Die Arbeitszeit ist heute zwar kürzer als während der Industrialisierung, doch sie wurde so optimiert, dass sie dem Arbeitenden noch mehr als früher abverlangt. Weniger

Arbeitszeit bringt keine Verringerung der Arbeitsmenge oder der Ausrichtung auf die Arbeit, wenn die gleichen (oder sogar noch bessere) Ergebnisse erzielt werden müssen.

In seinem Buch *Closing the Iron Cage: The Scientific Management of Work and Leisure* analysiert der Soziologe Ed Andrew, wie uns die Arbeit, die von der protestantischen Ethik dominiert wird, noch auf eine andere Weise zu einem passiven Lebensstil zwingt: »Es ist nicht so, dass Freizeitforscher fälschlicherweise glauben, viele Arbeiter seien unfähig, die Freizeit zu genießen. Vielmehr nehmen sie die Ansicht nicht ernst genug, dass die Unfähigkeit zur Freizeit ein ›Nebeneffekt‹ der von außen gesteuerten Arbeit ist.«[34] Wenn der Einzelne bei der Arbeit als abhängiger Empfänger behandelt wird, verstärkt man den Trend, Freizeit auf passives Vergnügen zu reduzieren, und es bleibt kein Raum für aktive Interessen. Andrew zufolge wird eine aktive Freizeit erst möglich, wenn ein aktives Arbeitsmodell besteht: Nur wer die Arbeit selbstbestimmt verrichtet, kann in seiner Freizeit aktiv schöpferisch tätig sein.

Der Mangel an Interessen in der Freizeit ist doppelt tragisch, wenn er auf einem Mangel an Interesse bei der Arbeit basiert. In diesem Fall wird die Ausrichtung auf den Freitag besonders absurd verwirklicht: Da man bei der Arbeit von außen gelenkt ist, wartet man auf den Freitag, um mehr Zeit fürs Fernsehen zu haben und von außen amüsiert zu werden. Hacker dagegen verwenden ihre Freizeit – den Sonntag – als Gelegenheit, andere Interessen zu verwirklichen als die, die sie bei ihrer Arbeit verfolgen.

Kapitel 6

Der Geist des Informationalismus

Selbstprogrammierbare Arbeiter

Noch einen weiteren Teil der Hacker-Ethik müssen wir uns klar machen: das Verhältnis zu den Netzwerken der Netzwerk-Gesellschaft neben den Medien, also vor allem das Verhältnis zum wirtschaftlichen Netzwerk, das sich auf das Leben eines jeden auswirkt. An dieser Stelle denken vielleicht einige Computerhacker, dass die *Hacker-Ethik* auf Konzepte ausgedehnt wird, die über das hinausgehen, was Hacker normalerweise damit meinen. Das stimmt vollkommen: Es sind keine typischen Themen der Computerhacker. Doch aus gesellschaftlicher Sicht bilden diese Themen, die nur von einigen Computerhackern vertreten werden, einen wichtigen Teil der Herausforderung, die die Hacker-Ethik an uns stellt.

Es ist sinnvoll, wenn wir damit beginnen, die derzeitige Realität der wirtschaftlichen Netzwerke zu charakterisieren, wie sie Berufstätige im IT-Bereich erleben. Erst danach werden wir uns wieder der Hacker-Ethik zuwenden. Beim typischen spätindustriellen Berufsweg (der natürlich nie in Reinform existierte) wurde jemand für einen Beruf ausgebildet, den er dann für den Rest seines Arbeitslebens ausübte.

In der Informationswirtschaft ist das nicht mehr länger der Fall: Der neue Typ des Berufstätigen ist stattdessen, wie Manuel Castells es ausdrückt, »selbstprogrammierbar« und besitzt »die Fähigkeit, sich selbst weiterzubilden und sich neuen Aufgaben, neuen Prozessen und neuen Informationsquellen anzupassen, da Technologie, Nachfrage und Management das Tempo der Veränderungen beschleunigen«.[1]

Im Informationszeitalter veraltet nahezu alles Wissen rasch, daher müssen die selbstprogrammierbaren Berufstätigen ihr Fachwissen ständig auffrischen, um mit den neuen Herausforderungen in wechselnden Projekten Schritt zu halten. Die Herausforderungen der sich schnell verändernden Zeit sind verbunden mit den ebenso anspruchsvollen Herausforderungen der flexiblen Zeitgestaltung. Bei den neuen flexiblen Arbeitsverhältnissen – wie zum Beispiel der Telearbeit zu Hause – müssen die Berufstätigen des Informationszeitalters lernen, teilweise ihre eigenen Chefs zu sein und sich effizient weiterzubilden.

Kein Wunder, dass einige Hilfe in der Literatur suchen und sich Bücher zum Thema »Wie entwickle ich mich weiter?« kaufen. In einer Zeit, in der sich das traditionelle *Personalmanagement* zum *persönlichen* Management wandelt, ist es nicht überraschend, dass sich Bücher wie Stephen Coveys *Die sieben Wege zur Effektivität* oder Anthony Robbins' *Das Robbins Power Prinzip* seit Jahren hervorragend verkaufen und dass Lebens- und Karriereratgeber beharrlich die oberen Plätze in den Bestsellerlisten besetzen. Im Informationszeitalter besteht das Bedürfnis, von der alten Tayloristischen Fra-

ge bei der körperlichen Arbeit – »Könnten sich die Gliedma-
ßen eines Arbeiters noch optimaler bewegen?« – zu einer Frage zu wechseln, die sich auf den mentalen Bereich bezieht:
»Könnte sich das Innenleben des Mitarbeiters noch optimaler bewegen?«[2] Da dieses Phänomen, sich selbst weiterzuentwickeln oder zu »programmieren«, charakteristisch für unsere Zeit ist, sollten wir es etwas genauer betrachten.

Die sieben Wege der persönlichen Entwicklung

Bücher zur Karriere- und Lebensberatung präsentieren uns
sieben Schlüssel- oder Kardinaltugenden. Nicht ganz zufällig
sind dies dieselben Tugenden, die von der älteren protestantischen Ethik durch die Vermittlung Benjamin Franklins gelehrt werden. Auch sie lassen sich wieder bis zum Kloster zu-
rückverfolgen. Gemeinsamer Ausgangspunkt ist die *Entschlossenheit* oder Zielorientierung. Der Einzelne soll sich ein
genau definiertes Ziel setzen und dann all seine Energien
darauf verwenden. »Sich Ziele zu setzen ist der erste Schritt«,
schreibt Robbins.[3] Das Setzen eines Ziels erfordert einen vorher genau festgelegten Plan. Auch Franklin empfahl eine genaue Planung: »Ich habe immer geglaubt, ein Mann von
leidlichen Fähigkeiten könne unter der Menschheit große
Veränderungen zustande bringen und große Dinge ausführen, wenn er erst einen guten Plan entwirft, dann alle Ver-
gnügungen und sonstigen Beschäftigungen vermeidet, die

seine Aufmerksamkeit ablenken können, und die Ausführung dieses Planes zu seinem ausschließlichen Studium und Geschäft macht.«[4] Die Karriereratgeber lehren, sich ständig an das Ziel zu erinnern, indem man es zum Beispiel täglich laut ausspricht oder sich den Erfolg im Voraus ausmalt.

(Im Kloster wurde diese Methode »Gedenken an Gott« genannt. Die Ähnlichkeiten sind verblüffend. Wie die Lebensberatungs-Gurus empfahl der Mönch Evagrius Ponticus im 4. Jahrhundert, über das angestrebte Ziel und dessen Gegenteil zu meditieren, indem man sie sich vorstellte: »Bedenke das furchtbare und schreckliche Urteil. Berücksichtige das Schicksal, das Sündern vorbehalten ist ... Bedenke auch die Wohltaten, die den Gerechten erwarten ... Behalte die Erinnerung an diese beiden Wirklichkeiten im Sinn.«[5] Der Begriff *Vision* bezog sich vor seinem heutigen Gebrauch in der Karriere- und Lebensberatungsliteratur ausdrücklich auf die christlichen Visionen von Himmel und Hölle. Und wenn in den Karriereratgebern empfohlen wird, sich jeden Morgen das Ziel vorzusagen, wird damit im Prinzip zu einer Art weltlichem Gebet aufgefordert.)

Den Karriereratgebern zufolge ist es wichtig, sich an die Tugenden zu erinnern, die beim Erreichen des Ziels nützlich sind. Eine der wichtigsten Tugenden ist die *Optimalität*. Die Ratgeber lehren, Zeit möglichst konzentriert zu nutzen, sodass die Arbeit dem Ziel stets näher kommt. In der Praxis bedeutet das, sich stets bewusst zu sein, wie das »Jetzt«, also jeder Augenblick, am besten genutzt wird. Robbins ermahnt seine Leser, nicht zu vergessen, dass »*jetzt* der richtige Zeitpunkt ist«.[6] Die wichtigste Frage lautet: »Bringt Sie das, was Sie gerade tun, näher ans Ziel?« Wenn nicht, sollten Sie es lassen und etwas tun, das Sie weiterbringt.

Franklin lehrte eine ähnliche Aufmerksamkeit gegenüber dem Augenblick: Man müsse »beständige Wachsamkeit üben«, außerdem riet er: »Sei immer mit etwas Nützlichem beschäftigt; entsage aller unnützen Tätigkeit.«[7] Die Ratgeber schlagen vor, über anwendbare Aphorismen der eigenen Vorbilder nachzudenken. Was würden sie tun, um die für den Augenblick erforderliche psychische Stärke zu erlangen? (Im Kloster hieß diese Methode »Beobachtung des Herzens«. Die Mönche sollten außerdem überlegen, ob ihr Handeln jederzeit dem höchsten Ziel diente. So mahnte zum Beispiel der Mönch Dorotheus von Gaza im 6. Jahrhundert: »Wir sollten auf uns selbst achten und wachsam sein, Brüder. Wer gibt uns die jetzige Zeit zurück, wenn wir sie vergeuden?«[8] Nach Art der späteren Karriereratgeber empfahl Antonius der Große im 3. Jahrhundert die Betrachtung von Vorbildern: »Gedenkt der Taten der Heiligen, damit die Seele, von den Geboten her gemahnt, durch die Nachahmung der Heiligen Maß und Ausgeglichenheit erhält.«[9] Der französische Altphilologe Pierre Hadot, der die spirituellen Übungen der Mönchsorden untersucht hat, stellt fest, dass aus diesem Grund eigens eine Literaturgattung geschaffen wurde, die aus den kurzen Biographien von Mönchen bestand.[10] Die aktuelle Literatur über erfolgreiche CEOs ist unsere Hagiographie, und die Sammlungen ihrer Aphorismen sind unsere *apophthegmata*, »Sentenzen der Väter«.)

Andere hilfreiche Tugenden der Karriereratgeber sind Flexibilität und Stabilität. Robbins erklärt, dass das Ziel zu einer »wunderbaren Obsession«[11] werden solle. Bei den Mitteln zur Erreichung des Ziels müsse man jedoch *flexibel* sein. Er betont, dass nichts einen davon abhalten kann, zum Ziel zu gelangen, wenn man »kontinuierlich seinen Ansatz ändert, bis man das Gewünschte erreicht hat«.[12] Man muss stets bereit und auch demütig genug sein, neue Ansätze zu lernen. Auch Franklin riet seinem Leser, »durchzuführen, was du dir vornimmst«[13] – egal, wie viel Flexibilität und Lernen dafür notwendig waren. (Antonius teilte ebenfalls diese Einstellung, denn er war stets bereit, demütig zu lernen und sich flexibel zu ändern, um Gott näher zu kommen: »Oft stellte er Fragen und wünschte von denen, die bei ihm waren, etwas zu hören; und er gab zu, dass es ihm nützte, wenn jemand etwas Brauchbares sagte.«)[14]

Stabilität bedeutet ständiges Voranschreiten hin zum Ziel, das fest im Blick behalten werden muss. Man darf sich nicht von Rückschlägen ablenken lassen. Aus Sicht der Karriereratgeber dürfen sich »negative Gefühle« wie Kummer und Zorn nicht störend auswirken. Der Kummer über den Verlust eines Gegenstands bringt den Gegenstand nicht zurück; Wut über einen Fehler macht den Fehler nicht rückgängig. Die Karriereratgeber halten negative Gefühle für vergeudete Energie, die nur die Erreichung des Zieles verzögern.

In der einschlägigen Literatur hat positives Denkens zur Stärkung der Stabilität einen sehr hohen Stellenwert. Robbins zum Beispiel rät dem Leser, negative Gefühle in positive umzuwandeln, indem er sie erst einmal umformuliert: Aus *ich bin deprimiert* wird *ich fühle mich ruhig, bevor ich loslege*; aus *traurig* wird *ich sortiere meine Gedanken*; aus *ich hasse* wird *ich ziehe etwas anderes vor*; *gereizt* wird zu *angeregt*, *schrecklich* wird mit *anders* übersetzt und so weiter.[15] Auch Franklin mahnt den Leser, ruhig zu bleiben: »Beunruhige dich nicht über Kleinigkeiten oder über gewöhnliche oder unvermeidliche Unglücksfälle.«[16] (Vergleichen Sie dies mit Cassian, der sich ausführlich über die unerwünschte Sünde der Traurigkeit auslässt, die durch eine positive Einstellung ersetzt werden müsse. Cassian zufolge ist Traurigkeit entweder »der Fehler früheren Ärgers« oder »entsteht aus dem Wunsch nach einem Gewinn, der nicht verwirklicht wurde«. Auf jeden Fall muss die Traurigkeit abgelegt werden, da sie nirgendwohin führt. Cassian vergleicht die traurige Seele mit »einem mottenzerfressenen Kleidungsstück, [das] weder einen finanziellen Wert hat noch Verwendung findet.«)[17]

Fleiß ist die fünfte zentrale Tugend in der Weltanschauung der Karriereratgeber. Wer sich mühen will, sein Ziel zu erreichen, muss harte Arbeit schätzen. Robbins betont, wie wichtig es für den Einzelnen ist, »zu aktivem Handeln bereit zu sein«.[18] Auch Franklin führt Fleiß als Tugend auf. Max Weber zitiert auf den ersten Seiten von *Die protestantische Ethik und der »Geist« des Kapitalismus* den biblischen Ausspruch, den Franklins Vater anführt – »Siehst du einen Mann rüstig in seinem Beruf, so soll er vor Königen stehen«[19] – zur Erläuterung, welchen Wert die protestantische Ethik der Arbeit zuweist. In der Karriereliteratur wird die Arbeit in einem

Ausmaß idealisiert, dass sie manchmal schon wie ein Ziel an sich erscheint. (Diese Haltung findet sich ebenfalls im Kloster, wo das Gegenteil von Fleiß, die so genannte *acedia*, die nicht nur Faulheit, sondern auch Langeweile und Unruhe bedeutete, zu den sieben Todsünden gezählt wurde. Cassian beschreibt ihre negative Wirkung auf die Mönche folgendermaßen: »Und wenn sie in irgendeinem Ausmaß jemanden überkommt, bleibt er entweder müßig und faul in seiner Zelle ... oder sie treibt ihn hinaus und macht ihn zu einem ruhelosen Wanderer.«)[20]

Der Wert des Geldes, den Franklin in seiner protestantischen Ethik betont, tritt auch in den Karriereratgebern deutlich hervor. Im englischen Original gab Robbins seinem Buch den Untertitel *How to Take Immediate Control of Your Mental, Emotional, Physical & Financial Destiny!* (Wie Sie Ihr mentales, emotionales, körperliches und finanzielles Schicksal in die eigene Hand nehmen!) Bei den Modellen, die zur Wahl des Ziels in den Karriereratgebern aufgeführt werden, dient Geld als bevorzugtes Beispiel. Bei Robbins' Zielformulierungen ist Geld automatisch dabei:

> Wie viel möchten Sie verdienen:
> 50 000 im Jahr?
> 100 000 im Jahr?
> 500 000 im Jahr?
> 1 Million im Jahr?
> So viel, dass Sie Ihr Geld vermutlich
> nicht mehr zählen können?[21]

(Die Verbindung zwischen Klosterleben und Wirtschaft ist komplexer als im Fall der anderen Tugenden. Das Ziel der Klöster bestand zwar nicht darin, Geld zu verdienen, doch es ist auch kein Zufall, dass der Begriff *Ökonomie*, der vom griechischen *oikonomia* abgeleitet ist, im theologischen Sprachgebrauch in Bezug auf die Heilsdoktrin verwendet wird. Sowohl im Kapitalismus als auch im Kloster ist das Leben dem Streben nach dem »Heil« oder der »Erlösung im Himmel« untergeordnet – das heißt dem wirtschaftlichen Ziel.)

In der Welt der Karriereratgeber bleibt bei der Verwirklichung des Ziels und der dazugehörigen Tugenden nichts dem Zufall überlassen; alles muss einkalkuliert werden. Daher ist die *Nachweisbarkeit der Ergebnisse* die siebte wichtige Tugend. Die Leser von Robbins' Buch halten ihre Ziele und ihre Fortschritte schriftlich fest. Robbins schlägt vor, die Entwicklung der eigenen Empfindungen zu dokumentieren:

1. Stellen Sie eine Liste der Gefühlszustände auf, die Sie in einer Woche normalerweise erleben.
2. Schreiben Sie die Ereignisse oder Situationen auf, die Sie benutzen, um diese Gefühle auszulösen.
3. Überlegen Sie sich ein Gegenmittel für jede negative Emotion und verwenden Sie ein geeignetes Mittel, um auf das Aktionszeichen zu reagieren.[22]

Wieder einmal ist hier Franklins Schatten eindeutig zu spüren. In seinen *Lebenserinnerungen* berichtet er, wie er seine Ziele niederschrieb: »Ich schrieb meine Vorsätze nieder;

noch heute sind sie in meinem Tagebuch zu finden.«[23] Er erklärt auch, wie er erkannte, dass es nicht genügt, einfach seine Ziele und Tugenden aufzuschreiben, denn für die Verwirklichung ist eine »tägliche Überprüfung notwendig«.[24] In der Autobiographie schildert er die geistige Buchhaltung, die er dafür entwickelte:

Ich machte mir ein kleines Buch, worin ich jeder der Tugenden eine Seite anwies [zu denen neben den bereits erwähnten Tugenden auch Entschlossenheit und Gemütsruhe gehörten], linierte jede Seite mit roter Tinte, sodass sie sieben Spalten hatte, eine für jeden Tag der Woche, und bezeichnete jede Spalte mit dem Anfangsbuchstaben des Tages. Diese Felder kreuzte ich mit dreizehn roten Querlinien und setzte an den Anfang jeder Linie den Anfangsbuchstaben einer der Tugenden, um auf dieser Linie und in der betreffenden Spalte durch einen schwarzen Punkt jeden Fehler anzumerken, welchen ich mir, nach genauer Prüfung meinerseits, an jenem Tag hinsichtlich der betreffenden Tugend hatte zuschulden kommen lassen.[25]

Vergleichen Sie diese Schilderung nun damit, wie die Mönche gelehrt wurden, ihre Fortschritte systematisch zu beobachten. Dorotheus schreibt:

Wir sollten uns selbst nicht nur jeden Tag prüfen, sondern zu jeder Jahreszeit, jeden Monat und jede Woche und uns fragen: »Auf welcher Stufe befinde ich mich gerade hinsichtlich der Leidenschaft, die mich letzte Woche übermannte?« Ebenso sollte man sich jedes Jahr fragen: »Letztes Jahr übermannte mich diese und jene Leidenschaft; wie ist das heute?« Die [Kirchen-]Väter sagten uns, wie nützlich es für jeden von uns ist, sich zu reinigen, indem man sich jeden Abend fragt, wie man den Tag verbracht hat, und jeden Morgen, wie man die Nacht verbracht hat.[26]

Wir können das moderne Festhalten der Ergebnisse als eine Form der weltlichen Beichte sehen, eine Art Bürobeichte.

Schließlich sollten wir noch festhalten, dass die Betonung des methodischen Vorgehens das Kloster und die Karriereratgeber in einem weiteren wichtigen Aspekt verbindet: In beiden Fällen bietet die Methode das Versprechen, Klarheit und Gewissheit in der Welt zu erfahren. Betrachtet man sie nur von diesem Standpunkt aus, spielt es keine Rolle, an welche Methode jemand glaubt. Erlösung stellen sowohl das Kloster als auch die Karriereratgeber in Aussicht. Anscheinend steigt das Bedürfnis nach Klarheit und Gewissheit in einer Zeit, da sich mit größerer Geschwindigkeit eine immer komplexere Vernetzung vollzieht. Je komplizierter und schneller die äußere Entwicklung verläuft, desto größer ist offenbar das Bedürfnis nach innerer Einfachheit.

Die Karriereratgeber bewältigen die komplizierte und schnelllebige Welt, indem sie die Menschen lehren, immer speziellere Ziele zu verfolgen. Wenn der Einzelne in einer Welt des globalen Wettbewerbs Spuren hinterlassen will, muss er seine Ziele pointierter als je zuvor »lokalisieren«. Er muss sich auf einen Fixpunkt konzentrieren und die übrige

Welt weitgehend ausschließen. Geschwindigkeit wird gemeistert, indem man alle Kräfte auf den Augenblick richtet. Das Leben lässt sich bewältigen, wenn es auf *ein* Ziel und *einen* Augenblick nach dem anderen reduziert wird. Dann kann man ganz einfach fragen: Lebe ich jetzt gerade in Übereinstimmung mit meinem höchsten Ziel? Die Karriereratgeber gehen sogar noch einen Schritt weiter, indem sie vorgefertigte Antworten für jede Situation liefern (Flexibilität, Stabilität und so weiter).

Der religiöse Ton vieler Karriereratgeber macht deutlich, dass ihre Methode zwar zu einem gesetzten Ziel führen soll, dass sie psychologisch gesehen aber nicht nur instrumental funktionieren. Spirituell wird das Leben in der vernetzten Gesellschaft einfacher, wenn man bei einer eindeutigen Methode Zuflucht suchen kann, an deren Heilskraft man bedingungslos glaubt. Aus diesem Grund werden die Karrierelehren und der Fundamentalismus in der vernetzten Gesellschaft auch immer attraktiver.

Der Geist des Informationalismus

Sie haben sich vielleicht gefragt, warum wir uns die Mühe machen und die Selbsthilfeliteratur im Kontext der Netzwerk-Gesellschaft analysieren. Der Grund ist, dass die Untersuchung indirekt Licht auf den zentrale Aspekt in der Logik der wirtschaftlichen Netzwerke wirft. Castells spricht ihn an in *The Information Age*. Er fragt, was das »ethische Funda-

ment des Netzwerk-Unternehmens«, der »Geist des Informationalismus« ist, oder noch genauer: »Was hält die Netzwerke zusammen? Sind sie rein instrumentale, zufällige Allianzen? Bei bestimmten Netzwerken mag das der Fall sein,
doch die vernetzte Organisationsform muss eine eigene kulturelle Dimension besitzen.« Die gleiche Frage lässt sich allgemeiner nach dem Geist der Netzwerk-Gesellschaft stellen,
der auf dem Informationalismus gründet, dem neuen Paradigma der Informationstechnologie. Castells selbst lässt diese zentrale Frage unbeantwortet und erklärt nur, der Geist
des Informationalismus sei »eine Kultur der Flüchtigkeit«,
was leider so viel heißt wie: Die Kultur besitzt keine kollektiven und dauerhaften Werte.[27]

Natürlich muss uns klar sein, dass es ganz und gar nicht
einfach ist, den Zeitgeist zu beschreiben. Besonders schwierig ist es, ihn mit den Werten der Netzwerk-Gesellschaft zu
schildern, die in verschiedenen Kulturen mit unterschiedlichen Werten funktioniert, und das in einer Zeit, in der die
Werte zudem überall rapiden Veränderungen unterworfen
sind. So mag auf den ersten Blick leicht der Eindruck entstehen, die Netzwerk-Gesellschaft sei eine Gesellschaft ohne
Werte: Netzwerk-Unternehmen sind bereit, ihre Produkte
den Werten jeder Kultur anzupassen (unterschiedliche Versionen eines Produkts werden in verschiedenen Ländern
vermarktet, indem die Werbung gezielt lokale kulturelle
Werte anspricht), ja sie vermarkten sogar einige dieser kulturellen Werte, wenn ein ausreichender Absatzmarkt dafür
vorhanden ist (wie zum Beispiel für exotische Waren).

Gleichzeitig werden von den Kulturen traditionelle Werte aufgegeben, die die Aktivität von Netzwerk-Unternehmen in ihrem Land behindern, denn sonst könnten sie von der globalen Informationswirtschaft ausgeschlossen werden.

Doch wenn wir den Geist betrachten, der die Netzwerk-Unternehmen beherrscht, tun wir gut daran uns zu erinnern, dass sich Weber, als er die Begriffe »*Geist*« *des Kapitalismus* oder *protestantische Ethik* verwendete, nicht auf eine Kultur bezog, die sich überall in derselben Weise entwickelte. Er hatte nicht die Absicht zu behaupten, dass alle Kulturen, die vom Geist des Kapitalismus und der protestantischen Ethik beherrscht wurden, die gleichen Werte teilten. Zudem unterschieden sich die Werte, die seiner Meinung nach die Entwicklung zusammenhielten, sehr stark von den alten ethischen Werten: Arbeit und Geld.

Nach dieser Klarstellung können wir die Werte charakterisieren, die die Netzwerk-Unternehmen und im allgemeineren Sinne auch die Netzwerk-Gesellschaft leiten, auch wenn die Netzwerk-Gesellschaft innerhalb ihrer verschiedenen kulturellen Manifestationen noch viele andere Werte umfassen kann. Es gibt Grund zu der Annahme, dass die Netzwerk-Unternehmen von denselben sieben Werten zusammengehalten werden, die die Karriereratgeber so nachdrücklich empfehlen: Zielorientierung, Optimalität, Flexibilität, Stabilität, Fleiß, Sparsamkeit und Nachweisbarkeit der Ergebnisse. Und dies *sind* Werte im traditionellen philosophischen Sinn: Das Handeln orientiert sich an Zielen – auch wenn sie nicht den alten ethischen Werten ähneln.

In zunehmendem Maße beschreibt die Liste dieser Werte auch die Werte von Staaten – die neue Form, die Castells als »Netzwerk-Staat«[28] bezeichnet –, daher können sie als Verkörperung des vorherrschenden Geistes der gesamten Netzwerk-Gesellschaft gelten. Das Übergreifen dieser Einstellung von Unternehmen auf Staaten ist nicht überraschend, denn dass traditionelle Nationalstaaten Macht an Staatennetzwerke wie etwa die Europäische Union, das Nordamerikanische Freihandelsabkommen und die Asiatisch-Pazifische Wirtschaftskooperation abgeben, hängt hauptsächlich mit dem Wunsch zusammen, in der Informationswirtschaft erfolgreicher zu sein. Das Handeln von Staaten wird zunehmend von wirtschaftlichen Zielen beherrscht.

Den sieben Werten können wir eine internationale Hierarchie zuordnen: *Geld* ist der höchste Wert oder das höchste Ziel der Netzwerk-Gesellschaft, die anderen Werte unterstützen die Verwirklichung dieses Ziels. Unter den anderen Werten besitzt die *Arbeit* immer noch einen Sonderstatus: Vor allem Staaten treten dafür als unabhängiges Ziel ein, doch selbst auf dieser Stufe muss sich die Arbeit allmählich immer mehr dem Geld unterordnen. So wie das Netzwerk-Unternehmen als Organisationsform können Optimalität, Flexibilität, Stabilität, Entschlossenheit und Nachweisbarkeit der Ergebnisse als Folgen der Anpassung des Kapitalismus betrachtet werden, entstanden aus dem Bemühen, in einer neuen technologischen Situation Geld zu verdienen.

Diese Haltung gegenüber Werten ist in Robbins' Ratschlag für den Einzelnen treffend formuliert: »Was für Werte brauche ich, um das Schicksal [Geld] zu erreichen, das ich anstrebe und verdiene? ... Überprüfen Sie, auf welche Werte Sie verzichten und welche Werte Sie hinzufügen können, um die Lebensqualität zu schaffen, die Sie wirklich wollen.« Und: »Welchen Nutzen ziehe ich daraus, dass ein bestimmter Wert diesen Rangplatz in meiner Hierarchie einnimmt?« Aus dieser Sicht sind Werte reine Mittel, um Geld anzuhäufen – eine Haltung, die Weber bereits in Franklins Wertesystem erkannte.[29]

Obwohl die Informationsgesellschaft neue Werte zu den Werten des Kapitalismus hinzufügt, sollen diese im Grunde nur die Kontinuität des alten Zieles garantieren: Geld verdienen. Geld – ein instrumentaler Wert – ist ein eigenartiges Ziel: Wenn die Gesellschaft die Vision der Maximierung von Geld hat, erfordert die Realisierung dieser Vision keine wirklichen Veränderungen in der Welt. Dies steht in Zusammenhang mit dem Wert der *Flexibilität*. Unternehmen und Staaten reden nicht davon, die Welt zu verändern; sie sind zu einer flexiblen Denkstrategie übergegangen, die das Geldverdienen in jeder möglichen Welt sichern soll. Wenn ein Ansatz nicht funktioniert, sind Unternehmen und Staat zu Veränderungen bereit, andere Denkweisen werden als naiver Idealismus abgetan.

Im schnelllebigen Wettbewerb der Informationswirtschaft müssen Betriebsabläufe dynamisch sein. Dies führt dazu, dass Abläufe in Projekten organisiert werden, die wiederum eine noch stärkere *Zielorientierung* und *Nachweisbarkeit der Ergebnisse* erfordern. Dies gilt sowohl für die Hauptprojekte des Gesamtunternehmens als auch für das Engagement der einzelnen Mitarbeiter in kleineren Teilprojekten. Projekte müssen klar umrissene Ziele und Terminpläne haben, und ihr Fortschritt muss systematisch verfolgt werden. Dies wird zunehmend wichtig, wenn die Berufstätigen größere Freiheit haben, Zeit und Ort ihrer Arbeit zu bestimmen: Ziele und Termine werden zu grundlegenden Determinanten des Arbeitsverhältnisses. Solche Arbeitsweisen sind auch bei Staaten immer häufiger zu beobachten.

Für Netzwerk-Unternehmen ist *Optimalität* sehr wichtig. Nun kommen wieder die Selbstprogrammierung und die Weiterbildung ins Spiel: Netzwerk-Unternehmen optimieren ihre Funktionen, indem sie ihre Computer- und Netzwerkfunktionen optimieren. Das neue Geschäftsdenken der Dotcom-Kapitalisten kann als Reprogrammierung des Prozesses gesehen werden. Die Dotcom-Unternehmen untersuchen die Phasen von Betriebsabläufen wie die Zeilen eines Programmiercodes: Unnötige Abläufe (z. B. beim Vertrieb, im Groß- und Einzelhandel) werden beseitigt, und langsame Tätigkeiten werden von einem völlig neuen Standpunkt aus betrachtet und geändert, damit die Arbeit schneller erledigt wird.

Die Organisation von Arbeitsverhältnissen wird ebenfalls so optimiert, wie man ein Computernetzwerk verbessert. Arbeitsverhältnisse werden als ein Netzwerk von Ressourcen betrachtet, das sich situationsbedingt verändert. Mit den eigenen Kernaufgaben kombinieren Unternehmen je nach Bedarf andere Fertigkeiten. Die Optimierung von Prozess und Organisation nach diesem Konzept wurde möglich, da Regierungen den Gedanken flexibler Arbeitsverhältnisse unterstützt haben.

Stabilität vervollständigt die Liste der Tugenden, die den vorherrschenden Geist der Netzwerk-Gesellschaft definieren. Auf Regierungsebene manifestiert sich das Ideal darin, wie Politiker ihren früheren Gebrauch von Wörtern wie *Gerechtigkeit* und *Frieden* durch den neuen Begriff *Stabilität* ersetzt haben. Die EU will Stabilität in der Entwicklung Europas (so gibt es zum Beispiel für Jugoslawien den Stabilitätspakt für Südosteuropa).[30] Die Vereinigten Staaten wollen die Verhältnisse in verschiedenen Teilen der Welt stabilisieren. Auch in der Entwicklung Asiens wünscht man sich Stabilität. Innenpolitisch sorgen sich Regierungen, dass die Trennung zwischen den Erfolgreichen und den Erfolglosen die »soziale Instabilität« erhöhen könnte. Dies ist wiederum deshalb unerwünscht, weil es die Verwirklichung der finanziellen Ziele bedrohen würde – Instabilität wird, wie wir wissen, von Unternehmen nicht gern gesehen, denn sie haben Angst vor Marktschwankungen.

Vor diesem Hintergrund wird verständlich, warum das Wertesystem der Lebens- und Karriereratgeber für erfolgreiche Mitarbeiter in Netzwerk-Unternehmen so gut funktioniert: Die Ratgeber übertragen die Werte der Unternehmen auf das Leben der Mitarbeiter. In der Karriereliteratur sieht der Leser sein Leben behandelt, als ob es ein Netzwerk-Unternehmen wäre. Er fragt sich: Was für eine Vision habe ich? Welche Startegie verfolge ich zur Realisierung des Ziels?

Das Leben wird zu einem Projekt mit vierteljährlichen Zwischenberichten.

Am Ende sind die Ideale eines Netzwerk-Unternehmens oder einer Person mit denen eines Computers oder Netzwerks identisch: Die Fähigkeit, flexibel und optimal für das Projektziel zu funktionieren und dabei gleichzeitig bei höchstem Tempo die Stabilität zu wahren. Deshalb können wir von einem Geist des Informationalismus sprechen, der sich auf die neue technologische Grundlage unserer Gesellschaft bezieht, insbesondere auf die Netzwerke von Computern. Das Netzwerk-Unternehmen wendet ebenso wie der Staat oder die Menschen, die den Karriereratgebern folgen, die informationalistischen Metaphern der Computer und Netzwerke auf sich selbst an.

Das macht aber auch die Karriereratgeber und den »Geist« der Netzwerk-Gesellschaft fragwürdig: Das Problem besteht nicht darin, dass die Prinzipien nicht zur Erreichung der Ziele führen; das Problem ist die Frage nach der Menschlichkeit. In den Karriereratgebern und der Netzwerk-Gesellschaft wird die Logik einer auf Computernetzwerken basierenden Gesellschaft auf Menschen und deren Beziehungen übertragen. Der Mensch wird wie ein Computer behandelt, mentale Vorgänge können immer noch besser programmiert werden. Man könnte die gesamten Lehren der Karriereratgeber in ein kurzes Computerprogramm für Menschen übertragen. Robbins bezeichnet den Menschen sogar ausdrücklich als »mentalen Computer«.[31] Das Bild vom Menschen als Computer wird in der Karriereliteratur auf menschliche Beziehungen angewendet, sie werden wie Computernetzwerke behandelt. Robbins schreibt: »Für mich habe ich festgestellt, dass die größte Ressource eine Beziehung ist, denn sie öffnet die Tür zu allen Ressourcen, die ich brauche.«[32] So bestimmen die zuvor angesprochenen Werte, an denen sich die Handlungen eines Menschen ausrichten, auch zwischenmenschliche Beziehungen: Man sollte mit Menschen zusammen sein, die nützlich für das eigene Ziel sind, und sich von jenen trennen, die nutzlos oder sogar hinderlich sind (»schlechte Gesellschaft«).

Die Ethik des Netzwerks

Von den sieben Werten, die wir diskutiert haben, kommt die Stabilität den alten Werten am nächsten. Dennoch unterscheidet sie sich von ihnen in einer Art und Weise, die zeigt, welche Schwierigkeiten einer wirklichen Ethik im Zeitalter der Netzwerke entgegenstehen. Ein Netzwerk ist stabil, wenn es nicht abstürzt und die damit verfolgten Aktivitäten zum Stillstand bringt. Entsprechend ist unser neues Ideal eine Gesellschaft, die insofern stabil ist, als sie das Funktionieren der Finanzmärkte im globalen Computernetzwerk nicht stört.

Betrachten wir einmal genauer, was die Übertragung der Netzwerk-Metapher auf Menschen und die Gesellschaft für die Ethik bedeutet. Die Logik eines Netzwerks erfordert eine ständige Optimierung durch den Aufbau und Abbruch von

Verbindungen zu den jeweils erforderlichen Ressourcen. Die einzige Auflage ist, das Netzwerk stabil zu halten. In der Praxis ist dies schwierig, ohne dass man die Ethik durch eine Überlebensphilosophie ersetzt. Wirtschaftsunternehmen optimieren ihre Netzwerke, um im Wettbewerb zu überleben. Wer nicht mithalten kann, bleibt außen vor. Der ironische Höhepunkt dieser Überlebenslogik rührt von der Tatsache her, dass sich die Informationselite umso mehr selbst ums Überleben kümmern muss, je mehr Netzwerke nur die Elite einbeziehen. Der Beschäftigte im IT-Bereich kann an diesen Überlebensaspekt erinnert werden, wenn ein Ausgeschlossener ihn am helllichten Tag auf der Straße überfällt, womöglich vor seinem eigenen Haus. Einen Augenblick lang besitzt der aus der Netzwerk-Gesellschaft Ausgestoßene Macht: Der IT-Profi muss feststellen, dass ihm seine Fertigkeiten bei der Informationsverarbeitung nicht viel nützen, während er nach den richtigen Worten sucht, um sich aus der bedrohlichen Situation zu befreien. Oberflächliche Lösungen des Problems vertrauen auf eine Verstärkung der »stabilisierenden« Faktoren: Mehr Polizisten werden eingestellt, und die Elite nimmt sich eigene Leibwächter. Auf globaler Ebene »stabilisieren« die am weitesten entwickelten Länder die Kriege zwischen den Ausgestoßenen je nachdem, wie wichtig ein Konflikt für die Weltwirtschaft ist.

Um die *Logik der exklusiven Vernetzung* zu überwinden, verfolgen manche Hacker das Ziel der inklusiven Vernetzung. Der zur Debatte stehende Punkt ist die Hacker-Institution im Herzen der Entwicklung des Internets, die Internet Society. Ihre Ethik drückt sich in dem Prinzip aus: »Bei der Benutzung des Internets darf es keine Diskriminierung aufgrund von Rasse, Hautfarbe, Geschlecht, Sprache, Religion, politischen oder anderen Überzeugungen, nationaler oder sozialer Herkunft, aufgrund von Besitz, Geburt oder einem anderen Status geben.« [33] Die Internet Society unterstützt die Verbreitung des Internets und das Gebot von Netzwerk-Fertigkeiten für alle, die bei der Entwicklung von Unternehmen und Regierungen ausgeschlossen wurden. Das ist eine enorme Aufgabe. Als dieses Buch verfasst wurde, verfügten nur 5 Prozent der Weltbevölkerung über Zugang zum Internet (davon ungefähr die Hälfte in Nordamerika; in Afrika und im Nahen Osten gibt es weniger Nutzer, als die Bay Area Einwohner hat), die Hälfte der erwachsenen Weltbevölkerung hat noch nie ein Telefon benutzt.[34] In der Praxis haben die Bemühungen der Hacker demnach noch nicht viel bewirkt, doch der NetDay, eine Art neuer Tag der Arbeit, der alljährlich von Hackern begangen wird, um die Öffentlichkeit an die Aufgabe zu erinnern, ist ein wichtiges Symbol für das Ideal, sich um jeden selbstlos zu kümmern, und zwar nicht nur aus Gründen der Stabilität.[35] Natürlich reicht die bloße technische Vernetzung noch nicht aus, eine Gesellschaft gerecht zu machen, doch sie ist eine notwendige Voraussetzung, auf der Ebene der wirtschaftlichen Netzwerke, die auch die Ebene des Verhältnisses von Mitarbeiter und Unternehmen ist, Fairness zu erreichen.

Die Ethik des Computers

Die Anwendung der Computer-Metapher auf Mensch und Gesellschaft macht wirklich ethisches Verhalten sehr schwer. Die Optimierung von Menschen und Unternehmen im Hinblick auf den Computer führt zur *Logik der Geschwindigkeit*, wodurch unser Leben noch auf eine andere Art auf das Überleben ausgerichtet ist. Bei hohen Geschwindigkeiten ist das Ziel einer Gesellschaft das gleiche wie das eines Rennfahrers: das Fahrzeug stabil zu halten, damit es nicht von der Bahn abkommt. Hier droht das Ideal der Stabilität wieder einmal, die Ethik zu verdrängen. Man könnte sagen, es gibt eine »Ethikgrenze«, eine bestimmte Geschwindigkeit, ab der eine Ethik nicht mehr länger bestehen kann. Ab diesem Punkt bleibt als einziges Ziel nur noch, den unmittelbaren Augenblick zu überleben. Doch nur wer sich nicht ausschließlich auf das »Jetzt« konzentrieren muss, um sein Überleben zu sichern, kann sich um andere kümmern. Eine ethische Haltung erfordert ruhige Überlegung.

Für die ethische Haltung ist auch eine langfristige Perspektive erforderlich: die Verantwortung für zukünftige Konsequenzen gegenwärtiger Entwicklungen und die Fähigkeit, sich die Welt anders vorzustellen, als sie heute ist. Bei diesem zweiten großen Problem unserer Zeit können Hacker wieder nur ein mehr oder weniger symbolisches Beispiel für einen anderen, sorgsameren Umgang mit der Zeit bieten. Danny Hillis etwa hat festgestellt, dass sich die Menschheit in einem solchen Tempo weiter entwickelt, dass sie nichts anderes mehr wahrnehmen kann als das, was bereits besteht, und im besten Fall noch das, was in einigen Jahren dank der bereits erreichten Geschwindigkeit bestehen wird. Hillis schrieb im Jahr 1993: »Als ich klein war, unterhielten sich die Leute darüber, was wohl im Jahr 2000 geschehen würde. Heute, 30 Jahre später, reden sie immer noch davon. Solange ich lebe, ist die Zukunft also jedes Jahr um ein Jahr geschrumpft.«[36]

Um dem zu begegnen, reservieren Hacker traditionell Zeit für Gedankenexperimente, die sich mit der fernen Zukunft befassen. Wir wissen, dass sich Computerhacker stets im Bereich der Zukunftsforschung heimisch fühlten und dass viele begeisterte Science-Fiction-Fans sind. Daher ist es nicht überraschend, dass sich eine Gruppe von Hackern Hillis anschloss und die Long Now Foundation gründete, eine Organisation, die unsere Wahrnehmung von Zeit in Frage stellen will. Ihr Hauptprojekt ist der Bau einer Uhr, die das Denken in langen Perspektiven symbolisieren und andere dazu anregen soll. Hillis schrieb: »Ich will eine Uhr bauen, die einmal im Jahr tickt. Der Jahrhundertzeiger bewegt sich alle 100 Jahre weiter, und der Kuckuck kommt zum Jahrtausendwechsel heraus. Ich will, dass der Kuckuck bei jedem Jahrtausendwechsel der nächsten 10 000 Jahre herauskommt.«[37] Der Künstler und Musiker Brian Eno und ein weiteres Gründungsmitglied gaben der Uhr ihren Namen: Uhr des langen Jetzt. Weitere Förderer des Projekts sind Mitch Kapor und Stewart Brand, Mitbegründer der bereits erwähnten Electronic Frontier Foundation.

Die verschiedenen Entwürfe für die Uhr reichen von einem gigantischen Uhrwerk in der kalifornischen Wüste bis zu Peter Gabriels Vorschlag, einen Garten anzulegen, in dem Blumen den Ablauf der Jahreszeiten und riesige Redwoodbäume den Ablauf der Jahre symbolisieren. Kürzlich hat die Long Now Foundation sich dafür entschieden, ein Grundstück für die Uhr beim Great Basin National Park in Nevada zu erwerben.

Das Wichtigste an der Uhr ist natürlich nicht ihr Mechanismus, sondern die Fähigkeit, uns symbolisch auf ein anderes Zeitgefühl einzustellen. Die Uhr soll wie die ersten Bilder des blauen Planeten, die die NASA im Jahr 1971 veröffentlichte, ein ethisches Symbol sein. Die Bilder der NASA zeigten uns zugleich die Erde als Ganzes und als fragilen kleinen Planeten in der Weite des Alls. Aus diesem Grund wählten Umweltgruppen derartige Bilder zu ihrem Symbol. Bei der Uhr des langen Jetzt wird die Technologie vom dominierenden Zeitmodell der Netzwerk-Gesellschaft abgelöst und zu einem Rhythmus gezwungen, der der sozialen Verantwortung eine Chance gibt. Die Uhr führt uns vom Ideal, bei hohem Tempo die Stabilität zu bewahren, zu einer echten Ethik.

Soziale Verantwortung

Neben dem alljährlichen NetDay und der Uhr des langen Jetzt gibt es noch einen dritten Ansatz, mit dem Hacker ihre soziale Verantwortung im Gegensatz zur Überlebenstendenz unserer Zeit zum Ausdruck bringen. Sie kümmern sich direkt um jene, die mit der neuen Entwicklung nicht Schritt halten können. Einige Hacker haben die Ressourcen, die sie durch den Kapitalismus erworben haben, für die Unterstützung derjenigen verwendet, die im wahrsten Sinne des Wortes ums Überleben kämpfen. Obwohl auch hier ihr Einfluss sehr begrenzt ist, bieten sie damit das Beispiel einer alternativen Antwort auf die Frage: Warum wollen Sie viel Geld besitzen? Sie halten es nicht für selbstverständlich, dass jemand antwortet, er wolle das Geld für sich selbst, um sich damit ins Establishment einzukaufen. Stattdessen sind sie der Ansicht, dass Ressourcen von der egoistischen Wirtschaft zu den Menschen geleitet werden können, die von der Wirtschaft ausgebeutet werden. Mitch Kapor zum Beispiel unterstützt ein globales Umwelt- und Gesundheitsprogramm, das die durch die Industrie verursachten Gesundheitsprobleme lindern soll.[38] Sandy Lerner, die zusammen mit Leo Bosack im Jahr 1990 Cisco Systems mit Aktienanteilen im Wert von 170 Millionen Dollar den Rücken kehrte, verwendete das Geld zur Gründung einer Stiftung, die gegen die Misshandlung von Tieren kämpft.[39]

Die Logik der Netzwerke und des Computers entfremden uns von dem Gefühl der Verantwortung gegenüber anderen, das den Anfang allen ethischen Verhaltens darstellt. Dabei brauchen wir gerade im Informationszeitalter mehr von der sozialen Verantwortung, die manche Hacker zeigen. Wir tun gut daran, diese Gedanken nicht von Unternehmen oder Regierungen zu erwarten. Historisch betrachtet waren sie noch nie Quelle eines neuen ethischen Denkens, grundlegende Veränderungen gingen immer von Einzelpersonen aus, die sich Gedanken gemacht und Verantwortung übernommen haben.

Schluss

Kapitel 7

Ruhetag

Die sieben Werte der Hacker-Ethik

Wir haben festgestellt, dass die sieben dominierenden Werte der Netzwerk-Gesellschaft und der protestantischen Ethik Geld, Arbeit, Optimalität, Flexibilität, Stabilität, Entschlossenheit und der Nachweis von Ergebnissen sind. Nun können wir die sieben Werte der Hacker-Ethik zusammenfassen. Sie spielen eine bedeutende Rolle bei der Bildung unserer neuen Gesellschaft und stellen eine Herausforderung an den Informationalismus dar.

Wieder sollten wir bedenken, dass nur wenige Computer-Hacker sämtliche Werte teilen; aufgrund ihrer sozialen und logischen Verbindung müssen die Hacker jedoch als Ganzes betrachtet werden.

Bis jetzt war jedes Kapitel einem der Werte gewidmet. Der erste Leitwert im Leben eines Hackers ist die *Leidenschaft*, das heißt das Bemühen aus eigenem Antrieb, das den Hacker motiviert und ihm Freude bereitet. In Kapitel 2 haben wir über die *Freiheit* gesprochen. Hacker organisieren ihr Leben nicht in von der Routine geprägten Arbeitstagen, die ständig optimiert werden, sondern als dynamischen Fluss zwischen kreativer Arbeit und anderen Interessen. Bei diesem Rhythmus bleibt genügend Raum für Spiel und Spaß. In der *Arbeitsethik* der Hacker verbinden sich Leidenschaft und Freiheit miteinander. Dieser Teil der Hacker-Ethik hat sich als sehr einflussreich erwiesen.

Bei der *Geldethik* der Hacker, die wir in den Kapiteln 3 und 4 erörtert haben, fällt vor allem auf, dass viele Hacker immer noch der ursprünglichen Hacker-Philosophie folgen und Geld nicht als Wert an sich betrachten, ihr Handeln wird von Zielen wie *sozialem Wert* und *Offenheit* bestimmt. Diese Hacker wollen zusammen mit anderen ihre Interessen verwirklichen, sie wollen für die Gemeinschaft etwas Wertvolles schaffen und dafür von Gleichgesinnten anerkannt werden. Sie erlauben, dass jeder die Früchte ihrer Kreativität benutzt, weiterentwickelt und testet, damit alle voneinander lernen können. Obwohl ein Großteil der technologischen Entwicklung in unserem Informationszeitalter aus traditionellen kapitalistischen oder staatlichen Projekten stammt, würde ein wichtiger Teil davon – darunter die Symbole unserer Zeit, das Netz und der Personal Computer – ohne die Hacker nicht existieren, die ihre Entwicklungen einfach an andere weitergegeben haben.

Wie wir gesehen haben, liegt ein dritter wichtiger Aspekt der Hacker-Ethik in ihrer Einstellung zu Netzwerken, also ihrer *Nethik*, die durch die Werte *Aktivität* und *soziale Verantwortung* definiert wird. Aktivität umfasst in diesem Zusammenhang das Recht auf freie Meinungsäußerung, den Schutz der Privatsphäre für einen individuellen Lebensstil und die Ablehnung einer passiven, rezeptiven Haltung zugunsten von Eigenaktivität bei der Verwirklichung der Leidenschaften. *Soziale Verantwortung* bedeutet hier die Sorge um andere als Selbstzweck und den Wunsch, die Netzwerk-Gesellschaft von der Überlebensmentalität zu befreien, die so leicht aus ihrer Logik entsteht. Jeder soll zur Mitarbeit im Netzwerk bewegt werden und davon profitieren können. Außerdem sollen sich alle für die langfristigen Konsequenzen der Netzwerk-Gesellschaft verantwortlich fühlen und jenen helfen, die am Existenzminimum zurückgelassen wurden. Diese Aufgaben sind noch nicht gelöst, und es muss sich zeigen, ob der Einfluss der Hacker hier ebenso groß ist wie bei den beiden anderen Punkten.

Ein Hacker, der in allen drei Bereichen – Arbeit, Geld, Nethik – gemäß der Hacker-Ethik lebt, genießt in seiner Gemeinschaft großen Respekt. Der Hacker wird zum wahren Helden, wenn er es schafft, den siebten und letzten Wert zu ehren. Er ist in diesem Buch häufig aufgetaucht und kann nun, im siebten Kapitel, endlich erläutert werden: Wir sprechen von der Kreativität – das heißt, dem fantasievollen Gebrauch der eigenen Fähigkeiten, um sich überraschend und immer wieder selbst zu übertreffen und wertvolle neue Beiträge für die Welt zu leisten.

Tom Pittman vom Homebrew Computer Club illustriert in seinem Manifest »Deus Ex Machina, or The True Computerist« die Bedeutung der Kreativität, indem er die Gefühle beschreibt, die das wahre Hacken begleiten: »In diesem Augenblick dachte ich als Christ, ich könnte etwas von der Befriedigung spüren, die Gott bei der Erschaffung der Welt empfunden haben muss.«[1]

Auch bei der Einstellung zur Kreativität unterscheidet sich die Hacker-Ethik von der protestantischen und der präprotestantischen Version. Pittmans hochfliegendes Gleichnis gibt uns die Möglichkeit, den spielerischen Bogen in diesem Buch zu Ende zu führen: Wir nehmen uns die Freiheit, die drei Ethik-Versionen in die gleiche metaphorische Szenerie einzubetten, mit der wir die Diskussion der Hacker-Ethik in Kapitel 1 begonnen haben: in die Schöpfungsgeschichte. Es ist fast unnötig zu sagen, dass dieser Ansatz weiter geht, als die meisten Hacker gehen werden, doch im Schlusskapitel eines Buches, das sich mit den großen, grundlegenden Fragen unserer Lebensphilosophie befasst, hat eine derart mythische Dimension ihren Platz.

Die protestantische Genesis

Die Genesis ist ein umfassender Mythos, der immer dann ins Spiel kommt, wenn es um die letzten Fragen des Menschseins geht. Im ersten Kapitel haben wir festgestellt, wie wichtig die Rezeption der Schöpfungsgeschichte über die Jahrhunderte hinweg für die Beschreibung unserer Arbeitsethik war. Ebenso werden darin die im Laufe der Zeit von Schöpfung und Kreativität entwickelten Konzepte reflektiert.

Vor der Reformation beschäftigte sich Augustinus mit der Frage, warum Gott die Welt erschaffen hat.[2] Im 18. Jahrhundert wollte der Protestant Dr. Lightfoot den genauen Augenblick der Schöpfung berechnen. Unter Verwendung der Bibel gelangte Lightfoot zu dem Schluss, dass die Welt am Freitag, den 23. Oktober 5004 v. Chr. um 9 Uhr morgens erschaffen worden sein muss. Es kam der protestantischen Ethik natürlich sehr entgegen, dass ausgerechnet ein Freitag der Tag der Schöpfung war: Die Welt wurde zu Beginn eines Arbeitstages erschaffen, weil sie für die Arbeit geschaffen war.

Da die protestantische Ethik die Arbeit als einen Grundwert betrachtet, ist der Zustand des Müßiggangs, den die Menschheit beim Sündenfall verloren hat, eigentlich gar kein Verlust. John Milton stellt in *Das verlorene Paradies*, dem protestantischen Epos über den Fall der Menschheit, im 17. Jahrhundert die Frage, warum Gott einen Baum mit verbotenen Früchten in den Garten Eden gepflanzt haben sollte, wenn die Menschen nicht dazu bestimmt waren, davon zu essen.[3] Die Antwort der protestantischen Ethik lautet, dass der Mensch tatsächlich von den verbotenen Früchten essen sollte: Im Schweiße seines Angesichts zu arbeiten, war sein wahres und vorherbestimmtes Schicksal.

In der Entwicklung der protestantischen Ethik kann man das Paradies auch als bloße Lektion betrachten, mit der Adam und Eva gezeigt wird, dass Müßiggang nicht wünschenswert ist. Wenn ein Mensch untätig ist, findet er eine Ersatzhandlung – Essen – und bezichtigt dann eine andere Person der schändlichen Konsequenzen. Ein Leben, das man ganz allein ausfüllen muss, ist sehr schwierig. In der protestantischen Ethik sucht ein Arbeitssuchender nicht nur nach Arbeit, sondern nach einer Lösung für die Probleme in seinem Leben. Arbeit bietet eine Antwort: Der Sinn des Lebens liegt im Schweißen, in der Buchhaltung, in der Position des Chefs oder im Besitz. Mit Hilfe der Arbeit wird die Identität einer Person praktisch definiert. Wer arbeitet, muss sich nicht beim Aufwachen Gedanken machen, wie er den Tag verbringen soll.

In einer Welt, in der die protestantische Ethik regiert, arbeiten wir, weil wir nicht wissen, was wir sonst mit unserem Leben anfangen sollen. Wir arbeiten, um zu leben – ein Leben, das aus Arbeit besteht. Anders ausgedrückt: Wir arbeiten, um zu arbeiten, und leben, um zu leben. Man kann nur hoffen, dass der Prediger William Schneider Unrecht hatte, als er behauptete, dass wir selbst im Himmel arbeiten müssen, weil uns sonst die Ewigkeit zu lang würde![4]

Kreativität ist kein herausragendes Merkmal der protestantischen Ethik, zu deren typischen Schöpfungen die Behörde und das klosterähnliche Wirtschaftsunternehmen gehören. Keine der beiden Formen ermuntert den Einzelnen, sich kreativ zu betätigen.

Die zerstörerische Wirkung dieser Einrichtungen lässt sich durch ein Gedankenspiel verdeutlichen: Wie wären sie bei der Erschaffung der Welt verfahren? Eine behördliche Genesis, die vor der eigentlichen Schöpfung natürlich endlose Sitzungen und Vorschläge vorsehen würde, können wir uns in etwa so vorstellen:

Protokoll der Eröffnungssitzung des Ausschusses zur Erschaffung der Welt

Zeit: 23. Oktober 5004 v. Chr., 9 Uhr

Ort: Himmel, Sphäre 9

Anwesend:

    Gott (Vorsitz)

    Erzengel Michael

    Erzengel Rafael

    Erzengel Gabriel (Schriftführer)

Abwesend:

    Luzifer

1. Eröffnung der Sitzung

   Gott eröffnete die Sitzung um 9 Uhr und begrüßte die Teilnehmer.

2. Annahme der vorgeschlagenen Tagesordnung

   Die vorgeschlagene Tagesordnung wurde als Tagesordnung für die Sitzung angenommen.

3. Die Erschaffung der Welt

   Eine lebhafte Debatte folgte auf den Vorschlag des Vorsitzenden, eine Welt zu erschaffen. Man beschloss einen Ausschuss zu bilden, der sich mit dem Thema Schöpfung befassen sollte. Der Ausschuss hat die Aufgabe, eine Strategie zur Erschaffung der Welt vorzubereiten, die auf der ursprünglichen Idee basiert. Die Strategie soll den Blick auf die Welt und darauf verschärfen, wie alles sein könnte.

4. Sonstiges

   Es wurde beschlossen, zum Kaffee künftig statt Muffins Doughnuts zu essen und dafür eine Ausschreibung zu entwerfen.

5. Die nächste Sitzung

   Die nächste Sitzung wird beim Weltuntergang stattfinden.
6. Ende der Sitzung

   Der Vorsitzende beendete die Sitzung um 12 Uhr mittags.

gezeichnet Erzengel Gabriel, Schriftführer

Strategie für die Erschaffung der Welt –
Zusammenfassung

Der Leser hält die Zusammenfassung der Strategie zur Erschaffung der Welt in Händen. Ausführlichere Begründungen für diese Strategie wurden separat in einer Berichtreihe von der Forschungsstiftung Gottes veröffentlicht. Diese Publikationen enthalten auch die Expertenmeinungen von Engeln, die gebeten wurden, die Strategie zu formulieren.

Die Strategie basiert auf der Erkenntnis, dass die Welt nicht auf der Grundlage von Technologie, sondern von Inhalt erschaffen werden sollte. Langfristig betrachtet reicht eine rein technische Infrastruktur mit Boden, Licht und Firmament nicht aus. Es müssen Inhalte geschaffen werden. Daher sollte mittels sechs richtungsweisenden Projekten das Leben als Inhalt der Welt erschaffen werden.

Vision der Welt

   Es gibt Leben auf der Erde, das die Aufgabe hat, Leben auf die Erde zu bringen.

Vorgeschlagene Maßnahmen

   Die Schöpfung erfolgt mittels der sechs folgenden Projekte:

   1. Erschaffung von Himmel und Erde

2. Erschaffung des Lichts

3. Erschaffung des Himmelsgewölbes

4. Erschaffung der Pflanzen

5. Erschaffung der Tiere

6. Erschaffung des Menschen

Der Handlungsplan des Strategieausschusses sieht als nächste Phase die Bildung von Arbeitsgruppen für jedes Projekt vor.

In der Version der kommerziellen Unternehmen würde die Bibel mit einem Vertrag beginnen, in dem die Schöpfung nur als Einleitung für die Vereinbarungen darüber erwähnt würde, wer was bekommt.

Vertrag

Der Erschaffer der Welt (im Folgenden »Gott«) und die Vertragsparteien, denen die Rechte an der Welt zugesprochen wurden (im Folgenden »Menschen«), sind heute, am 27. Februar 2347 v. Chr., nach der Flut, über Folgendes übereinkommen:

Zweck des Vertrages

1. Die Menschen versprechen, ihre Sünden zu bereuen und von nun an rechtschaffener zu leben. Reue und Buße müssen bis zu folgendem vereinbarten Termin abgeschlossen sein: der Lebensspanne eines jeden Menschen.

2. Gott gewährt diese Gnade in zwei Raten. Die erste Rate, das heißt, der Verzicht auf weitere Fluten, wird bei der Unterzeichnung des Vertrages fällig. Die zweite Rate, das heißt, das ewige Leben, wird fällig, wenn sich das Verhalten der Menschen nach dem Ende der Welt verbessert hat.

Rechte

3. Die Gewährung und der Gebrauch der Rechte an den unter Punkt 2 erwähnten Gnaden, das heißt Vergebung und ewiges Leben, obliegt allein Gott. Ebenso verbleiben sämtliche Rechte an den Produktnamen Welt und Ewiges Leben im Besitz Gottes.

4. Schutz des Wettbewerbsvorteils: Die Menschen werden keine Abkommen ähnlichen Inhalts wie die hier genannten mit Parteien eingehen, die in Konkurrenz zu Gott stehen.

Sanktionen

5. Sollten sich die Menschen als unfähig erweisen, die in diesem Vertrag definierten Pflichten zu erfüllen, behält sich Gott das Recht vor, sie nach seinem Belieben auf jegliche Art zu quälen, die er in der Ewigkeit ersinnen kann. Den Menschen stehen keine Sanktionsrechte zu.

Beilegung von Vertragsstreitigkeiten

Etwaige aus diesem Vertrag entstehende Rechtsstreitigkeiten werden vor dem Bezirksgericht von Helsinki ausgetragen. Gerichtsstand ist Helsinki.

27. 02. 2347 v. Chr.

Unterschriften:

_____   _____

Gott   *Für die Menschen:* Noah

Zeugen:

_____   _____

Sem   Ham

Beim Hacker-Modell beginnt der Einzelne ohne bürokratische Formalitäten einfach mit der Schöpfung und gibt das Ergebnis ohne komplizierte Juristensprache direkt an andere weiter.

Die präprotestantische Genesis

Die präprotestantische Sichtweise unterscheidet sich ebenfalls von der protestantischen Ethik. Den vorreformatorischen Kirchenvätern zufolge handelte Gott nicht an einem Freitag; die paradiesische Welt, in der die Menschen nicht arbeiten mussten, wurde passenderweise an einem Sonntag geschaffen. Sonntag ist auch der Tag, an dem Christus zur Ruhe in den Himmel auffährt. In seiner *Apologia* für die Christenheit preist der Kirchenvater Justinus der Märtyrer im 2. Jahrhundert den Sonntag genau aus diesem Grund:

> Der Sonntag ist der Tag, an dem wir alle gemeinsam Andacht halten, denn dies ist der erste Tag, an dem Gott, nachdem er das Licht von der Finsternis geschieden hatte, die Welt erschuf; und Jesus Christus unser Erlöser ist am selben Tag von den Toten auferstanden.

Die protestantische Ethik feiert den Freitag, die präprotestantische Ethik heiligt den Sonntag. Dieser Unterschied in der Beurteilung drückt sich auch darin aus, dass der Sonntag vor der Reformation als *erster* Tag der Woche galt, wohingegen es heute üblich ist, ihn als den *letzten* Wochentag zu betrachten.

Während die protestantische Ethik auf die Arbeit ausgerichtet ist, könnte man sagen, dass bei der präprotestantischen Ethik die Freizeit im Mittelpunkt steht. Diese Ausrichtung auf den Müßiggang fördert die Kreativität auch nicht stärker als die Ausrichtung auf die Arbeit, da sie nicht positiv gebraucht wird, sondern negativ als Nichtarbeit definiert ist. Die Auswirkungen dieser Einstellung lassen sich an dem relativen Mangel an Kreativität in den ersten eineinhalbtausend Jahren nach Christus erkennen, vor allem im Bereich der Wissenschaften. Typischerweise beschäftigten sich die meisten Kirchenväter im Gefolge von Augustinus mit der Frage, *warum* Gott die Welt erschaffen hatte. Aus präprotestantischer Sicht war dies ein ernsthaftes Problem: Logischerweise hätte der präprotestantische Gott den Müßiggang so schätzen müssen, dass er sich nicht die Mühe gemacht hätte, irgendetwas zu erschaffen.

Über Freitag und Sonntag hinaus

Wir haben im ganzen Buch die Metapher verwendet, dass Hacker den Sonntag gegen den Freitag verteidigen, obwohl diese Aussage immer eingeschränkt galt. Ein Vergleich der protestantischen und der präprotestantischen Ethik im Hinblick auf die Schöpfung verdeutlicht die Bedeutung der Einschränkungen und zeigt, inwiefern sich die Hacker-Ethik letztendlich vom Geist des Freitags *und* des Sonntags unterscheidet.

Aus Sicht der Hacker kann die Ausrichtung auf die Freizeit genauso wenig wünschenswert sein wie die Ausrichtung auf die Arbeit. Hacker wollen etwas Sinnvolles tun, sie wollen schöpferisch tätig sein. Sie vermeiden Arbeit, die keine Möglichkeit zur Kreativität bietet, halten aber auch den Müßiggang nicht für den Idealzustand. Ein Sonntag, der in apathischem Müßiggang verbracht wird, kann so unerträglich sein wie ein Freitag. Allein die Vorstellung, dass im Himmel ewig Sonntag ist, brachte viele Atheisten dazu, Machiavelli zuzustimmen, sie würden lieber in die Hölle gehen (und dabei dachten sie an Dantes Vorhof des Infernos, wo die größten Philosophen und Gelehrten der Antike weiterhin ihre kreativen Forschungen treiben dürfen).[5]

Hacker sind nicht der Ansicht, dass Freizeit automatisch sinnvoller ist als Arbeitszeit. Es kommt immer darauf an, was jemand daraus macht. Für ein sinnvolles Leben muss die Dualität von Arbeit/Müßiggang komplett aufgegeben werden. Solange wir unsere Arbeit oder unsere Freizeit leben, leben wir nicht richtig. Sinn lässt sich nicht in der Arbeit oder im Nichtstun finden, sondern muss aus der Natur der Tätigkeit selbst entstehen: aus der Leidenschaft, dem sozialen Wert und der Kreativität.

Pittmans Betrachtung der Genesis beschreibt dies auf brillante Weise. Daraus lässt sich die Antwort der Hacker auf die Frage von Augustinus erschließen: Gott als perfektes Wesen *musste* nichts tun, doch er *wollte* schöpferisch tätig sein. Aus der Sicht der Hacker ist die Kreativität ein Wert an sich. Für eine Beschreibung ihrer Psychologie kann man den Anfang der Genesis nicht als Beschreibung der Erschaffung der Welt, sondern weniger grandios als die Erfahrung kreativer Tätigkeit lesen:

> Und die Erde war wüst und leer, und es war finster auf der Tiefe; und der Geist Gottes schwebte auf dem Wasser. Und Gott sprach: Es werde Licht! Und es ward Licht. Und Gott sah, dass das Licht gut war.[6]

In der Schöpfungsgeschichte ruft Gott in dem Augenblick, in dem die kreative Idee umgesetzt wird und sich die Dunkelheit in Licht verwandelt, wie jeder kreative Künstler aus: »Ja! Das ist es!« Er ist nicht irgendjemand: Er ist *ER*. Für einen Augenblick ist er stolz: »Nun, ich bin darin anscheinend ziemlich gut.«

Die Genesis kann als Geschichte gelesen werden, die beschreibt, welche Art von Tätigkeit entsteht, wenn jemand der eigenen Kreativität folgt. Dabei wird Talent fantasievoll eingesetzt. Das zeigt die Freude, die man empfindet, wenn man sich selbst überrascht und übertrifft. An jedem Tag fällt Gott eine noch außergewöhnlichere Idee ein: Könnte man nicht ein zweibeiniges haarloses Wesen erschaffen … Er ist von der Erschaffung einer Welt für andere so begeistert, dass er sogar sechs Nächte hintereinander wach bleibt und sich erst am siebten Tag Ruhe gönnt.

Die Hacker-Ethik unterscheidet sich von der protestantischen und der präprotestantischen Ethik durch die Betonung der Kreativität. Der Hacker-Ethik zufolge liegt der Sinn des Lebens weder im Freitag noch im Sonntag. Hacker positionieren sich selbst zwischen der Kultur des Freitags und der Kultur des Sonntags und repräsentieren damit eine ganz neue Einstellung. Deren Bedeutung beginnen wir gerade erst zu begreifen.

Informationalismus und die Netzwerk-Gesellschaft

MANUEL CASTELLS

Die Technologie ist eine grundlegende Dimension des gesellschaftlichen Wandels. Gesellschaften entwickeln und verändern sich in der komplexen Interaktion kultureller, wirtschaftlicher, politischer und technischer Faktoren. Daher muss die Technologie innerhalb dieser multidimensionalen Matrix verstanden werden. Allerdings hat sie ihre eigene Dynamik. Die Technologie, die sich in einer bestimmten Gesellschaft entwickelt und verbreitet, formt deren materielle Struktur. Technologische Systeme bilden sich allmählich heraus, bis an einem Punkt ein qualitativer Wandel eintritt: eine technologische Revolution, die ein neues technologisches Paradigma einleitet. Der Gedanke des Paradigmas wurde von dem bekannten Wissenschaftshistoriker Thomas Kuhn eingeführt, um die Transformation des Wissens durch wissenschaftliche Revolutionen zu erklären. Ein Paradigma ist ein Konzept, das Leistungsstandards festsetzt. Es integriert Entdeckungen in ein zusammenhängendes System von Beziehungen, das durch seine Synergie charakterisiert wird – das heißt, durch den zusätzlichen Wert des Systems im Vergleich zu dem seiner einzelnen Komponenten. Ein technologisches Paradigma organisiert die vorhandene

Bandbreite an Technologien um einen Kern, der wiederum die Leistung jeder einzelnen Technologie verstärkt. Unter *Technologie* versteht man im Allgemeinen den Einsatz naturwissenschaftlicher Erkenntnisse, um Leistung in eine reproduzierbare Form zu bringen.

So kam mit der Industriellen Revolution der Industrialismus, ein Paradigma, das durch die Fähigkeit charakterisiert wurde, Energie durch von Menschenhand geschaffene Mechanismen zu erzeugen und zu verteilen, ohne dass man auf die natürliche Umgebung angewiesen war. Da Energie die Voraussetzung für alle möglichen Tätigkeiten ist, war die Menschheit durch die Veränderung der Energieerzeugung im Stande, ihre Macht über die Natur und die Bedingungen ihrer eigenen Existenz dramatisch zu steigern. Um den Kern einer technologischen Revolution sammeln sich Technologien aus unterschiedlichen Bereichen. Die Revolution bei der Energietechnik (zunächst mit Dampfkraft, später mit Elektrizität) legte das Fundament für den Industrialismus. Verwandte Revolutionen im Maschinenbau, der Metallurgie, Chemie, Biologie, Medizin, im Transportwesen und in zahlreichen anderen technischen Bereichen kamen bei der Bildung des neuen technologischen Paradigmas zusammen.

Diese technische Infrastruktur ermöglichte die Entstehung neuer Formen der Produktion, des Konsums und der gesellschaftlichen Organisation, die gemeinsam die Industriegesellschaft bildeten. Zentrale Merkmale der Industriegesellschaft waren die Fabrik, der Konzern, die rationalisierte Verwaltung, der allmähliche Rückgang der Beschäftigtenzahlen in der Landwirtschaft, die Verstädterung, die Herausbildung zentraler Versorgungsbetriebe, das Aufkommen der Massenmedien, der Bau nationaler und internationaler Transportsysteme sowie die Entwicklung von Massenvernichtungswaffen. Der Industrialismus schlug sich in verschiedenen kulturellen und institutionellen Ausdrucksformen nieder. Kapitalismus und staatliche Planwirtschaft waren antagonistische Formen sozialer Organisation, dennoch wiesen sie bei ihren materiellen Fundamenten grundlegende Gemeinsamkeiten auf. Geschichte, Kultur, Institutionen und politische Systeme schufen eine breite Palette von Industriegesellschaften, die so unterschiedlich sein konnten wie Japan und die USA, Schweden und Spanien. Und doch waren sie historische Varietäten einer soziotechnologischen Art: des Industrialismus.

Dieser Vergleich hilft vielleicht, die große Bedeutung des Informationalismus als technologisches Paradigma zu erklären, das im Begriff ist, den Industrialismus als dominierende Matrix der Gesellschaften im 21. Jahrhundert abzulösen. Natürlich verschwindet der Industrialismus nicht über Nacht oder in wenigen Jahren. Der historische Übergang vollzieht sich in der Weise, dass vorherrschende Sozialformen durch neue, erst im Entstehen begriffene Formen absorbiert werden. Die tatsächlich existierenden Gesellschaften sind darum erheblich chaotischer als die Idealformen, die wir zu heuristischen Zwecken entwerfen. Woher wissen wir, dass ein bestimmtes Paradigma (zum Beispiel Informationalismus) anderen Paradigmen (zum Beispiel Industrialismus) überlegen ist? Ganz einfach: aufgrund seiner besseren Leistung bei der Anhäufung von Reichtum und Macht. Historische Übergänge werden von der Welt der Sieger geprägt. Dies soll keine Wertung sein. Wir wissen nicht, ob die Produktion von immer mehr Waren für die Menschheit wirklich einen Fortschritt bedeutet. Der Fortschrittsgedanke ist eine Ideologie. Wie gut, schlecht oder durchschnittlich ein neues Paradigma ist, hängt von den Perspektiven, Werten und Standards des Einzelnen ab. Wir wissen jedoch, dass ein Paradigma dominiert, weil es, wenn es angewandt wird, andere verdrängt. In diesem Sinn ist der Informationalismus das dominierende Paradigma unserer Gesellschaften, das den Industrialismus ersetzt und zusammenfasst. Doch was ist der Informationalismus?

Informationalismus ist ein technologisches Paradigma. Er bezieht sich auf die Technologie, nicht auf soziale Organisationen oder auf Institutionen. Informationalismus bietet die Grundlage für eine bestimmte Gesellschaftsstruktur, die ich als Netzwerk-Gesellschaft bezeichne. Ohne Informationalismus gäbe es die Netzwerk-Gesellschaft nicht, trotzdem entsteht diese neue Gesellschaftsstruktur nicht durch den Informationalismus, sondern durch ein breiteres Muster der gesellschaftlichen Entwicklung. Ich werde später noch näher auf die Struktur, Entstehung und historische Vielfalt der Netzwerk-Gesellschaft eingehen. Zunächst möchte ich mich aber auf ihre materielle Infrastruktur konzentrieren: auf den Informationalismus als technologisches Paradigma.

Kennzeichnend für den Informationalismus ist nicht die

zentrale Rolle, die Wissen und Informationen bei der Erlangung von Reichtum, Macht und Bedeutung spielen. Wissen und Informationen waren in vielen, wenn nicht sogar in allen historisch bekannten Gesellschaften von zentraler Bedeutung. Gewiss gab es in vielen Fällen unterschiedliche Formen des Wissens, doch Wissen, darunter auch das naturwissenschaftliche Wissen, ist historisch stets relativ. Was heute als Wahrheit akzeptiert wird, gilt morgen vielleicht schon als Irrtum. Sicher gab es in den beiden letzten Jahrhunderten eine stärkere Interaktion zwischen Wissenschaft, Technologie, Reichtum, Macht und Kommunikation. Doch auch das Römische Reich können wir nicht begreifen, wenn wir nicht seine Bauten, seine Wirtschaft, das Römische Recht und die Verarbeitung von Informationen sowie seine Kommunikationsformen kennen, die durch eine entwickelte lateinische Sprache ermöglicht wurden. In der gesamten Geschichte waren Wissen und Information sowie ihre technologische Basis eng verbunden mit politischer/militärischer Herrschaft, wirtschaftlichem Wohlstand und kultureller Hegemonie. Insofern basieren alle Volkswirtschaften auf Wissen, und alle Gesellschaften sind im Grunde Informationsgesellschaften.

Der Unterschied heute ist ein neues technologisches Paradigma, das durch die Revolution der Informationstechnologie eingeleitet wurde. Neu sind die Technologie der Informationsverarbeitung und ihre Auswirkung auf die Erzeugung und Anwendung von Wissen. Aus diesem Grund spreche ich nicht von Wissenswirtschaft oder Informationsgesellschaft, sondern von Informationalismus: Damit meine ich ein technologisches Paradigma, das auf dem Ausbau der menschlichen Fähigkeit bei der Informationsverarbeitung in der Mikroelektronik und der Gentechnik basiert, Bereichen also, in denen in den letzten Jahren eine Revolution stattgefunden hat. Was aber ist revolutionär an diesen Technologien im Vergleich zu früheren Revolutionen in der Informationstechnologie wie zum Beispiel der Erfindung der Druckerpresse? Tatsächlich war der Buchdruck ein wichtiger technischer Fortschritt, der erhebliche Auswirkungen auf alle Bereiche der Gesellschaft hatte – obwohl er zu Beginn der Neuzeit in Europa wesentlich stärkere Veränderungen bewirkte als in China, wo er deutlich früher entdeckt wurde. Die Informationstechnologien unserer Zeit haben hingegen eine noch größere Bedeutung, da sie ein neues technologisches Paradigma auf der Grundlage von drei wichtigen, entscheidenden Merkmalen einleiteten:

1. ihre sich selbst erweiternde Verarbeitungskapazität hinsichtlich Umfang, Komplexität und Geschwindigkeit
2. ihre Fähigkeit zur Rekombination
3. ihre dezentrale Flexibilität.

Auf diese Eigenschaften, die die Essenz des neuen Paradigmas ausmachen, möchte ich nun näher eingehen. Ich werde die Merkmale getrennt für zwei grundlegende technische Bereiche erläutern – die Mikroelektronik und die Gentechnik – und dann ihre Interaktion betrachten.

Zur Revolution in der Mikroelektronik zählen Mikrochips, Computer, die Telekommunikation und ihre Vernetzung. Die Software-Entwicklung ist die entscheidende Technologie für das gesamte System, allerdings geht bei integrierten Schaltkreisen ein Entwurf nur bis zu einer bestimmten Leistungsgrenze. Die neuen Technologien ermöglichen eine außergewöhnliche Steigerung bei der Kapazität der Datenverarbeitung, und zwar nicht nur beim Informationsvolumen, sondern auch bei der Komplexität der Abläufe und der Geschwindigkeit der Verarbeitung. Wie viel bedeutet »viel mehr« nun im Vergleich zu den bisherigen Technologien der Informationsverarbeitung? Woher wissen wir, dass eine Revolution stattfindet, die sich bei der Verarbeitungskapazität durch einen noch nie dagewesenen Sprung nach vorne auszeichnet?

Eine erste Reihe von Antworten ist rein empirisch. Egal welche Vorgänge man bei der Informationsverarbeitung hinsichtlich Bits, Rückkopplungsschleifen und Geschwindigkeit betrachtet, in den vergangenen 30 Jahren erfolgte überall eine exponentielle Steigerung der Rechnerkapazitäten, die mit einem ähnlich dramatischen Rückgang bei den Kosten einherging. Ich wage jedoch die Hypothese, dass es noch einen weiteren Faktor gibt, eine nicht nur quantitative, sondern auch qualitative Steigerung bei der Kapazität der Technologien, ihre Leistung aufgrund des Feedbacks bei der technologischen Entwicklung des Wissens, das auf der Grundlage der Technologie geschaffen wird, selbst zu erweitern. Diese Hypothese ist riskant, denn die Rechnerkapazität könnte an physikalische Grenzen stoßen, wo es nicht mehr möglich ist, weitere Schaltkreise in einen Mikrochip einzubauen. Allerdings wurde bislang jede pessimistische Prophezeiung in diesem Bereich durch neue Entwicklungen bei der Herstellung widerlegt. Die laufenden Forschungen mit neuen Materialien (darunter biologische Materialien und auf Chemie basierende Informationsverarbeitung in ihrer DNA) können das Maß der Integration noch deutlich steigern. Parallelverarbeitung und die wachsende Integration der Software in die Hardware mit Hilfe der Nanotechnologie könnten zusätzliche Quellen der sich selbst erweiternden Leistung der Informationsverarbeitung sein.

Rein formal formuliert könnte die Hypothese also lauten: In den ersten 25 Jahren der Revolution in der Informationstechnologie haben wir eine selbst geschaffene, expansive Eigenschaft der Technologien beobachtet, Informationen zu verarbeiten; derzeitige Einschränkungen werden wahrscheinlich von neuen Innovationswellen aufgehoben, die bereits im Entstehen sind; wenn und falls (das ist entscheidend) die Grenzen bei der Rechnerleistung auf der Grundlage dieser Technologien erreicht werden, wird ein neues technologisches Paradigma auftauchen – in einer Form und mit Technologien, die wir uns heute noch nicht vorstellen können und die allenfalls in den Science-Fiction-Szenarien der Zukunftsforscher existieren.

Die auf der Mikroelektronik basierenden Technologien zeichnen sich außerdem durch die Fähigkeit aus, Informationen auf jede mögliche Art neu zu kombinieren. Dies bezeichne ich als Hypertext (in der Tradition von Nelson bis Berners-Lee), die meisten Menschen nennen es dagegen World Wide Web. Der eigentliche Wert des Internets liegt darin, dass es alles von überallher verbinden und neu verknüpfen kann. Das wird noch deutlicher werden, wenn der ursprüngliche Entwurf von Berners-Lee in seinen zwei Funktionen wiederhergestellt wird, als Browser und Editor anstelle seiner derzeit beschränkten Funktionen als Browser/Informationslieferant, der mit einem E-Mail-System verbunden ist. Während Nelsons Xanadu eindeutig eine visionäre Utopie war, liegt das wahre Potenzial des Internets, wie er es sah, in der Rekombination aller vorhandenen Informationen und in der Kommunikation zu bestimmten Zwecken, die in Echtzeit von jedem Nutzer/Produzenten des Hypertextes beschlossen werden. Die Rekombination ist die Quelle von Innovationen, vor allem, wenn die Produkte der Rekombination selbst weitere Interaktionen in einer Spirale zunehmend bedeutungsvoller Informationen fördern. Während die Schaffung neuen Wissens stets die Anwendung von Theorien auf rekombinierte Informationen erfordert, erweitert die Möglichkeit, mit den Rekombinationen aus einer Vielzahl von Quellen zu experimentieren, den Bereich des Wissens erheblich. Ebenso verhält es sich mit den Verbindungen, die zwischen unterschiedlichen Bereichen geschaffen werden können – das ist genau die Quelle der Wissensinnovation, die Kuhn mit seiner Theorie der wissenschaftlichen Revolutionen im Auge hat.

Das dritte Kennzeichen der neuen Informationstechnologien ist ihre Flexibilität, die Verteilung von Rechnerleistung in verschiedenen Kontexten und Anwendungen zuzulassen. Das explosionsartige Wachstum der Netzwerk-Technologien (denken wir an die Programmiersprachen Java und Jini in den 90er Jahren), das erstaunliche Wachstum des Mobilfunks und die bevorstehende Entwicklung des mobilen Internets (Internetzugang über das Handy und andere tragbare Geräte) sind wichtige Entwicklungen, die auf die wachsende Kapazität hindeuten, überall Rechnerleistung (auch für die vernetzte Kommunikation) zur Verfügung zu haben – mit der technischen Infrastruktur und dem Wissen, sie einzusetzen.

Auf den zweiten Teil der Revolution in der Informationstechnologie, die Gentechnik, möchte ich etwas knapper eingehen. Sie ist nicht, wie oft angenommen wird, völlig unabhängig von der Mikroelektronik. Erstens ist die Gentechnik rein analytisch betrachtet eine Informationstechnologie, da sie sich auf die Entschlüsselung und eventuelle Reprogrammierung der DNA bezieht, den Informationscode des Lebens. Zweitens besteht eine viel engere Beziehung zwischen der Mikroelektronik und der Gentechnik, als den meisten Menschen bewusst ist. Ohne die entsprechende Rechnerkapazität und die Simulationsfähigkeit hoch entwickelter Software wäre das Humangenom-Projekt nie vollendet worden, noch wäre es Wissenschaftlern möglich gewesen, den Sitz und die Funktionen bestimmter Gene herauszufinden. Mittlerweile sind Biochips und Mikrochips auf chemischer Grundlage keine Science-Fiction-Fantasien mehr. Drittens besteht eine theoretische Annäherung zwischen den beiden technischen Bereichen um das analytische Paradigma, das auf Vernetzung, Selbstorganisation und nicht vorhersagbaren Eigenschaften basiert, wie es in der revolutionären theoretischen Arbeit von Fritjof Capra dargelegt wird.

Charakteristisch für die Methoden der Gentechnik – die Kräfte des Wandels, die im frühen 21. Jahrhundert losgelassen werden – sind außerdem ihre sich selbst erweiternde Verarbeitungskapazität, ihre Fähigkeit zur Rekombination und ihre Verteilungsstärke. Erstens schafft das Vorhandensein einer Karte des menschlichen Genoms und immer mehr genetischer Karten von Arten und Unterarten die Möglichkeit, Wissen über biologische Prozesse kumulativ zu verbinden, was zu einer qualitativen Veränderung unseres Verständnisses der Prozesse führt, die außerhalb des Beobachtbaren liegen.

Zweitens befasst sich die Gentechnik mit der Rekombinationsfähigkeit von DNA-Codes. Dieser Ansatz unterscheidet sie von früheren biologischen Experimenten. Es gibt jedoch noch subtilere Innovationen. Die erste Generation der gentechnischen Forschungen scheiterte größtenteils, weil Zellen als isolierte Einheiten verändert wurden, ohne dass man wusste, dass der Zusammenhang am wichtigsten ist, egal ob man es nun mit der Biologie oder der Datenverarbeitung im Allgemeinen zu tun hat. Zellen existieren nur in ihrer Verbindung zu anderen. Daher sind interagierende Zellennetzwerke, die nicht über isolierte Anweisungen, sondern allgemein über ihre Codes miteinander kommunizieren, heute die Objekte wissenschaftlicher Rekombinationsstrategien. Diese Art der Rekombination ist viel zu komplex, als dass man sie direkt erkennen könnte. Sie erfordert Simulationstechniken mit massiver Parallelverarbeitung, damit auftretende Eigenschaften mit Netzwerken von Genen in Verbindung gebracht werden, wie es etwa in einigen Forschungsmodellen am Santa Fe Institute geschieht.

Drittens liegt das Versprechen der Gentechnik in ihrer Fähigkeit, unterschiedliche Codes und deren Kommunikationsprotokolle in verschiedenen Bereichen der Körper (oder Systeme) verschiedener Arten zu reprogrammieren. Die transgenetische Forschung und regenerative Prozesse in lebenden Organismen sind Neuland für die Gentechnik. Gentechnische Medikamente sollen die Fähigkeit zur Selbstprogrammierung in lebenden Organismen auslösen, die ultimative Form der verteilten Informationsverarbeitungskapazität.

Im Übrigen zeigt die Gentechnik anschaulich, was für ein Fehler es wäre, außergewöhnlichen technologischen Revolutionen unabhängig von ihrem sozialen Kontext, ihrer Verwendung und ihren Folgen positiven Wert beizumessen. Ich kann mir keine grundlegendere technologische Revolution vorstellen als die Fähigkeit, die Codes lebender Organismen zu manipulieren. Ebensowenig kann ich mir eine gefährlichere und potenziell destruktivere Technologie vorstellen, wenn die Gentechnik von unserer kollektiven Fähigkeit abgekoppelt wird, den technischen Fortschritt kulturell, ethisch und institutionell zu kontrollieren.

Auf den Grundlagen des Informationalismus entsteht die Netzwerk-Gesellschaft und verbreitet sich auf der Welt als die dominierende Gesellschaftsform unserer Zeit. Die Netzwerk-Gesellschaft ist eine Sozialstruktur, die aus Informationsnetzwerken besteht. Diese basieren auf Informationstechnologien, die typisch sind für das informationalistische Paradigma. Mit *sozialer Struktur* meine ich die organisatorischen Vereinbarungen von Menschen in verschiedenen Beziehungen wie Produktion, Konsum, Erfahrung und Macht, ausgedrückt in sinnvoller Interaktion, die von der Kultur eingerahmt wird. Ein Netzwerk besteht aus miteinander verbundenen Knoten. Ein Knoten ist der Punkt, an dem die Kurve sich selbst schneidet. Soziale Netzwerke sind so alt wie die Menschheit. Im Informationalismus haben sie jedoch ein neues Leben angenommen, weil neue Technologien die den Netzwerken eigene Flexibilität fördern und zugleich die Koordinations- und Steuerungsprobleme lösen, die in der Vergangenheit durch hierarchische Organisationen entstanden und die Netzwerke behinderten. Netzwerke verteilen die Leistung und die Entscheidungsfindung in einem interaktiven Muster auf die verschiedenen Knoten. Schon von der Definition her verfügt ein Netzwerk über kein Zentrum, sondern nur über Knoten. Die Knoten im Netzwerk können von unterschiedlicher Größe und damit auch von unterschiedlicher Bedeutung sein, sie sind jedoch alle notwendig. Wenn die Zahl der Knoten überhand nimmt, konfigurieren sich Netzwerke von selbst neu, eliminieren manche Knoten und fügen neue, produktive Knoten hinzu. Die Knoten erhöhen ihre Bedeutung für das Netzwerk, indem sie neue Informationen aufnehmen und effizienter verarbeiten. Die relative Bedeutung eines Knotens basiert nicht auf seinen besonderen Eigenschaften, sondern auf seiner Fähigkeit, für das Netzwerk wertvolle Informationen beizutragen. In diesem Sinn sind die Hauptknoten keine Zentren, sondern Schalter und Kommunikationsprotokolle, die bei ihrer Leistung keiner Kommandostruktur folgen, sondern einer Netzwerk-Logik. Netzwerke funktionieren nach einer binären Logik: Aufnahme/Ablehnung. Als Sozialform sind sie wertfrei. Sie entscheiden über Leben und Tod und meinen es nicht persönlich. Alles hängt vom Ziel des Netzwerks ab, das es auf elegante, wirtschaftliche und reproduktive Weise zu erreichen versucht. In diesem Sinn ist das Netzwerk ein Automat. In einer sozialen Struktur programmieren soziale Akteure und Institutionen die Netzwerke. Doch wenn die Programmierung erfolgt ist, erlegen die Informationsnetzwerke ihren menschlichen Komponenten mit Hilfe der Informationstechnologie ihre eigene strukturelle Logik auf. Sie gilt so lange, bis ihr Programm wieder verändert wird – meistens zu einem hohen Preis für Wirtschaft und Gesellschaft.

Nun möchte ich die formale Analyse auf die tatsächliche Funktionsweise der Gesellschaft übertragen. Dazu werde ich kurz die grundlegenden Strukturen der Netzwerk-Gesellschaft skizzieren.

Zunächst einmal basiert die New Economy auf Netzwerken. Die globalen Finanzmärkte als Quelle von Investitionen und Bewertung stützen sich auf elektronische Netzwerke, die Signale verarbeiten: Einige Signale gründen auf wirtschaftlichen Berechnungen, oft entstehen sie jedoch durch Informationsturbulenzen bei verschiedenen Quellen. Ergebnis der Signale und ihrer Verarbeitung in den elektronischen Netzwerken der Finanzmärkte ist der jeweilige Wert, der jeder Anlage in der Wirtschaft zugeschrieben wird. Die Weltwirtschaft gründet auf kooperierenden Netzwerken von Produktion und Management, denn multinationale Konzerne und ihre Zulieferbetriebe machen über 30 Prozent des weltweiten Bruttosozialprodukts und etwa 70 Prozent des internationalen Handels aus. Die Firmen selbst arbeiten in und mit Netzwerken. Große Unternehmen sind in interne Netzwerke aufgegliedert. Kleine und mittlere Unternehmen bilden kooperierende Netzwerke und bewahren ihre Flexibilität, indem sie Ressourcen zusammenziehen. Große Firmen arbeiten auf der Grundlage strategischer Allianzen, die sich hinsichtlich der Produkte, Prozesse, Märkte und ihres Zeithorizonts unterscheiden, in einer variablen Geometrie unternehmenseigener Netzwerke. Diese Netzwerke schließen sich mit den Netzwerken kleiner und mittlerer Unternehmen in einer Welt von Netzwerken zu Netzwerken zusammen. Darüber hinaus verbindet eine von mir als Netzwerk-Unternehmen bezeichnete Firma oft Kunden und Zulieferer durch ein eigenes Netzwerk, wie zum Beispiel Cisco Systems und Dell Computer in der Elektronikindustrie. Die eigentliche Funktionseinheit in unserer Wirtschaft ist das Projekt, das von eigens zu diesem Zweck gebildeten Unternehmensnetzwerken durchgeführt wird. Diese Komplexität lässt sich nur mit den Mitteln des Informationalismus steuern.

Produktivität und Wettbewerbsfähigkeit werden durch die vernetzte Form von Produktion, Verteilung und Management erheblich gefördert. Weil sich die Netzwerke der New Economy über die ganze Welt ausdehnen und weniger effiziente Organisationsformen verdrängen, wird die neue, vernetzte Wirtschaft überall zur dominierenden Wirtschaftsform. Wirtschaftliche Einheiten, Gebiete und Menschen, die in dieser Wirtschaftsform nicht gut abschneiden oder für dominierende Netzwerke nicht von Interesse sind, werden ausrangiert. Jeder potenzielle Wert dagegen wird überall mit den produktiven Netzwerken der New Economy verbunden und in sie einprogrammiert.

Unter diesen Bedingungen wird die Arbeit individualisiert. Das Verhältnis zwischen Management und Mitarbeiter wird in individuellen Vereinbarungen festgelegt, und die Leistung wird danach bewertet, inwieweit Arbeitnehmer oder Manager fähig sind, sich selbst weiterzubilden und neue Aufgaben und Ziele zu bewältigen, da das System der technischen Entwicklung und unternehmerischen Flexibilität unterliegt. Nicht alles an diesen neuen Arbeitsverhältnissen ist schlecht. Es ist eine Welt der Gewinner und Verlierer, doch oft können sich die Gewinner nicht sicher fühlen, und den Verlierern ist der Rückweg ins Netzwerk versperrt. Es ist eine Welt der Kreativität und der Zerstörung – eine Welt, die gleichzeitig von kreativer Zerstörung und zerstörerischer Kreativität gekennzeichnet ist.

Das kulturelle Schaffen orientiert sich am Kaleidoskop eines globalen elektronischen Hypertextes. Über das Internet und eine Vielzahl von Medien sind die Manifestationen menschlicher Kommunikation und Kreativität miteinander durch Querverweise verbunden. Die Flexibilität dieses Mediensystems erleichtert die Aufnahme der unterschiedlichsten Äußerungen und die benutzerfreundliche Zustellung von Nachrichten. Individuelle Erfahrungen bestehen vielleicht auch noch außerhalb des Hypertextes, doch kollektive Erfahrungen und gemeinsame Botschaften – also die Kultur als soziales Medium – sind größtenteils in diesem Hypertext erfasst. Er bildet die Quelle realer Virtualität als semantischen Rahmen für unser Leben: virtuell, weil er auf elektronischen Schaltkreisen und flüchtigen audiovisuellen Botschaften basiert, real, weil das unsere Realität ist, denn der globale Hypertext liefert einen Großteil der Geräusche, Bilder, Worte, Formen und Assoziationen, die wir für die Sinnkonstruktion in allen Erfahrungsbereichen verwenden.

Auch die Politik ist zunehmend von der Medienwelt eingeschlossen, entweder indem sie sich deren Normen und Regeln anpasst oder indem sie versucht, die Spielregeln zu ändern und neue Kulturcodes zu schaffen und durchzusetzen. In beiden Fällen wird Politik zur Anwendung des Hypertextes, da sich der Text einfach rekonfiguriert, um den Codes zu entsprechen.

Gewiss gibt es auch noch ein Leben jenseits der Netzwerk-Gesellschaft: in den fundamentalistischen Kulturgemeinschaften, die die vorherrschenden Werte ablehnen und eigenständig Quellen für ihre Sinnkonstruktion aufbauen, manchmal um selbst entworfene alternative Utopien herum, häufiger aber um so transzendentale Wahrheiten wie Gott, Nation, Familie, Ethnizität und Territorialität. So ist die Erde nicht völlig von der Netzwerk-Gesellschaft vereinnahmt, wie sich auch die Industriegesellschaft nie auf die gesamte Menschheit ausgedehnt hat. Dennoch hat die Netzwerk-Logik der Instrumentalität bereits dominierende Segmente der Gesellschaft in den meisten Gebieten der Erde durch die strukturelle Logik miteinander verbunden, die von der neuen, globalen, vernetzten Wirtschaft verkörpert wird. Wir erkennen dies in den flexiblen Formen individualisierter Arbeit und in der Kultur der realen Virtualität, die in den elektronischen Hypertext eingraviert ist.

Die Logik der Vernetzung mit ihren Wurzeln im Informationalismus hat auch unseren Umgang mit Raum und Zeit verändert. Der Raum der Flüchtigkeit, der für die Netzwerk-Gesellschaft charakteristisch ist, schart auf der Grundlage elektronischer Schaltkreise und schneller Transportkorridore entfernte Schauplätze um gemeinsame Funktionen und Bedeutungen, während er die Logik der Erfahrungen im festen Raum isoliert und unterdrückt. Eine neue Form der Zeit, die ich als zeitlose Zeit bezeichne, entsteht aus den systemischen Trends und komprimiert die chronologische Zeit zu kleinstmöglichen Einheiten (wie bei finanziellen Transaktionen, die in Bruchteilen von Sekunden erfolgen). Ebenso werden Zeitfolgen verzerrt, wie man an der Veränderung traditioneller Karrieremuster erkennen kann: Den vorhersehbaren Aufstieg innerhalb einer Firma gibt es so gut wie nicht mehr, stattdessen ist Flexibilität gefragt.

Die Nationalstaaten, die in diesen Wirbelsturm hineingezogen und nun von den globalen Netzwerken des Kapitals, der Technologie und Informationen überholt werden, gehen entgegen der Behauptungen der Propheten der Globalisierung nicht unter. Sie passen sich in ihrer Struktur und Leistung an und werden selbst zu Netzwerken. Zum einen formen sie supranationale und internationale Gebilde mit gemeinsamer Verantwortung, manche sehr eng verbunden wie etwa die Europäische Union, andere weniger eng verbunden wie etwa die NATO oder die NAFTA. Bei wieder anderen sind die Verpflichtungen ungleich verteilt, so etwa beim Internationalen Währungsfonds, der den Entwicklungsländern die Logik des Weltmarktes aufzwingt. In allen Fällen wird die politische Souveränität zwischen verschiedenen Regierungen und Organisationen aufgeteilt.

Zum anderen vollzieht sich in vielen Ländern ein Prozess der politischen Dezentralisierung, bei dem im Bemühen, die Legitimität zu stärken und die Flexibilität im öffentlichen Bereich zu erhöhen, die Ressourcen von nationalen auf regionale und lokale Einrichtungen und sogar auf nichtstaatliche Organisationen übertragen werden.

Diese zeitgleiche Entwicklung von Supranationalität und Betonung des Lokalen führt zu einer neuen Form des Staates, dem Netzwerk-Staat, der offenbar widerstandsfähig genug ist, um den Stürmen der Netzwerk-Gesellschaft trotzen zu können.

Schauen wir uns die Netzwerk-Gesellschaft näher an. Woher stammt sie? Wie entwickelte sie sich?

Die Netzwerk-Gesellschaft entstand aus dem zufälligen Zusammentreffen dreier unabhängiger Phänomene im letzten Viertel des 20. Jahrhunderts. Das erste Phänomen war die Revolution der Informationstechnologie, deren Hauptbestandteile sich in den 70er Jahren als neues technologisches Paradigma formten (das Arpanet 1969, USENET News 1979, die Erfindung des integrierten Schaltkreises 1971, der Personal Computer 1974–1976, die Software-Revolution: UNIX-Codes, die Ende der 60er Jahre entwickelt und 1974 herausgebracht wurden, TCP/IP-Protokolle, die 1973–1978 entwickelt wurden, die rekombinante DNA im Jahr 1973).

Der zweite Entwicklungstrend war der Prozess der sozioökonomischen Restrukturierung zweier konkurrierender Systeme, des Kapitalismus und der staatlichen Planwirtschaft. Beide gerieten aufgrund innerer Widersprüche in eine Krise, der Kapitalismus in den Jahren 1973–75, die staatliche Planwirtschaft in den Jahren 1975–80. Beide Krisen wurden mit einer neuen Regierungspolitik und neuen Unternehmensstrategien bekämpft. Die kapitalistische Perestroika funktionierte. Die Restrukturierung der staatlichen Planwirtschaft scheiterte aufgrund der systembedingten Einschränkung bei der Öffnung nach außen und bei der Verwendung der neuen Informationstechnologie, wie ich in einer zusammen mit Emma Kiselyova durchgeführten Untersuchung zum Zusammenbruch der Sowjetunion dargelegt habe. Der Kapitalismus konnte seine Strukturkrise und eine galoppierende

Inflation durch Produktivität in der Informationstechnologie, durch Deregulierungsmaßnahmen, Liberalisierung, Privatisierung, Globalisierung und Vernetzung überwinden, wodurch gleichzeitig die wirtschaftlichen Voraussetzungen für die Netzwerk-Gesellschaft geschaffen wurden.

Der dritte Trend, der zum Entstehen der neuen Gesellschaft beitrug, war kultureller und politischer Natur und hängt mit den Werten zusammen, die von den Protestbewegungen Ende der 60er und Anfang der 70er Jahre in Europa und Amerika und mit eigenen Ausprägungen in Japan und China vertreten wurden. In den Protestbewegungen ging es im Kern um individuelle Freiheit, auch wenn die Frauen- und die Umweltbewegung den Begriff der Freiheit ausweiteten und die Institutionen und Ideologien des Patriarchats und das Produktivitätsdenken in Frage stellten. Die Bewegungen waren kultureller Natur, weil sie sich nicht auf die Erlangung politischer Macht (im Gegensatz zu den meisten anderen in diesem Jahrhundert) oder die Neuverteilung von Besitz konzentrierten. Stattdessen beriefen sie sich auf ihre eigene Erfahrung und lehnten etablierte Institutionen ab. Sie suchten einen neuen Sinn im Leben und forderten die Auflösung der Gesellschaftsverträge zwischen dem Einzelnen und dem Staat sowie zwischen dem Einzelnen und der Wirtschaft.

Diese drei Phänomene entwickelten sich unabhängig voneinander. Ihr historisches Zusammentreffen war ebenso wie die spezifische Kombination in den einzelnen Gesellschaften rein zufällig. Aus diesem Grund fallen auch die Geschwindigkeit und die Gestaltung des Übergangs zur Netz-werk-Gesellschaft in den Vereinigten Staaten, in Westeuropa und der übrigen Welt unterschiedlich aus. Je fester die Insti-tutionen und Regeln der Industriegesellschaft oder der vor-industriellen Gesellschaften verwurzelt sind, desto langsa-mer und schwieriger vollzieht sich der Wandlungsprozess. Die unterschiedlichen Wege zur Netzwerk-Gesellschaft bein-halteten kein Werturteil: Die Netzwerk-Gesellschaft ist nicht das gelobte Land des Informationszeitalters. Sie ist einfach eine neue Sozialstruktur, deren Auswirkungen auf das Wohl-ergehen der Menschheit noch nicht bekannt sind. Alles hängt vom Kontext und von der weiteren Entwicklung ab.

Eine der Schlüsselkomponenten dieses historischen Zu-falls, der unsere Welt des 21. Jahrhunderts geschaffen hat, war das neue technologische Paradigma, der Informationa-lismus. Was trug zu seiner Entstehung bei? Der Krieg, der heiße wie auch der kalte, leistete wie stets in der Geschichte einen wichtigen Beitrag zum technischen Fortschritt. Der Zweite Weltkrieg bildete den Hintergrund für die meisten Erfindungen, die zur Revolution in der Informationstechno-logie führten. Und im Kalten Krieg wurde ihre Entwicklung vorangetrieben. Der Vorläufer des Internets, das Arpanet, war zwar nicht wirklich eine Militärtechnologie, allerdings wurde seine Technik (die Übermittlung von »Informations-paketen« und das verteilte Netzwerk) entwickelt, weil Paul Baran von der Rand Corporation dem amerikanischen Ver-teidigungsministerium vorgeschlagen hatte, ein Kommuni-kationssystem aufzubauen, das einen Atomkrieg überstehen könnte. Der Vorschlag wurde nie angenommen, und die Wissenschaftler, die ausgehend von DOS das Arpanet entwickelten, erfuhren erst von Barans Arbeit, als sie bereits das Computernetzwerk aufbauten. Allerdings wäre die Informatik in den USA ohne die Unterstützung mit Ressourcen und die Innovationsfreiheit, die ihnen die Advanced Research Projects Agency im Pentagon bot, nicht mit dieser Geschwindigkeit vorangekommen. Das Arpanet wäre nicht aufgebaut worden und die Vernetzung der Computer sähe heute ganz anders aus. Auch die Revolution der Mikroelektronik verlief in den letzten 20 Jahren größtenteils unabhängig von militärischen Anwendungen, doch in der entscheidenden formativen Phase in den 50er und frühen 60er Jahren hingen Silicon Valley und andere wichtige Technologiezentren stark von militärischen Kunden und deren großzügiger Forschungsfinanzierung ab.

Die Forschungsabteilungen der Universitäten bildeten ebenfalls einen wichtigen Nährboden für die technologische Revolution. Man könnte sogar sagen, dass die Informatiker an den Universitäten die Mittel des Verteidigungsministeriums in Empfang nahmen und damit die Informatik allgemein sowie die Vernetzung von Computern im Besonderen zur wissenschaftlichen Erkenntnis und technologischen Innovation weiterführten, ohne eine direkte militärische Anwendung im Sinn zu haben. Die eigentlichen militärischen Entwicklungen wurden in den nationalen Forschungslabors unter strengsten Sicherheitsvorkehrungen vorangetrieben, allerdings kamen aus diesen Labors trotz ihres außerordentlichen wissenschaftlichen Potenzials kaum wirkliche Innovationen. Sie waren Spiegel des sowjetischen Systems und entsprechend war auch ihr Schicksal: Sie wurden zu monumentalen Gräbern der Genialität.

Universitäten und die Forschungszentren großer Krankenhäuser waren die entscheidenden Keimzellen der biologischen Revolution. Francis Crick und James Watson arbeiteten 1953 an der Cambridge University, und die wichtigste Forschungsarbeit, die zur rekombinanten DNA führte, wurde zwischen 1973 und 1975 im Umfeld der Stanford University und der University of California in San Francisco geleistet.

Auch die Wirtschaft spielte eine Rolle, allerdings befanden sich darunter keine etablierten Unternehmen. AT&T tauschte seine Lizenzrechte an der Mikroelektronik in den 50er Jahren gegen ein Telekommunikationsmonopol und verpasste dann die Gelegenheit zur Betreibung des Arpanet in den 70er Jahren. IBM sah die PC-Revolution nicht voraus und sprang erst später auf den fahrenden Zug auf, und zwar unter so unklaren Bedingungen, dass es die Lizenzen für sein Betriebssystem an Microsoft vergab. Damit waren PC-Nachbauten Tür und Tor geöffnet und IBM überlebte letztendlich nur noch als Dienstleister. Sobald Microsoft quasi das Monopol hatte, beging es ähnliche Fehler. Das Unternehmen verkannte lange das Potenzial des Internets und führte erst 1995 den Internet Explorer ein, einen Browser, der ursprünglich nicht von Microsoft stammte, sondern auf der Überarbeitung eines Browsers von Spyglass basierte. Spyglass lizensierte Mosaic-Software vom National Center for Supercomputer Applications. Rank Xerox entwickelte in seiner Forschungsabteilung PARC in Kalifornien viele Schlüsseltechnologien des PC-Zeitalters. Doch das Unternehmen verstand die Wunder, die seine Mitarbeiter vollbrachten, nicht richtig, und so wurden die Früchte ihrer Arbeit größtenteils von anderen Unternehmen, vor allem Apple Computer, kommerziell genutzt. Der Beitrag der Wirtschaft zum Informationalismus bestand im Großen und Ganzen aus einer neuen Art von Unternehmen, den so genannten Startups, die rasch zu riesigen Firmen heranwuchsen (Cisco Systems, Dell Computer, Oracle, Sun Microsystems, Apple und so weiter), oder Unternehmen, die sich selbst neu erfanden (wie etwa Nokia, das von Konsumelektronik zum Mobilfunk und dann zum mobilen Internet wechselte). Um den Übergang von den unternehmerischen Anfängen bis zur innovationsorientierten Großorganisation zu meistern, bauten diese Unternehmen auf einen weiteren Grundstein des Informationalismus: die kulturelle Quelle der technologischen Innovation, vertreten durch die Hacker-Kultur.

Es gibt keine technologischen Revolutionen ohne kulturellen Wandel. Über revolutionäre Technologien muss man nachdenken. Dies ist kein natürlicher Vorgang, sondern eine Vision, ein Akt des Glaubens, eine Geste der Rebellion. Gewiss entscheiden letztendlich Finanzierung, Herstellung und Marketing, welche Technologien am Markt überleben. Allerdings bestimmen sie nicht auch zwangsläufig, welche Technologien sich entwickeln, denn es gibt noch andere

Dinge auf Erden als den Markt, so wichtig er auch ist. Der Informationalismus wurde von einer neuen Kultur mit erfunden und entscheidend geprägt, die von grundlegender Bedeutung für die Entwicklung der Computervernetzung, der Verteilung der Rechnerleistung und für die Steigerung des Innovationspotenzials durch Kooperation und Beteiligung ist. Das theoretische Verständnis dieser Kultur und ihrer Rolle als Quelle von Innovation und Kreativität im Informationalismus bildet den Grundpfeiler für unser Verständnis der Entstehung der Netzwerk-Gesellschaft. In meiner Analyse und in den Beiträgen anderer Akademiker wurde diese zentrale Dimension des Informationalismus zwar berührt, aber nicht wirklich ergründet. Deshalb ist Pekka Himanens Theorie von der Hacker-Kultur als Geist des Informationalismus ein wichtiger Durchbruch bei der Entdeckung der Welt, die sich in der Morgendämmerung des dritten Jahrtausends entfaltet.

Eine kurze Geschichte der Computer-Hacker

Es begab sich aber, dass Microsoft groß und mächtig geworden war unter den Mikrochip-Unternehmen; mächtiger als je eine Großrechnerfirma zuvor. Und das Herz von Bill Gates verhärtete sich, und er verfluchte seine Kunden und deren Techniker mit den Worten:

»Kinder des von Neumann, hört mich an. IBM und die Großrechnerfirmen banden eure Vorväter mit harten und gefährlichen Lizenzen, sodass ihr die Geister des Turing und des von Neumann um Erlösung anflehtet. Nun sage ich euch: Ich bin größer als je ein Unternehmen vor mir. Werde ich eure Lizenzen lockern? Nein, ich werde euch mit Lizenzen schlagen, die doppelt so hart und um das Mannigfache gefährlicher sind als die meiner Ahnen ... Ich werde euch unterwerfen und versklaven, wie noch keine Generation zuvor versklavt wurde. Und wozu werdet ihr dann die Geister des Turing, des von Neumann und des Moore anrufen? Sie können euch nicht hören. Ich bin zu einer stärkeren Macht geworden als sie. Nur mich sollt ihr anrufen, und von meiner Gnade und unter meinem Zorn sollt ihr leben. Ich bin der Gates der Hölle, ich bewache das Portal zu MSNBC und die Schlüssel zum Blue

Screen of Death. Fürchtet euch, fürchtet euch sehr, dient nur mir, dann werdet ihr leben.«[1]

So beginnt *The Gospel According to Tux*, eine »Hacker-Bibel«, die im Internet veröffentlicht wurde. Tux heißt der Pinguin, das Maskottchen des Linux-Betriebssystems, das der finnische Hacker Linus Torvalds 1991 im Alter von 22 Jahren entwickelte. In den letzten Jahren hat Linux viel Aufmerksamkeit auf sich gezogen und gilt als ernsthafter Konkurrent von Windows, der Microsoft die Vormachtstellung streitig machen könnte.

Jeder kann Linux kostenlos herunterladen, doch das ist nicht der Hauptunterschied zu Windows. Was Linux von dem dominierenden Softwaremodell unterscheidet, das von den Microsoft-Produkten vertreten wird, ist in erster Linie seine Offenheit: So wie Wissenschaftler allen anderen in ihrem Fachgebiet erlauben, ihre Erkenntnisse zu untersuchen und zu benutzen, damit sie getestet und weiterentwickelt werden, erlauben die Hacker, die am Linux-Projekt arbeiten, allen anderen, die Programme zu verwenden, zu testen und weiterzuentwickeln. In der Forschung ist diese Haltung als wissenschaftliche Ethik bekannt. Beim Computer-Programmieren wird sie als »Open-Source-Modell« oder Modell des offengelegten Quellcodes bezeichnet (der »Source Code« oder Quellcode ist die DNA eines Programms, seine Form in der Sprache, die seine Programmierer zur Entwicklung verwenden; ohne den Quellcode kann man ein Programm benutzen, es aber nicht in andere Richtungen weiterentwickeln).

Die Ähnlichkeit mit dem akademischen Forschungsmodell ist kein Zufall: Die Offenheit ist möglicherweise ein Erbe, das die Hacker von der Universität übernommen haben. *The Gospel According to Tux* verleiht Forschern wie Alan Turing und John von Neumann, die die theoretischen Grundlagen für den Computer geschaffen und ihre Erkenntnisse offengelegt haben, einen Heldenstatus.

Optimistisch wird in *The Gospel According to Tux* weiter geschildert, wie Torvalds diesem Geist in der Computerwelt neues Leben einhaucht:

Nun lebte in jener Zeit im Lande Helsinki ein junger Gelehrter namens Linus der Torvald. Linus war ein frommer Mann, ein Schüler von RMS [Richard Stallman, ein berühmter Hacker] und mächtig im Geiste des Turing, des von Neumann und Moore. Eines Tages meditierte Linus über die Architektur, fiel in Trance und hatte eine Vision. Und in seiner Vision sah er einen großen Pinguin, heiter und prächtig anzuschauen, der saß auf einer Eisscholle und aß Fisch. Und beim Anblick des Pinguins fürchtete sich Linus sehr und flehte zu den Geistern des Turing, des von Neumann und Moore, dass sie ihm seinen Traum deuteten.

Und im Traum antworteten die Geister des Turing, des von Neumann und Moore und sagten ihm: »Fürchte dich nicht, Linus, geliebter Hacker. Du bist gut und tüchtig. Der große Pinguin, den du siehst, ist ein Betriebssystem, das du erschaffen und auf Erden verbreiten sollst. Die Eisscholle steht für die Erde und alle Systeme, auf denen der Pinguin ruhen und sich an der Vollendung seiner Aufgabe freuen soll. Und der Fisch, den der Pinguin isst, sind die unsinnigen lizensierten Programmcodes, die unter allen Systemen auf der Erde schwimmen.

Der Pingiun soll alles, was unsinnig, verdrießlich und schlecht ist, jagen und verschlingen; alle Codes, die sich wie Spaghetti winden oder mit fauligen Geschöpfen verseucht sind oder durch schwere und gefährliche Lizenzen gebunden sind, soll er fangen. Und beim Fang sollen sie sich vermehren und beim Vermehren sollen sie Zeugnis ablegen und beim Zeugnisablegen sollen sie Freiheit, Heiterkeit und Coolness auf die Erde bringen und für alle, die darauf programmieren.

Linux hat das Open-Source-Modell nicht erfunden. Das Betriebssystem erschien auch nicht einfach aus dem Nichts. Linux ist eine Variante des Betriebssystems Unix, die auf den Grundlagen zweier früherer Hacker-Projekte aufbaut. Besonders wichtig war für Linux das GNU-Projekt, das Richard Stallman im Jahr 1983 startete.[2] Stallman, der im AI Lab (Labor für Künstliche Intelligenz) am MIT begann, arbeitet weiterhin in der Tradition dieses ersten Hacker-Zentrums.

Die andere Matrix für Linux ist BSD Unix, das von Bill Joy 1977 entwickelt wurde. BSD ist die Abkürzung für Berkeley Software Distribution, eine Hommage an die Ursprünge in einem weiteren traditionellen Hacker-Zentrum, die University of California in Berkeley, wo Joy noch als Student mit der Entwicklung seines Betriebssystems begann.[3]

Ein anderes wichtiges Kapitel in der Geschichte der Computer-Hacker wurde mit den Anfängen des Internets aufgeschlagen. Seine wahren Anfänge gehen bis in das Jahr 1969 zurück (im selben Jahr schrieben die Hacker Ken Thompson und Dennis Ritchie die erste Version von Unix).[4] Die Forschungsabteilung ARPA (Advanced Research Projects Agency) des amerikanischen Verteidigungsministeriums spielte bei der Einrichtung des Arpanets, eines Vorläufers des Internets, eine wichtige Rolle. Allerdings werden Ausmaß und Bedeutung der staatlichen Beteiligung im Allgemeinen übertrieben.[5] In *Inventing the Internet,* der bislang umfassendsten Geschichte des Internets, zeigt Janet Abbate, wie die Ernennung ehemaliger Universitätsprofessoren zu Projektleitern zur Folge hatte, dass sich das Internet nach dem in der Wissenschaft üblichen Prinzip der Selbstorganisation entwickelte. Der wichtigste Teil der Arbeit wurde bald von der Network Working Group geleitet, einer Gruppe von Hackern, die unter talentierten Studenten rekrutiert worden waren.

Die Gruppe arbeitete nach dem Open-Source-Modell: Jeder konnte Vorschläge einbringen, die dann gemeinsam entwickelt wurden. Die Quellcodes aller Lösungen wurden von Anfang an veröffentlicht, sodass andere Hacker sie benutzen, testen und weiter daran arbeiten konnten. An dieses Modell hält man sich heute noch. Die Zusammensetzung und der Name der tonangebenden Hacker-Gruppe haben sich im Lauf der Zeit immer wieder geändert. Derzeit ist sie als Internet Engineering Task Force bekannt und arbeitet unter dem Dach der Internet Society, die von Vinton Cerf gegründet wurde. Cerf, der als Informatikstudent an der UCLA Gründungsmitglied der ursprünglichen Gruppe war, spielte bei fast allen technischen Fortschritten im Zusammenhang mit dem Internet eine wichtige Rolle. Ein Aspekt blieb jedoch stets unverändert: Das Internet verfügt über keine zentrale Leitung, die seine Entwicklung steuert, seine Technologie wird immer noch von einer offenen Gemeinschaft von Hackern entwickelt.[6] Diese Gemeinschaft diskutiert Ideen, die erst zum »Standard« werden, wenn die Internetgemeinde sie für gut hält und verwendet. Manchmal lenkten die Ideen das Internet in völlig unerwartete Richtungen, etwa als Ray Tomlinson im Jahr 1972 die E-Mail einführte. (Er wählte übrigens auch das Symbol @, das wir immer noch in E-Mail-Adressen verwenden.) Abbate schrieb dazu: »Offenbar beteiligten sich an der Entwicklung des Internets keine Unternehmen. Wie sein Vorgänger [das Arpanet] wurde das Internet inoffiziell und ohne großen Rummel von einer selbst gewählten Expertengruppe entwickelt.«[7]

Auch das World Wide Web, der globale Hypertext, der auf der Grundlage des Internets aufbaut, ist keine Entwicklung der Wirtschaft oder des Staates. Den Anstoß für das WWW gab ein Engländer, der in Oxford studiert hatte: Tim Berners-Lee. Er plante das Design des Web im Jahr 1990 während seiner Tätigkeit am CERN, dem berühmten europäischen Institut für Teilchenphysik in Genf. Hinter dem bescheidenen Auftreten von Berners-Lee verbirgt sich ein überzeugter Idealist, der seine Vision, wie das World Wide Web die Welt zu einem besseren Ort machen kann, freimütig äußert: »Das

Web ist eher ein gesellschaftliches als ein technisches Produkt. Ich wollte die Zusammenarbeit erleichtern – und nicht ein technisches Spielzeug entwickeln. Das höchste Ziel des Webs ist die Unterstützung und Verbesserung einer netzartigen Lebensform.«[8]

Nach und nach unterstützten andere Hacker Berners-Lee bei seinen Bemühungen, wie er in seinem Buch *Der Web-Report* (1999) schildert: »Von da an lieferten Interessierte im Internet Rückmeldungen, Anregungen, Ideen, Beiträge zum Quellcode und moralische Unterstützung, die ich lokal kaum gefunden hätte. Die Leute im Internet bauten das Web in echter Basisarbeit auf.«[9] Als die Gruppe größer wurde, organisierte Berners-Lee eine Gemeinschaft, die Cerfs Internet Society ähnelte, das World Wide Web Consortium, um eine kommerzielle Übernahme des WWW zu verhindern. Für sich persönlich hat Berners-Lee resolut sämtliche kommerziellen Angebote abgelehnt, was einer seiner Freunde als typisch für seine Einstellung bezeichnet: »Während Technologen und Unternehmer Firmen gründeten oder fusionierten, um das Web zu nutzen, schienen sie auf eine Frage fixiert zu sein: ›Wie kann ich das Web zu einer Goldmine machen?‹ Währenddessen stellte Tim sich die Frage: ›Wie kann ich das Web der Allgemeinheit verfügbar machen?‹«[10]

Die wichtigste Einzelperson hinter dem schließlich erfolgten Durchbruch des World Wide Web war Marc Andreessen, der an der University of Illinois in Champaign-Urbana studierte. Im Jahr 1993 schufen der 22-jährige Andreessen und einige andere Hacker am National Center for Supercomputing Applications der Universität einen benutzerfreundlichen graphischen Browser für den PC. Dieses Programm, das mit offengelegtem Quellcode verteilt wurde, führte schon bald zu dem bekannteren Browser Netscape Navigator, der rasch Verbreitung fand.[11]

Obwohl das Internet und das World Wide Web (zusammen »das Netz«) im Augenblick unsere kollektive Vorstellungskraft dominieren, wäre ihr Durchbruch auf breiter Front nicht ohne eine weitere bemerkenswerte Erfindung unserer Zeit möglich gewesen – den Personal Computer. Seine Geschichte reicht bis zu den ersten Hackern am MIT zurück, den Pionieren der interaktiven Computernutzung. Damals wurde der Computerbereich noch von dem IBM-Modell der Großrechner dominiert, die nach dem Prinzip des Batch Processing funktionierten. Programmierer hatten keinen direkten Zugang zum Computer, sondern mussten um die Erlaubnis bitten, ihre Programme an einen speziellen Operator weiterzugeben. Es konnte Tage dauern, bis ein Ergebnis da war. Entgegen dieser Methode bevorzugten Hacker die interaktive Arbeit an Minirechnern, mit denen der Programmierer sein Programm direkt am Computer schreiben, die Ergebnisse sehen und sofort die erforderlichen Korrekturen durchführen konnte. Hinsichtlich der sozialen Organisation besteht ein enormer Unterschied: Wenn der »Operator« außen vor bleibt, kann der Einzelne die Technologie auf viel freiere Weise benutzen. Die Abschaffung der Operator, der Hohepriester der Computerwelt, lässt sich mit der Abschaffung der Telefonvermittler in der Geschichte des

Telefons vergleichen. Dadurch wurde der direkte Austausch zwischen den Teilnehmern freier.[12]

Die MIT-Hacker programmierten auch das erste Computerspiel, in dem ein Nutzer zum ersten Mal die Möglichkeiten der grafischen Benutzeroberfläche testen konnte. In Steve Russells *Spacewar* aus dem Jahr 1962 griffen zwei Schiffe mit Torpedos, die über vom Club entworfene Befehle gesteuert wurden, in einen Kampf im Weltraum ein. Peter Samson fügte dem Spiel einen Hintergrund mit Planeten hinzu, der »Expensive Planetarium« (»teures Planetarium«) hieß, weil er die Sterne in genau den Positionen zeigen sollte, wie man sie bei einem Blick aus dem Fenster sehen konnte – allerdings viel teurer, weil die Rechnerzeit am Computer damals sehr wertvoll war. Jeder konnte das Spiel kopieren, und sein Quellcode war frei verfügbar.[13]

Der Durchbruch des Personal Computer wurde durch diese mentalen Vorbereitungen ermöglicht. Der entscheidende nächste Schritt kam von Steve Wozniak, einem Mitglied des Homebrew Computer Club, einer Hacker-Gruppe, die sich Mitte der 70er Jahre regelmäßig in der Bay Area traf. Im Jahr 1976 baute Wozniak unter Verwendung der Informationen aus dem Club im Alter von 25 Jahren den ersten PC, den auch jemand ohne ein Ingenieurdiplom benutzen konnte – den Apple I. Um die Bedeutung dieser Leistung wirklich ermessen zu können, müssen wir bedenken, dass die vorherigen Computer oft Geräte in der Größe von Kühlschränken waren, die in speziellen klimageschützten Räumen stehen mussten. Die CEOs der großen Computerfirmen glaubten nicht an die Zukunft der PCs und äußerten Kommentare wie »Meiner Ansicht nach gibt es einen Weltmarkt für vielleicht fünf Computer« (Thomas Watson, Präsident von IBM im Jahr 1943) oder »Warum sollte jemand einen Computer zu Hause haben wollen?« (Ken Olsen, Mitbegründer und Vorstandsvorsitzender der Digital Equipment Corporation im Jahr 1977). Diese Vorhersagen wären vielleicht sogar eingetroffen, wenn Woz es nicht geschafft hätte, den Computer zu »vermenschlichen«.

Wozniaks Leistung, den Computer für jeden zugänglich zu machen, spiegelte den Geist der Gegenkultur, der damals in der Bay Area herrschte, und das Bemühen, den Menschen auf verschiedene Weise zu beteiligen. Kurz bevor Woz seinen ersten Computer baute, verkündete Ted Nelson, ein Visionär, dessen Charisma ihn wie einen irren Schamanen wirken lässt, die Entwicklung des Personal Computer in einem Buch mit dem Titel *Computer Lib*, das 1974 im Eigenverlag erschien. Nelson wurde für seine Vision von einem weltumspannenden Hypertext lange vor der Entwicklung des World Wide Web bekannt, tatsächlich erfand er den Begriff *Hypertext*. In seinem Buch lautete sein Schlachtruf »COMPUTER-POWER TO THE PEOPLE! NIEDER MIT CYBERKRAT.« (den Begriff *Cyberkrat*, zusammengesetzt aus »Cyber« und »Bürokrat«, hat Nelson für Methoden geprägt, um »Menschen, die Computer benutzen, unnötig zu belasten«.)[14]

Später betonte Woz, dass die Atmosphäre im Homebrew Computer Club, dem Nelson einmal einen Besuch abstattete, ihm die Energie für seine Arbeit am Apple I gegeben habe: »Ich kam aus einer Gruppe, die man als Beatniks oder Hippies bezeichnen könnte – ein Haufen Techniker, die radikale Reden über eine Informationsrevolution schwangen und darüber, wie wir die Welt völlig verändern und Computer in jeden Haushalt bringen würden.«[15] Gemäß der Hacker-Ethik verteilte Woz offen Blaupausen seines Computers und veröffentlichte Teile des Programms. Sein für Hacker geschaffener Computer löste die große PC-Revolution aus, deren Folgen wir heute überall um uns herum sehen.[16]

Anmerkungen

Vorwort

1 *The Jargon File*, siehe unter *hacker*. Diese Datei wird von Eric Raymond unter www.tuxedo.org/~esr/jargon gepflegt. Sie erschien als *The Hacker's Dictionary* (3. Aufl. 1996) auch in Buchform.

2 *The Jargon File*, siehe unter *hacker ethic*.

3 In *Hackers: Heroes of the Computer Revolution*, New York 1994. Levy beschreibt den Geist der MIT-Hacker mit den Worten, sie glaubten, dass »alle Informationen frei fließen sollten« und dass »der Zugang zum Computer unbeschränkt und total sein sollte« (S. 40).

4 *The Jargon File* definiert *Cracker* folgendermaßen: »Jemand, der die Sicherheit eines Systems bricht. Der Begriff wurde um 1985 von Hackern geprägt, um sich gegen den Missbrauch des Begriffs ›Hacker‹ durch die Medien zu schützen.« In seinem 1984 erschienenen Buch über Hacker sah Levy noch keinen Anlass, auf den Unterschied zwischen Hacker und Cracker einzugehen. Das ist darauf zurückzuführen, dass die Geschichte der Computerviren oder sich selbst verbreitender Computerprogramme erst in der zweiten Hälfte der 80er Jahre richtig begann. Das Konzept »Computervirus« wurde erst durch die Dissertation von Fred Cohen aus dem Jahr 1984 gebräuchlich, und die ersten echten Viren wurden im Jahr 1986 per Diskette übertragen (vgl. Alan Solomon, »A Brief History of PC Viruses«, 1990, und Joe Wells »Virus Timeline«, 1996). Das erste berühmt-berüchtigte Beispiel eines Einbruchs in Informationssysteme fand ebenfalls erst in der zweiten Hälfte der 80er Jahre statt. Eine der bekanntesten Cracker-Gruppen, die Legion of Doom, wurde 1984 gegründet, und das Cracker-Manifest eines späteren Mitglieds der Gruppe, The Mentor, wurde 1986 veröffentlicht (»The Conscience of a Hacker«, bemerkenswert ist daran, dass die »Cracker« sich selbst »Hacker« nannten. Zur Geschichte der Gruppe siehe »The History of the Legion of Doom«, 1990).

5 *The Jargon File*, siehe unter *hacker*.

6 *Die protestantische Ethik und der »Geist« des Kapitalismus*, in: *Archiv für Sozialwissenschaft und Sozialpolitik*, Bde. 20–21 (1904–1905). Der Aufsatz erschien später in überarbeiteter Form in *Gesammelte Aufsätze zur Religionssoziologie* (1920).

Kapitel 1: Die Arbeitsethik der Hacker

1 Katie Hafner und Matthew Lyon, *Arpa Kadabra oder die Geschichte des Internet*, 2. Aufl. Heidelberg 2000, S. 160.

2 Jill Wolfson und John Leyba, »Humble Hero«, San Jose Mercury Center.

3 Sarah Flannery mit David Flannery, *In Code: A Mathematical Journey*, London 2000, S. 182.

4 Nachricht an comp.os.minix vom 19. Dezember 1991.

5 Tim Berners-Lee, *Der Web-Report: Der Schöpfer des World Wide Web über das grenzenlose Potential des Internet*, München 1999, S. 23–26.

6 Connick, »... And Then There Was Apple«, in: *Call-A.P.P.L.E*, Oktober 1986, S. 24.

7 Flannery, *In Code*, S. 182.

8 Eric Raymond, »The Art of Unix Programming«, Entwurf 2000, Kap. 1.

9 Siebter Brief, 341c-d. Diese akademische Leidenschaft ist ein durchgängiges Thema in sämtlichen Schriften Platons über Sokrates. Im *Symposion* lässt Platon Alkibiades über die »Wut und Schwärmerei der Philosophie« sprechen, die ihm von Sokrates übermittelt werden (218b). In *Phaidros* wird diese Vorstellung durch die Äußerung erweitert, dass die normalen Menschen Philosophen als Verrückte betrachteten, doch diese Verrücktheit sei ein göttlicher Wahn (oder eine höhere Leidenschaft). Platon betont in den Dialogen, die sich mit der Rolle der Philosophie befassen (*Politeia, Symposion, Phaidros, Theaitetos, Gorgias* und die *Apologie*) außerdem die wörtliche Bedeutung des Begriffs *Philosophie* (»eine Leidenschaft oder Liebe zur Weisheit«).

10 Steven Levy, *Hackers: Heroes of the Computer Revolution*, New York 1994, S. 434.

11 Eric Raymond, »How to Become a Hacker«, 1999, S. 232.

12 *Die protestantische Ethik und der »Geist« des Kapitalismus*, in: *Archiv für Sozialwissenschaft und Sozialpolitik*, Bde. 20–21 (1904–1905). Der Aufsatz erschien später in überarbeiteter Form in *Gesammelte Aufsätze zur Religionssoziologie* (1920).

13 Weber, *Die protestantische Ethik und der »Geist« des Kapitalismus*, S. 16, S. 22.

14 Baxter, *Christian Directory*, zitiert bei Weber, *Die protestantische Ethik*, S. 124, Anm. 227 und S. 125, Anm. 233.

15 Ebenda, S. 150, Anm. 304.

16 Ebenda, S. 126, Anm. 236 und S. 133.

17 *Die Benediktusregel*, Kap. 48.

18 Cassian, *De institutis coenobiorum et de octo principalium vitiorum remediis*, 4.26.

19 Der berühmte Eremit Antonius, der als Begründer des christlichen Mönchtums im 4. Jahrhundert gilt, setzte mit seiner Arbeitshaltung ein

Beispiel für die spätere monastische Bewegung. Athanasius schreibt in seiner *Vita Antonii*: »Deshalb verrichtete er auch körperliche Arbeit, denn er hatte ja gehört ›wenn jemand nicht will arbeiten, der soll auch nicht essen‹ (2. Thess. 3,10). Den Verdienst verwendete er teils für den Lebensunterhalt, teils für die Bedürftigen« (Abschnitt 3). Siehe auch *Apophthegmata Patrum*: Als der heilige Vater Antonius in der Wüste lebte, befiel ihn die *acedia* (Rastlosigkeit der Seele), und er wurde von vielen sündhaften Gedanken angegriffen. Er sprach zu Gott: »Herr, ich will errettet werden, doch diese Gedanken lassen mir keine Ruhe; was soll ich tun in meiner Not? Wie kann ich gerettet werden?« Kurz darauf erhob sich Antonius und sah einen Mann, der wie er bei der Arbeit saß, sich von der Arbeit erhob, betete, sich dann wieder setzte und ein Seil flocht, dann wieder aufstand, um zu beten. Es war ein Engel des Herrn, der gesandt worden war, Antonius zu korrigieren und zu beruhigen. Er hörte, wie der Engel zu ihm sagte: »Tu dies und du wirst gerettet werden.« Diese Worte erfüllten Antonius mit Freude und neuem Mut. Er tat, wie ihm geheißen, und ward gerettet (Antonius, übersetzt aus Ward, [Hg.] *The Sayings of the Desert Fathers*, 1975).

Neben den monastischen Regeln des Cassian und des Benedikt spielte auch die Regel des Basilius eine Rolle. Er spricht darüber, wie die Arbeit keusch macht: Unser Herr Jesus Christus spricht: ›Denn er‹, nicht jeder ohne Ausnahme oder alle, sondern ›der Arbeiter ist seiner Speise wert‹ (Mt. 10,10), und der Apostel bittet uns, mit unseren eigenen Händen gute Arbeit zu verrichten, damit wir denen, die bedürftig sind, etwas geben können. Es ist daher offensichtlich, dass wir mit Fleiß arbeiten müssen und nicht denken dürfen, dass unser Ziel der Frömmigkeit eine Flucht vor der Arbeit oder einen Vorwand für Müßiggang bietet, sondern die Frömmigkeit bietet uns die Gelegenheit, uns zu mühen, zu immer noch größeren Anstrengungen und zur Geduld bei Kümmernissen, sodass wir sagen können: ›in Mühe und Arbeit, in viel Wachen, in Hunger und Durst, in viel Fasten, in Frost und Blöße‹ (2. Kor. 11, 27), *Regula*.

Die einzige Philosophie der Antike, in der die Arbeit gepriesen wurde, war der Stoizismus, der bekanntlich großen Einfluss auf das monastische Denken hatte. So lehrte zum Beispiel Epiktet: »Sollten wir nicht, während wir graben und pflügen und essen, eine Lobhymne für Gott singen?« Und: »Was dann? Sage ich etwa, der Mensch sei ein Tier, das zur Untätigkeit geschaffen sei? Nichts läge mir ferner!« (*Unterredungen*, 1.16 und 1.10). Natürlich gingen die Mönche und Stoiker in ihrer Hochachtung der Arbeit nicht so weit wie die protestantische Ethik, wie Birgit van den Hoven in ihrer Untersuchung *Work in Ancient and Medieval Thought*, Leiden 1996, gezeigt hat.

20 Benedikt schreibt: »Wenn einer von ihnen [den arbeitenden Mönchen] auf sein handwerkliches Können stolz ist, weil er sich einbildet, dem Kloster zu nützen, dann soll man ihn von diesem Handwerk wegnehmen und ihn erst wieder darin arbeiten lassen, wenn er sich demütig zeigt und der Abt ihn wieder beauftragt.« *Die Benediktusregel*, Kap. 57.

21 Weber, *Die protestantische Ethik*, S. 153–155. Webers Untersuchung hat zwei Dimensionen. Einerseits erklärt er in historischer Perspektive, dass die protestantische Ethik großen Einfluss auf die Bildung des kapitalistischen »Geistes« hatte. Andererseits geht er über den historischen Ansatz hinaus und thematisiert eine bestimmte soziale Ethik. Da die erste Dimension bis zu einem gewissen Grad empirisch fraglich ist – so entwickelte sich der gleiche kapitalistische Geist auch im zeitgenössischen katholischen Venedig (eine kurze Zusammenfassung der wichtigsten Gegenargumente bietet Anthony Giddens in seinem Vorwort zur englischen Ausgabe von Webers Aufsatz) –, ist dieser Geist in unserer heutigen Zeit kein grundlegender Faktor mehr. Ich konzentriere mich deshalb auf den zweiten Aspekt bei Weber und verwende die Begriffe *Geist des Kapitalismus* und *protestantische Ethik* nicht historisch, sondern thematisch. Da ihre beiden wichtigsten Punkte gleich sind, können sie in einer thematischen Diskussion austauschbar gebraucht werden. (Mehr dazu bei Weber in seiner Beschreibung des Verhältnisses zwischen protestantischer Ethik und dem Geist des Kapitalismus, S. 16f, S. 32 und S. 49–51.)

22 Manuel Castells, *The Information Age*, Malden 2000, Bd. 1, S. 468. Martin Carnoy gelangt in seinem Buch *Sustaining the New Economy: Work, Family, and Community in the Information Age*, Cambridge 2000, zu einem ähnlichen Schluss: »Die Tatsache, dass es keine Beziehung zwischen der IT-Industrie und den Beschäftigten- oder Arbeitslosenzahlen gibt, deutet darauf hin, dass der Stand der Arbeitslosigkeit mit anderen Faktoren zusammenhängt als mit der Verbreitung der Informationstechnologie« (S. 38).

23 Augustinus, *Der Gottesstaat*, 22.30. Augustinus schrieb: »Von ihm wiederhergestellt und durch noch größere Gnade zur Vollendung geführt, sollten wir selbst zu diesem siebten Tag werden« (ebenda). Gregor der Große schrieb im 6. Jahrhundert: Und die wahre Passion und die wahre Auferstehung unseres Erlösers haben eine sinnbildliche Bedeutung für seinen Leib in den Tagen seines Leidens. Denn am sechsten Wochentag [Freitag] hat er gelitten, am Sabbat im Grabe geruht, und am Sonntag ist er vom Tod erstanden. Für uns ist das gegenwärtige Leben noch der sechste Wochentag, da es in Schmerzen zugebracht wird und sich in Bedrängnissen abquält. Am Sabbat ruhen wir sozusagen im Grab, da wir nach dem leiblichen Tod Ruhe finden für die Seele. Am

Sonntag aber, dem dritten nach der Passion und wie gesagt dem achten in der Reihenfolge, auferstehen wir dem Leibe nach vom Tod und werden in der Verherrlichung der Seele auch mit dem Leib in der Freude sein (*Homilien zu Ezechiel*, 2. Buch, 4.2.).

24 Augustinus, *Predigten zum Buch Genesis*, 2.11.

25 Als Tundale in seiner Vision dem Jenseits in Begleitung eines Engels einen Besuch abstattete, sah er an einem Ort namens Vulcan, wie Missetäter mit Hämmern und anderen Werkzeugen gequält wurden. In seinen Ohren klang der furchtbare Lärm von Hämmern auf Ambossen und Ähnlichem, und die traditionelle Energiequelle der Arbeit, das Feuer, versengte die Sünder: Sie ergriffen die nachfolgende Seele, hielten sie fest und warfen sie in die brennende Esse, deren Flammen von einem Blasebalg angefacht wurden, bis die Vielzahl derer, die verbrannt wurden, vernichtet war. Wenn sie so flüssig geworden waren, dass sie nur noch Wasser zu sein schienen, wurden sie mit eisernen Heugabeln herausgeworfen. Sie kamen auf Ambosse und wurden mit Hämmern bearbeitet, bis 20 oder 30 oder 100 Seelen zu einer Masse zusammengepresst waren (»Tundales Vision«, in: Eileen Gardiner (Hg.), *Visions of Heaven and Hell Before Dante*, New York 1989, S. 172f.).

Eileen Gardiner kommentiert das Bild der Hölle in der visionären Literatur folgendermaßen: Mit der Hölle werden entsetzliche Gerüche und schrecklicher Lärm sowie andere Angriffe auf die Sinne in Verbindung gebracht. Von der Hölle gibt es klare Vorstellungen, sie wird immer wieder beschrieben. Oft sind die Details gleich – Feuer, Brücken, brennende Seen, schreckliche kleine Gestalten, die die Eingeweide der Sünder herauszerren. Dies sind körperliche, farbige, lebendige Bilder. Häufig stehen sie in Verbindung zu den maskulinen Bildern der Arbeit, die von der im Entstehen begriffenen industriellen Wirtschaft geliefert werden. Essen, Ambosse, Hämmer, Rauch und glühendes Metall vereinen sich zu einem Bild, das einem ländlichen, aristokratischen oder bäuerlichen Publikum gewiss teuflisch erscheinen musste (*Medieval Visions of Heaven and Hell: A Sourcebook*, New York 1993, S. XXVIII).

26 »St. Brendan's Voyage«, in: Gardiner, *Visions of Heaven and Hell*, S. 115–16.

27 Dante, *Die Göttliche Komödie, Inferno*, 7.25–35.

28 Bei Homer (*Odyssee*, 11.593–600) heißt es:
Auch den Sisyphos sah ich, der, starke Qualen ertragend,
Einen gewaltigen Stein mit beiden Händen daherschob.
Ja, fürwahr, mit Händen und Füßen dagegen sich stemmend,
Stieß er den Stein den Hügel hinan; doch wenn er ihn grade
Über den Gipfel zu wälzen gedachte, dann trieb seine Wucht ihn
Immer zurück, und der tückische Stein rollt' wieder zu Tale.

Aber er stieß ihn von neuem und strengte sich an,
und der Schweiß rann
Ihm von den Gliedern herab, und der Staub stieg
über sein Haupt auf.

Die schrecklichen Mühen des Sisyphos werden auch von Platon in *Gorgias*, 525e erwähnt (vgl. auch *Apologie*, 41c und *Axiochos*, 371e).

29 Johann Kaspar Lavater, *Aussichten in die Ewigkeit*, Hamburg 1773, 3:93.

30 William Clarke Ulyat, *The First Years of the Redeemed After Death*, New York 1901, S. 191.

31 Daniel Defoe, *Robinson Crusoe*, Stuttgart 1998, S. 194. Crusoe beschreibt das Bedürfnis, die Zeit zu messen, folgendermaßen: Nachdem ich ungefähr zwölf Tage auf der Insel zugebracht hatte, war mir eingefallen, dass ich mich aus Mangel an Büchern sowie Federn und Tinte in der Zeitrechnung nicht mehr zurechtfinden würde und zuletzt nicht mehr den Sonntag von den Wochentagen unterscheiden könnte. Um dies zu verhindern, richtete ich an meiner ersten Landungsstelle am Ufer ein großes Kreuz auf und schnitt in großen Buchstaben die Worte ein: Hier landete ich am 30. September 1659. An den Seiten des viereckigen Pfostens machte ich täglich mit meinem Messer einen Einschnitt; jeder siebente Einschnitt war doppelt so lang wie die anderen und jeder erste Tag des Monates doppelt so lang wie der Sonntag. Auf diese Weise führte ich meinen Kalender, meine Wochen-, Monats- und Jahreszeitrechnung« (S. 67f.).

Doch die Gewohnheit, am Sonntag freizunehmen, vergaß er schon bald (S. 76).

32 Michel Tournier, *Freitag oder das Leben in der Wildnis*, München 1997, S. 165.

33 Robinson Crusoe ist ein hervorragendes Beispiel für die veränderte Einstellung gegenüber der Arbeit, da die Idee, auf einer einsamen Insel zu leben, eine passende Illustration für unsere Werte ist.

Crusoes Leben auf der Insel unterscheidet sich stark von den Berichten in der antiken Mythologie über die Inseln der Seligen, wo die Menschen Hesiod zufolge in einem Zustand ähnlich dem Goldenen Zeitalter lebten, als die Menschen »ein Leben wie Götter ohne Kummer und Sorgen führten. Sie hatten leidlosen Sinn und blieben frei von Not und Jammer; nicht drückte sie schlimmes Alter, sie blieben sich immer gleich an Händen und Füßen, lebten heiter in Freuden und frei von jeglichem Übel« (*Werke und Tage*, 114–17).

Die Vorstellung vom Leben auf einer Insel spielte auch in der Geschichte der Utopien eine Rolle. Der Unterschied zwischen antiken und modernen Konzeptionen ist sehr deutlich. Sokrates' (das heißt Platons) ideale Gesellschaft hatte die Insel der Seligen zum Vorbild. In der bestmöglichen Gesellschaft mussten nur Sklaven und die niederen Schichten arbeiten. Sokrates erklärt: »Es gibt aber auch noch, wie ich glaube, andere Dienstleistende, die von Seiten des Verstandes wohl nicht sehr in die Gemeinschaft gezogen zu werden verdienen, aber hinreichende körperliche Stärke haben zu allerlei schweren Arbeiten, welche denn den Gebrauch ihrer Kräfte verkaufen und den Preis derselben Lohn nennen, selbst aber, wie ich denke, Tagelöhner genannt werden. Nicht wahr?« (*Politeia*, 371d-e, siehe auch 347b, 370b-c, 522b, 590c). Die Bürger in der eigentlichen Bedeutung des Wortes müssen nicht arbeiten und widmen ihre Zeit der Philosophie. Diese sokratische Haltung gegenüber der Arbeit finden wir in allen Schriften Platons. In *Gorgias* legt Platon Sokrates im Gespräch mit Kallikles die Worte in den Mund, als freier Mann würde er seiner Tochter sicher nicht erlauben, einen Kriegsbaumeister zu heiraten, »[du] achtest ihn gering samt seiner Kunst, ja ordentlich zum Schimpf könnest du ihn den Kriegsbaumeister nennen« (512c; vergl. 518e–19a). In *Phaidros* präsentiert Sokrates sogar eine »Rangliste« der Schicksale im Leben. Nur Sophist, Tyrann und Tier rangieren niedriger auf der Liste als ein Arbeiter (es überrascht nicht, dass der erste Platz an Götter oder gottähnliche Menschen – Philosophen – geht, 248d–e). In anderen platonischen Schriften finden sich ähnliche Töne (vgl. vor allem *Symposion*, 203a und *Alkibiades*, 1:131b.). Die Einstellung zur Arbeit ist in modernen Utopien auffallend anders. Auf der Insel Utopia von Thomas Morus ist Müßiggang sogar verboten – eine Idee, die viele andere bekannte Utopien seit der Renaissance enthalten.

34 Nachricht an comp.os.minix vom 29. Januar 1992.

35 Eric Raymond, »How to Become a Hacker«, S. 233.

36 Ebenda, S. 237.

Kapitel 2: Zeit ist Geld?

1 Der gesamte Abschnitt aus Franklins *Rat für einen jungen Händler* (1748) lautet: »Bedenke, Zeit *ist* Geld. Wer mit seiner Hände Arbeit zehn Shilling am Tag verdienen kann und den halben Tag herumbummelt oder müßig herumsitzt und bei seinen Zerstreuungen Geld ausgibt, darf nicht denken, *dies* sei die einzige Ausgabe, und wenn es auch nur ein Sixpence gewesen sein mag; in Wirklichkeit hat er noch zusätzlich fünf Shilling ausgegeben oder vergeudet.«

2 Vgl. Manuel Castells, *The Information Age*, Malden 2000, Bd. 1, Kap. 7. *Informationswirtschaft* bedeutet auch eine Wirtschaft, deren typische Produkte die Informationstechnologie oder Informationen selbst sind. Pine und Gilmore fügen eine wichtige Ebene hinzu, wenn sie über die neue *Erfahrungswirtschaft* sprechen. Die Informationswirtschaft ist

außerdem eine Wirtschaft der Symbole, in der die Symbolik der Produkte immer wichtiger wird. Pine und Gilmore schreiben über den Verbraucher in dieser Wirtschaft: »Wenn er eine Erfahrung kauft, bezahlt er dafür, Zeit damit zu verbringen, mehrere erinnerungswürdige Ereignisse zu erleben, die ein Unternehmen – als Theaterstück – inszeniert, um ihn persönlich an sich zu binden« (Joseph Pine und James Gilmore, *The Experience Economy*, Boston 1999, S. 2). Selbst wenn dem Verbraucher nicht bewusst ist, dass er ein Erlebnis konsumieren will, wenn er eine Tasse Kaffee in einem Café bestimmten Typs trinkt, gestalten die Unternehmen ihre Produkte immer bewusster als Erlebnisse, weil sich das gut verkauft.

3 Ebenda, Bd. 1, Kapitel 2. Die empirischen Daten sind auch bei David Held u. a. zu finden, *Global Transformations: Politics, Economics, and Culture*, Stanford 1999.

4 Robert Spector, *Amazon.com: Get Big Fast*, Stuttgart 2000, S. 41.

5 Moore stellte sein Gesetz erstmals in der Reihe »Experts Look Ahead« in der Zeitschrift *Electronics* im Jahr 1965 vor. Nach der ursprünglichen Formulierung verdoppelt sich die Zahl der Komponenten, die in einem integrierten Schaltkreis untergebracht werden können, jedes Jahr. Später wurde dieser Zeitraum auf 18 Monate korrigiert. Manchmal wird das Gesetz auch in einer Form ausgedrückt, die man sich leichter merken kann: Jedes Jahr verdoppelt sich die Effizienz und die Kosten halbieren sich.

6 Jim Clark mit Owen Edwards, *Netscape Time: The Making of the Billion Dollar Start-Up That Took on Microsoft*, New York 1999, S. 62f., S. 67f.

7 Siehe auch Castells, *Information Age*, Bd. 1, Kapitel 3.

8 Ebenda, Kapitel 4.

9 Michael Dell, der Gründer von Dell Computer, formulierte sein Prinzip der Vernetzung kurz und prägnant in seinen »Regeln für Internet-Revolutionäre«: »Vergeben Sie Vorgänge, die nicht ausschlaggebend für Ihr Unternehmen sind, an Außenstehende.« Weiter empfahl er: »Entscheiden Sie sich für etwas, bei dem Sie brillieren möchten, und finden Sie für den Rest hervorragende Partner.« Michael Dell, *Direkt von Dell: Die Erfolgsstrategie eines Branchenrevolutionärs*, Frankfurt am Main 1999, S. 250.

10 Michael Hammer erklärt seine Theorie zusammen mit James Champy in einer populäreren Form in *Business Reengineering*. Darin diskutiert er Fragen, die sich erfolgreiche Organisationen selbst stellen müssen: »Sie überlegten nicht: ›Wie können wir das besser machen?‹ Oder: ›Wie können wir unsere Arbeit bei niedrigeren Kosten verrichten?‹ Stattdessen fragten sie sich: ›Warum machen wir das überhaupt?‹« Wenn man diese Frage an das Management stellt, kommen Hammer und Champy zu fol-

gendem Schluss: »Es zeigte sich, dass viele Aufgaben im Unternehmen nichts mit der Erfüllung von Kundenbedürfnissen zu tun haben, also mit der Erzeugung eines qualitativ hochwertigen Produkts, der Auslieferung dieses Produkts zu einem angemessenen Preis und exzellentem Service. Viele Aufgaben dienten einfach der Erfüllung interner organisatorischer Anforderungen« (Michael Hammer und James Champy, *Business Reengineering: Die Radikalkur für das Unternehmen*, Frankfurt am Main 1994, S. 15). Hammer und Champy drängen die Unternehmen statt dessen, sich um kohärente Unternehmensprozesse zu organisieren.

11 Dell fasst dieses Prinzip so zusammen: »Geschwindigkeit oder die Komprimierung von Zeit und Entfernung beim Zulieferer und beim Kunden machen letztendlich den Wettbewerbsvorteil aus. Benutzen Sie das Internet, um die Kosten bei der Verbindung zwischen Hersteller und Zulieferer sowie Hersteller und Kunde zu senken. Dadurch können Produkte und Dienstleistungen schneller auf den Markt kommen als je zuvor.« Dell, *Direkt von Dell*, S. 243.

12 Witold Rybczynski, *Am Freitag fängt das Leben an*, Reinbek bei Hamburg 1993, S. 28. Wie passend, dass der Erste, der bekannterweise nicht mehr nur Tennis spielte, sondern systematisch an seiner Rückhand arbeitete, niemand anderer war als Frederick Taylor. Zu diesem Zweck entwarf er sogar eigens einen Spezialschläger und gewann damit 1881 die amerikanischen Meisterschaften im Herrendoppel. Frank Copley, *Frederick W. Taylor: Father of the Scientific Management*, New York, Bd. 1, S. 117.

13 Barbara Kantrowitz, »Busy Around the Clock«, *Newsweek*, 17. Juli 2000, S. 49.

14 Arlie Russell Hochschild, *Time Bind*, New York 1997, S. 209. Damit wurde die Vorstellung realisiert, die Taylor in der Einleitung zu seinem Buch beschrieb: »Die Grundbegriffe solch einer methodischen Verwaltung und Leitung auf wissenschaftlicher Grundlage (scientific management) lassen sich auf alle Arten menschlicher Tätigkeit anwenden.« Er erwähnt »die Verwaltung und Leitung des Haushaltes« an erster Stelle (S. 5f).

15 Russell Hochschild, *Time Bind*, S. 232.

16 Ebenda, S. 50.

17 Weber, *Die protestantische Ethik*, S. 131.

18 Aronson und Greenbaum, »Take Two Aspirin«, Manuskript. Zitiert bei Claude Fischer, *America Calling*, Berkeley und Los Angeles 1992, S. 176.

19 Fischer, *America Calling*, Foto 7.

20 Ebenda, Foto 8.

21 Platon, *Theaitetos*, 172d; siehe auch 172c–73b, 154e–55a und 187d–e. Siehe auch *Apologie*, 23c und *Phaidros*, 258e.

22 Emmanuel Le Roy Ladurie, *Montaillou*, Frankfurt am Main 1980, S. 299, 301.

23 Ebenda, S. 300.

24 *Die Benediktusregel*, Kap. 18.

25 Ebenda, Kap. 16.

26 Ebenda, Kap. 8.

27 Ebenda, Kap. 11.

28 Ebenda, Kap. 43.

29 Zuspätkommende werden (wie andere »Missetäter«) zu bestimmten Zeiten pünktlich bestraft: »Wer für ein schweres Vergehen von Oratorium und Tisch ausgeschlossen ist, werfe sich zur Zeit, da im Oratorium der Gottesdienst beendet wird, vor der Türe des Oratoriums nieder und bleibe dort liegen, ohne etwas zu sagen, mit dem Gesicht zur Erde, vor die Füße aller hingeworfen, die aus dem Oratorium kommen. Und das tue er so lange, bis der Abt entscheidet, die Buße genüge« (ebenda, Kap. 44).

30 Benedikt schreibt: »Wer zur Feier der nächtlichen Vigilien erst nach dem *Ehre sei dem Vater* des vierundneunzigsten Psalms kommt, den wir deshalb sehr langsam und mit Pausen gesungen haben wollen, darf nicht an seinem Platz im Chor stehen, sondern er stehe am allerletzten Platz oder für sich allein an dem Platz, den der Abt für solche Nachlässige bestimmt hat, damit er selbst und alle anderen sie sehen können.«

31 Benjamin Franklin, *Lebenserinnerungen*, München 1983, S. 129.

32 Edward Thompson schreibt darüber auch in seinem Buch *Die Entstehung der englischen Arbeiterklasse*, Frankfurt am Main 1963.

33 Stewart Brand, *Media Lab*, Reinbek bei Hamburg 1990, S. 53.

34 Eric Raymond, »How to Become a Hacker«, S. 236.

Kapitel 3: Geld als Motivation

1 Max Weber, *Die protestantische Ethik*, S. 15.

2 *The Jargon File*, siehe unter *hacker ethic*.

3 *Die Benediktusregel*, Kap. 6.

4 Tertullian erklärt kurz und bündig: »Rastlose Neugier, Eigenschaft der Ketzerei« (*Die Prozesseinreden gegen die Häretiker*, 14).

5 Robert K. Mertons klassischer Artikel »Science and Technology in a Democratic Order« (*Journal of Legal and Political Sociology* 1, 1942) wurde unter dem Titel »Die normative Struktur der Wissenschaft« in der Sammlung *Entwicklung und Wandel von Forschungsinteressen: Aufsätze zur Wissenschaftssoziologie* (1985) abgedruckt. Siehe S. 86–99.

6 Die Bedeutung der *synusia* wird in Platons siebtem Brief diskutiert. In der Forschung ist man der Ansicht, dass die bekannte Vorstellung von Platons Akademie, wie sie in Raffaels Gemälde *Schule von Athen* dargestellt ist, nicht den historischen Fakten entspricht. Die Akademie war

vermutlich kein Universitätsgebäude oder Campus im modernen Sinn, sondern eine bestimmte Philosophierichtung, die Menschen lose miteinander verband. Die Akademie war eine Gruppe von Gelehrten, die sich in einem Park am Rande von Athen traf, der nach dem athenischen Helden benannten Akademeia. Die Erklärung, die man in einigen antiken Schriften findet, dass Platon diesen Park gekauft habe, ist so absurd, wie wenn man heute behaupten würde, jemand könnte den Central Park in New York kaufen oder würde dort eine private Universität gründen. Möglicherweise besaß Platon jedoch ein Haus in der Nähe des Parkes. Siehe Matthias Baltes, »Plato's School, the Academy«, in: *Hermathena* 140 (1993); H. F. Cherniss, *The Riddle of the Early Academy*, Berkeley und Los Angeles 1945; John Dillon, »What Happened to Plato's Garden?«, in: *Hermathena* 134 (1983); John Glucker, *Antiochus and the Late Academy*, Göttingen 1978; S. Dusanic, »Plato's Academy and Timotheus' Policy, 365–359 B.C.«, in: *Chiron* 10 (1980); M.-F. Billot, »Académie«, in: *Dictionnaire des philosophes antiques*, hrsg. von R. Goulet, Paris 1989, und Konrad Gaiser, *Philodems Academica: Die Berichte über Platon und die Alte Akademie in zwei herkulanesischen Papyri*, Stuttgart 1988.

Ebensowenig war wohl auch Ficinos Akademie ein Gebäude, sondern vielmehr eine Wiederbelebung der Philosophierichtung. Siehe J. Hankins, »The Myth of the Platonic Academy of Florence«, in: *Renaissance Quarterly* 44 (1991).

7 Richard Stallman, »The GNU Operating System and the Free Software Movement«, in: DiBona, Ockham und Stone, *Open Sources*, Sebastopol 1999, Anm. S. 59. Für eine Beschreibung anderer Formen von Open-Source-Lizenzen siehe Bruce Perens, »The Open Source Definition«, ebenda. Aktualisierungen unter www.opensource.org/osd.html.

8 Rebecca Gold, *Steve Wozniak: A Wizard Called Woz*, Minneapolis 1994, S. 10.

9 Aristoteles schreibt: »In Hinblick auf den Staatsbürger verbleiben noch einige Schwierigkeiten. Ist etwa in Wahrheit nur der ein Staatsbürger, dem es erlaubt ist, teilzuhaben an der Herrschaft, oder muss man auch die niederen Handwerker als Bürger annehmen? ... Das nämlich ist wahr, dass nicht alle als Staatsbürger anzusehen sind, ohne die es keinen Staat geben könnte. ... Der beste Staat aber wird nicht einen niederen Handwerker zum Staatsbürger machen« (*Politik*, 1277b–78a).

10 Eric Raymond, »Homesteading the Noosphere«, 1998, S. 100.

11 Brand, *Media Lab*, S. 57.

12 *The Importance of Living*, S. 158. Er fügt hinzu: »Die Gefahr besteht darin, dass wir überzivilisiert werden und an einen Punkt kommen oder tatsächlich bereits gekommen sind, an dem die Arbeit der Nahrungssuche so mühsam ist, dass wir den Appetit bei der Beschaffung verlieren.«

13 Owen Linzmayer, *Apple Confidential*, San Francisco 1999, S. 37–40.

14 Wolfson und Leyba, »Humble Hero«.

15 Karen Southwick, *High Noon: The Inside Story of Scott McNealy and the Rise of SUN Microsystems*, New York 1999, S. 16. Zur Geschichte der Unternehmensgründung siehe Kapitel 1.

16 Paul Ceruzzi, *A History of Modern Computing*, Cambridge (Mass.) 2000, Kap. 7. Zu den ersten Sprachen von Microsoft gehören BASIC (1975), FORTRAN (1977) und COBOL-80 (1978). Betrachtet man die Angriffe von Microsoft gegen Unix-ähnliche Betriebssysteme (ein aktueller Fall sind die Angriffe gegen Linux in internen Memoranden, die an die Öffentlichkeit gelangten: Vinod Valloppillil, *Open Source Software*, 1998; Vinod Valloppillil und Josh Cohen, *Linux OS Competitive Analysis*, 1998), birgt es schon eine gewisse Ironie, dass das erste Betriebssystem von Microsoft ebenfalls eine Version der von Hackern bevorzugten Unix-Familie war, nämlich XENIX (»Microsoft Timeline«).

17 Gates, *The New York Syndicate*.

18 Die Geschichte von Red Hat wird beschrieben von Robert Young und Wendy Goldman Rohm, *Der Red Hat Coup: Wie die open-source-Bewegung und Red Hat die Softwareindustrie revolutionieren – und Microsoft überrumpeln*, Bonn 2000.

19 Richard Stallman, »The Free Software Song«.

20 »What Is Free Software?« (1996). Andere seriöse Abhandlungen des Themas sind »The GNU Manifesto« (1985) und »The GNU Operating System and the Free Software Movement« (1999).

21 Das ist der Unterschied zwischen denen, die Stallmans *free Software* bevorzugen, und jenen, die *open source* bevorzugen. Einer der Gründe für den neuen Begriff, den Chris Peterson beim Treffen einiger führender Hacker in Palo Alto im Februar 1998 vorschlug, war der, weniger ideologisch zu sein. Die beiden bekanntesten Befürworter des neuen Begriffs sind Bruce Perens und Eric Raymond, die opensource.org gründeten, um die Idee zu verbreiten. Vgl. opensource.org, »History of the Open Source Initiative«. Siehe auch Donald Rosenberg, *Open Source: The Unauthorized White Papers*, Foster City 2000, und Peter Wayner, *Kostenlos und überlegen! Wie Linux und andere freie Software Microsoft das Fürchten lehren*, Stuttgart und München 2001.

22 Peter Anthony, *The Ideology of Work*, London 1977, S. 92.

Kapitel 4: Die Akademie und das Kloster

1 Max Weber, *Die protestantische Ethik*, S. 24.

2 *The Jargon File*, siehe unter *hacker ethic*.

3 Zur frühen Geschichte siehe Linus Torvalds, »Re: Writing an OS« (1992) und »Birthday« (1992).

4 Siehe Andrew Tanenbaum, *Betriebssysteme: Entwurf und Realisierung*, München 1990.

5 Torvalds, »What Would You Like to See Most in Minix?« (1991).

6 Torvalds, »Birthday« (1992).

7 Am 5. Oktober 1991 fragte Torvalds in einer Nachricht: »Sehnt ihr euch nach den schönen Tagen von minix-1.1, als ein Mann noch ein Mann war und seine eigenen Einheitentreiber schrieb?« Torvalds, »Free Minix-like Kernel Source for 386-AT« (1991).

8 Einen umfassenderen Überblick über die Beiträge zum Linux-Projekt bieten Torvalds in »Credits« sowie Bert Dempsey, Debra Weiss, Paul Jones und Jane Greenberg, *A Quantitative Profile of a Community of Open Source Linux Developers*, Chapel Hill 1999.

9 Die erste Diskussion fand in der Newsgroup comp.os.minix statt. Linux 0.0.1 stand im September 1991 auf dem finnischen Server nic.funet.fi im Verzeichnis /pub/OS/Linux zur Verfügung. Heute lädt Torvalds die neueste Version des Kernel auf ftp.kernel.org/pub/linux/kernel. Es gibt unzählige Mailing-Listen, Newsgroups und Webseiten, die sich mit Linux befassen.

10 Raymond schreibt: Die wichtigste Eigenschaft von Linux war jedoch nicht technischer, sondern soziologischer Natur. Bis zur Entwicklung von Linux dachte man, dass die Entwicklung von Software, die so komplex war wie ein Betriebssystem, sorgfältig koordiniert werden und in einer relativ kleinen, eng verbundenen Gruppe erfolgen müsse. Dieses Modell war und ist typisch für kommerzielle Software und für die großen kostenlosen Kathedralen, die von der Free Software Foundation in den 80er Jahren gebaut wurden – und auch für die kostenlosen BSD/netBSD/OpenBSD-Projekte, die sich aus Jolitzes' ursprünglichem 386BSD-Port entwickelten.

Linux entstand auf völlig andere Weise. Fast von Anfang an wurde es zwanglos von zahlreichen Freiwilligen entwickelt, die sich nur über das Internet miteinander abstimmten. Qualität wurde nicht durch strenge Standards oder Autokratie gewährleistet, sondern durch die naiv einfache Strategie, die Arbeit jede Woche zu veröffentlichen und nach wenigen Tagen Feedback von Hunderten von Nutzern zu erhalten, was eine Art rapider darwinistischer Auswahl bei den von den Entwicklern eingeführten Variationen zur Folge hatte (»The Cathedral and the Bazaar«, 1999, S. 23–24).

11 Siehe Robert K. Merton, »Die normative Struktur der Wissenschaft«.

12 Im Grunde sind sämtliche sokratische Dialoge von Platon Beispiele für den kritischen Dialog; Sokrates macht darin oft Bemerkungen über das Bedürfnis nach kritischem Dialog. So sagt er zum Beispiel in *Kriton*: »Untersuchen wir die Frage gemeinsam, lieber Freund, und wenn du

Einwände zu meiner Rede hast, bring sie vor, ich werde dir zuhören«
(48e). In *Phaidon* reizt er seinen Gesprächspartner, ihn zu kritisieren, indem er ihn fragt. »Denkst du, meinem Argument fehlt etwas?« Und in
Euthydemos bemerkt er ähnlich: »Nichts wäre mir lieber, als dass man
mich in diesen Punkten widerlegte« (295a). In *Theaitetos* und *Kleitophon*
erklärt Sokrates, warum Kritik immer vorteilhaft ist: »Machen wir es so,
so werden wir eins von beiden, entweder das finden, worauf wir aus-
gehn, oder nicht so sehr glauben, dasjenige zu wissen, was wir keinesweges wissen. Und auch ein solcher Preis wäre schon nicht zu ver-
schmähen« (187b–c). Und weiter: »Denn offenbar, wenn ich erfahre,
worin ich schlechter bin und worin besser, werde ich das eine üben und
ihm nachtrachten, und das andere vermeiden aus allen Kräften« (407a).
Aus diesem Grund sollte man seine Kritik in der akademischen Diskussion offen äußern und nicht versuchen, jemandem zu schmeicheln
(vgl. *Euthyphron*, 14e; *Protagoras*, 319b, 336e; *Politeia*, 336e).

13 William Whewell, der im 19. Jahrhundert den englischen Begriff *Scien-
tist* (Wissenschaftler) prägte, meinte damit tatsächlich jemanden, der
an einem derartigen sich selbst korrigierenden Prozess teilnahm.

14 Laut Kuhn sind Paradigmata »allgemein anerkannte wissenschaftliche
Leistungen, die für eine gewisse Zeit einer Gemeinschaft von Fachleu-
ten maßgebende Probleme und Lösungen liefern« (*Die Struktur wissenschaftlicher Revolutionen*, [Frankfurt am Main 1969], S. 10).

15 Basilius, *Regula*, 48.

16 Torvalds' Beschreibung seiner ersten Programmierexperimente, darunter ein Untersee-Spiel, finden sich bei Learmonth, »Giving It All Away«,
in: *MetroActive*, 8.–14. Mai 1997. Auch Wozniak begann in der vierten
Klasse, sich für Technik zu interessieren, und in der sechsten baute er einen Computer, der Tic-Tac-Toe spielte. Wozniak schildert, wie der Lernprozess bei ihm weiterging: »Ich eignete mir alles selbst an; ich belegte
nicht einmal einen Kurs, kaufte mir nie ein Buch darüber« (Wolfson
und Leyba, »Humble Hero«). In einem anderen Zusammenhang meinte er: »Es ist viel wichtiger, einen Schüler zu motivieren, sodass er etwas
lernen will, als etwas einfach nur zu lehren und zu erwarten, dass es aufgenommen wird« (Tech, »An Interview with Steve Wozniak«, 1998).

17 Torvalds, »Re:Writing an OS« (1992).

18 Siehe Platon, *Minos*, 319e.

19 Platon beschreibt die Vorstellung der Hebammenkunst in den Worten
von Sokrates, dem er in einem seiner Dialoge die Worte in den Mund
legt: Ja auch hierin geht es mir eben wie den Hebammen, ich gebäre
nichts von Weisheit, und was mir bereits viele vorgeworfen, dass ich
Andere zwar frage, selbst aber nichts über irgend etwas antworte, weil
ich nämlich nichts Kluges wüsste zu antworten, darin haben sie Recht.

Die Ursache davon aber ist diese, Geburtshilfe leisten nötiget mich der Gott, erzeugen aber hat er mir gewehrt. Daher bin ich selbst keinesweges etwa weise, habe auch nichts dergleichen aufzuzeigen als Ausgeburt meiner eigenen Seele. Die aber mit mir umgehn, zeigen sich zuerst zwar zum Teil gar sehr ungelehrig; hernach aber bei fortgesetztem Umgange alle, denen es der Gott vergönnt, wunderbar schnell fortschreitend, wie es ihnen selbst und andern scheint; und dieses offenbar ohne jemals irgend etwas etwa von mir gelernt zu haben, sondern nur selbst aus sich selbst entdecken sie viel Schönes, und halten es fest (Platon, *Theaitetos*, 150c–d.).

Plutarch fasst zusammen: Sokrates lehrte nicht, sondern er weckte und beschleunigte die Gedanken junger Männer und half ihnen, ihre angeborenen Vorstellungen zu gebären, indem er bei ihnen Verblüffung auslöste, als ob er die Wehen einleitete; deshalb war seine Bezeichnung dafür Hebammenkunst, denn er pflanzte nicht, wie andere es vorgeben zu tun, Verständnis ein, wo keines zu finden war. Stattdessen zeigte er, dass es ihnen selbst angeboren, aber noch unentwickelt und verwirrt ist und Nahrung und Stabilisierung braucht (*Moralphilosophische Schriften*, 1000e).

Der sokratischen Idee zufolge ist es der Zweck des Lehrens, jemandem beizubringen, wie man lernt, damit er Fragen stellen kann. Voraussetzung dafür ist die Verwunderung. In dem Dialog *Menon* beschreibt der Titelheld den Lerneffekt der sokratischen Methode: Ach, Sokrates, schon bevor ich dich traf, habe ich gehört, dass du selbst nie weiterweißt und so bewirkst, dass auch die anderen nicht mehr weiterwissen. Genauso kommst du mir jetzt vor: Du behext mich, gibst mir Zaubermittel und sagst deine Sprüche, dass ich überhaupt nicht mehr weiterweiß. Wenn ich mir mal einen Scherz erlauben darf: Ich finde, du bist in jeder Hinsicht, äußerlich und auch sonst, wie ein Zitterrochen, dieser platte Meeresfisch. Jedes Mal, wenn sich ihm einer nähert und ihn berührt, betäubt er ihn, und ich finde, du hast so etwas mit mir gemacht. Ich bin nämlich wirklich an Mund und Seele betäubt und weiß nicht, was ich dir antworten soll (80a–b).

Dieser Zustand der Verwirrung ist letztendlich jedoch sehr gut, wie Sokrates erklärt:

Sokrates: Indem wir ihn in die Lage trieben, nicht weiterzuwissen, und ihn wie der Zitterrochen betäubten, haben wir ihm dadurch wohl geschadet?

Menon: Das glaube ich nicht.

Sokrates: Wir haben statt dessen etwas gemacht, was ihm zustatten kommt, wenn er herausfinden will, wie es sich wirklich verhält. Denn jetzt möchte er wirklich gerne die Antwort suchen, die er nicht weiß, vorher glaubte er nur, sich mit Leichtigkeit vor vielen Leuten und bei vielen Gelegenheiten gut darüber auslassen zu können, dass das doppelt so große Quadrat auch die doppelt so lange Seitenlänge hat.

Menon: Es sieht so aus.

Sokrates: Glaubst du, dass er vorher, bevor er in diese Lage geriet, nämlich sich für nichtwissend hielt und nach Wissen sehnte, dass er sich also vorher bemüht hätte, die Suche darauf zu richten und das zu lernen, was er doch glaubte zu wissen, obwohl er es doch nicht wusste? (84a–c; siehe auch *Alkibiades*, 106d.).

20 Der Grund für die Bezeichnung »Ehestifter« liegt darin, dass der sokratische Lehrer die Aufgabe hatte, Menschen zusammenzubringen, die gemeinsam gebären (Xenophon, *Symposion*, 3). Sokrates beschrieb diese Methode folgendermaßen: »Bisweilen ... bin ich ein bereitwilliger Freiwerber, und mit Gott sei es gesprochen, ich treffe es zur Genüge, wessen Umgang ihnen vorteilhaft sein wird, wie ich denn ihrer schon viele dem Prodikos ausgetan habe. Viele auch andern weisen und gottbegabten Männern.« (Platon, *Theaitetos*, 151b.) Vgl. folgende Stelle: »Jemand fragte Aristippus [einen Schüler von Sokrates], wie Sokrates ihm geholfen habe. Er antwortete: ›Er ermöglichte es mir, dass ich für mich selbst befriedigende Mitstudenten der Philosophie fand‹.« (Philodemus, *Rhetorik*, 1, 342.13.)

21 Die dritte Metapher für die Akademie war die des Lehrers als Zeremonienmeister *(symposiarchos)* bei Banketten. Diese fanden abends statt und waren in Verbindung mit den Dialogen am Tag eine wichtige Lernerfahrung. Der Zweck dieser Bankette war durchaus ernst und intellektuell ehrgeizig – zum Beispiel die Diskussion eines gewichtigen philosophischen Themas –, gleichzeitig waren sie jedoch auch beeindruckende Erfahrungen. (Zwei Beschreibungen sind die *symposia* von Platon und Xenophon.)

Der Symposiarch war in zweierlei Hinsicht für den Erfolg der Bankette verantwortlich: Zum einen sorgte er von seiner erhöhten Position aus dafür, dass die intellektuellen Ziele der Dialoge erreicht wurden; zum anderen achtete er darauf, dass keiner der Teilnehmer zu steif blieb. Dafür standen ihm zwei Mittel zur Verfügung: Erstens konnte er den besonders steifen Teilnehmern befehlen, mehr Wein zu trinken. Wenn das nicht funktionierte, konnte der Symposiarch anordnen, dass der Betreffende sich auszog und tanzte! Der Symposiarch verwendete jedes Mittel, das als Katalysator nötig war, um leidenschaftliche Beiträge hervorzubringen (siehe Platon, *Symposion*, 2133–14a.).

22 Platon, Politeia, VII,536e.

23 *Die Benediktusregel*, Kap. 6.

24 Allmählich gewinnen diese Themen mehr Raum in der Pädagogik. Es

besteht wieder Interesse am kooperativen Lernen, das von Vygotskys »Zone der unmittelbaren Entwicklung« inspiriert ist. Vygotsky betont, dass die potenzielle Fähigkeit einer Person größer ist, wenn sie mit einer erfahreneren Person zusammenarbeitet, als in der Isolation (*Mind in Society*, Cambridge/Mass. 1978). Wenn Lernende selbst Fragen formulieren und zusammenarbeiten, können sie auch voneinander lernen – sie können von der Tatsache profitieren, dass es immer einige gibt, die schon weiter fortgeschritten sind. Daher halten es Jean Lave und Etienne Werner für wichtig, dass Lernende und Forschende miteinander im Dialog stehen. Sie sprechen von der »legitimen peripheren Beteiligung« eines Novizen an der Expertenkultur (*Situated Learning: Legitimate Peripheral Participation*, Cambridge 1991). Die vorsichtige Formulierung lässt ahnen, was die meisten Universitätsprofessoren von dieser Idee halten.

Kapitel 5: Von der Netikette zur Nethik

1 Die beste Darstellung der Netikette der Hacker-Gemeinde findet sich in den »Netiquette Guidelines« der Internet Engineering Task Force (RFC 1855), obwohl darin betont wird, man verfolge nicht den Zweck »in irgendeiner Weise einen Internet-Standard vorzuschreiben«. Eine weitere wichtige Darstellung der Netikette ist der Entwurf von Vint Cerf, »Guidelines for Conduct on and Use of Internet« (1994).

2 Zur Geschichte der EFF siehe Mitchell Kapor und John Perry Barlow, »Across the Electronic Frontier« (1990) sowie John Perry Barlow, »A Not Terribly Brief History of the Electronic Frontier Foundation« (1990).

3 Barlows berühmteste Verwendung des Begriffs findet sich in »A Declaration of the Independence of Cyberspace« (1996).

4 Siehe Paul Ceruzzi, *History of Modern Computing*, Cambridge/Mass. 2000, Kap. 8–9.

5 David Gans und Ken Goffman, »Mitch Kapor and John Barlow Interview«, in: *Wired*, August 1990.

6 Electronic Frontier Foundation, »About EFF«.

7 Das Projekt wird beschrieben in Electronic Frontier Foundation, *Cracking DES: Secrets of Encryption Research, Wiretap Politics, and Chip Design* (1998).

8 Die Global Internet Liberty Campaign wurde bei einer Versammlung der Internet Society gegründet. Sie sollte daran arbeiten, »die frühere Zensur der online-Kommunikation zu verbieten« und »zu gewährleisten, dass persönliche Informationen, die zu einem bestimmten Zweck in der GII [Global Information Infrastructure] erzeugt werden, nicht für andere Zwecke verwendet oder ohne Zustimmung der Person preisgegeben werden, und außerdem Personen die Möglichkeit zu geben, dass

sie ihre persönlichen Daten im Internet einsehen und falsche Angaben korrigieren können« (siehe Global Internet Liberty Campaign, »Principles«). Die Organisation verbindet die wichtigsten Organisationen sowohl im Bereich Schutz der freien Meinungsäußerung als auch im Bereich Privatsphäre – z. B. das Center for Democracy and Technology (www.cdt.org), das Digital Freedom Network (www.dfn.org), die Electronic Frontier Foundation (www.eff.org), das Electronic Privacy Information Center (www.epic.org), die Internet Society (www.isoc.org), Privacy International (www.privacy.org/pi) und die XS4ALL Foundation (www.xs4all.net).

Zu den weiteren wichtigen thematischen Allianzen zählen die Internet Free Expression Alliance und die Internet Privacy Coalition.

9 Einen umfassenden Überblick zur freien Meinungsäußerung im Internet geben James Dempsey und Daniel Weitzner, *Regardless of Frontiers: Protecting the Human Right to Freedom of Expression on the Global Internet*; »Freedom of Expression on the Internet«, in: *Human Rights Watch World Report 2000*, New York 2000; und Leonard Sussman, *Censor Dot Gov: The Internet and Press Freedom 2000*, Freedom House 2000.

10 Sussman, Censor Dot Gov, S. 1.

11 Allgemeine Berichte über den Kosovo-Krieg und die Medien bei Free 2000, *Restrictions on the Broadcast Media in FR Yugoslavia*, 1998; Open Society Institute, *Censorship in Serbia*; Human Rights Watch, »Federal Republic of Yugoslavia«, in: *World Report 2000*, New York 2000; Reporters sans frontières, *Federal Republic of Yugoslavia: A State of Repression* und *War in Yugoslavia – Nato's Media Blinders*. Weitere allgemeinere Kommentare zum Krieg im Kosovo mit Hinweisen auf die Informationstechnologie bei Michael Ignatieff, *Virtual War: Kosovo and Beyond*, New York 2000.

12 Vgl. Joseph Saunders, *Deepening Authoritarianism in Serbia: The Purge of the Universities, Human Rights Watch Short Report* 11:2 (1999).

13 Open Society Institute, *Censorship in Serbia*.

14 Die E-Mails wurden online vom National Public Radio als »Letters from Kosovo« veröffentlicht (1999).

15 Human Rights Watch, »Human Rights Defenders« und »Federal Republic of Yugoslavia«, in: *World Report 2000*; Committee to Protect Journalists, *Attacks on the Press in 1999* und Reporters sans frontières, *Federal Republic of Yugoslavia*.

16 *Restrictions on the Broadcast Media*, S. 16–17; XS4All, »The History of XS4ALL«.

17 XS4All, »The History of XS4ALL«.

18 Human Rights Watch, »Federal Republic of Yugoslavia«, in: *World Report 2000*.

19 Witness, *Witness Report 1998–1999.*
20 Witness, »About Witness« und *Witness Report 1998–1999.*
21 Siehe OneWorld, »Internet to Play Major Role in Kosovo Refugee Crisis«, 9. April 1999. Die Site war www.refugjat.org.
22 Persönliches Gespräch mit Präsident Ahtisaaris Assistent Matti Kalliokoski.
23 Siehe zusätzlich zu Dennings Untersuchung Attrition.org, »Clinton and Hackers«, 1999.
24 Einen Überblick über den Schutz der Privatsphäre im Informationszeitalter bieten Lawrence Lessig, *Code and Other Laws of Cyberspace*, New York 1999, Kap. 11, und Andrew Gauntlett, *Net Spies: Who's Watching You on the Web?*, Berkeley 1999.
25 Human Rights Watch, »Freedom of Expression on the Internet«.
26 Vgl. Electronic Privacy Information Center, *Privacy and Human Rights 1999: An International Survey of Privacy Laws and Developments.*
27 *The New Hacker's Dictionary*, 1996, Appendix A, S. 514.
28 Gauntlett, *Net Spies*, S. 110.
29 Eine Übersicht zum Zustand der Regulierung in der Kryptographie in den USA und anderen Ländern bieten Wayne Madsen und David Banisar, *Cryptography and Liberty 2000: An International Survey of Encryption Policy*, Washington 2000, und Bert-Jaap Koops, *Crypto Law Survey.*
30 Eric Hughes, »A Cypherpunk's Manifesto«, 9. März 1993.
31 John Gilmore, »Privacy, Technology, and the Open Society«, Rede am 28. März 1991. Der dritte Mitbegründer der Cypherpunks, Tim May, schrieb ebenfalls ein Manifest, das er bei der Gründungsversammlung der Gruppe vortrug. Vgl. »The Crypto Anarchist Manifesto«, 1992.
32 Penet, »Johan Helsingius closes his Internet Remailer«, 30. August 1996, und Joshua Quittner, »Anonymously Yours – An Interview with Johan Helsingius«, Juni 1994. Eine kurze Geschichte des anonymen Remailers von Helsingius findet sich bei Sabine Helmers, »A Brief History of anon.penet.fi«, in: *Computer-Mediated Communication Magazine* 4:9 (1997).
33 Jean Baudrillard, *Amerika*, München 1987.
34 Ed Andrew, *Closing the Iron Cage: The Scientific Management of Work and Leisure*, Montreal 1999, S. 136.

Kapitel 6: **Der Geist des Informationalismus**
1 Manuel Castells, »Materials for an Exploratory Theory of the Networking Society«, in: *British Journal of Sociology* 51:1 (2000). »Selbstprogrammierbare« Arbeiter entsprechen stark den »symbolisch-analytischen Arbeitern« in Robert Reichs *Die neue Weltwirtschaft*, Frankfurt am Main 1991, Kap. 14. Die empirischen Daten zum Anstieg dieser Form

der flexiblen Arbeit stammen von Martin Carnoy, *Sustaining the New Economy,* Cambridge (Mass.) 2000, Schaubilder 3.1–4. Siehe auch die Untersuchung der Arbeitsbedingungen in Kalifornien – das als geographisches Zentrum der Entwicklung der Informationstechnologie oft Trends ankündigt, die sich später auch an anderen Orten beobachten lassen – von der University of California, San Francisco, und dem Field Institute: Demnach sind zwei Drittel der kalifornischen Werktätigen »Flexarbeiter«. Wenn wir den Begriff der traditionellen Arbeiter dahingehend eingrenzen, dass als Arbeiter im herkömmlichen Sinne nur gilt, wer drei Jahre oder länger in seinem Beruf bleibt, steigt die Zahl der Flexarbeiter auf 78 Prozent (*The 1999 California Work and Health Survey,* 1999).

2 In seinen *Grundsätzen wissenschaftlicher Betriebsführung* beschrieb Taylor 1911 die Methode zur Optimierung der Bewegungen bei Arbeitern folgendermaßen:
Erstens: Man suche 10 oder 15 Leute (am besten aus ebensoviel verschiedenen Fabriken und Teilen des Landes), die in der speziellen Arbeit, die analysiert werden soll, besonders gewandt sind.
Zweitens: Man studiere die genaue Reihenfolge der grundlegenden Operationen, welche jeder einzelne dieser Leute immer wieder ausführt, wenn er die fragliche Arbeit verrichtet, ebenso die Werkzeuge, die jeder einzelne benutzt.
Drittens: Man messe mit der Stoppuhr die Zeit, welche zu jeder dieser Einzeloperationen nötig ist, und suche dann die schnellste Art und Weise herauszufinden, auf die sie sich ausführen lässt.
Viertens: Man schalte alle falschen, zeitraubenden und nutzlosen Bewegungen aus.
Fünftens: Nach Beseitigung aller unnötigen Bewegungen stelle man die schnellsten und besten Bewegungen, ebenso die besten Arbeitsgeräte tabellarisch in Serien geordnet zusammen (Frederick W. Taylor, *Die Grundsätze wissenschaftlicher Betriebsführung,* Weinheim 1977, S. 125f.).

3 Anthony Robbins, *Das Robbins Power Prinzip,* München 1993, S. 296.

4 Franklin, *Lebenserinnerungen,* S. 142.

5 Evagrius, 1, bei Ward, *The Sayings of the Desert Fathers.* Der gesamte Absatz lautet: Bedenke das furchtbare und schreckliche Urteil. Berücksichtige das Schicksal, das Sündern vorbehalten ist, ihre Schande vor dem Angesicht Gottes, der Engel und Erzengel und aller Menschen, das heißt, die Strafen, das Fegefeuer, unermüdliches Ungeziefer, Dunkelheit, Zähneknirschen, Angst und Flehen. Bedenke auch die Wohltaten, die den Gerechten erwarten: Zuversicht vor dem Angesicht Gottes und seines Sohnes, der Engel und Erzengel und aller Heiligen, das himmlische Königreich und die Gaben dieser Stätte, Freude und Glückseligkeit.

Behalte die Erinnerung an diese beiden Wirklichkeiten im Sinn. Weine über die Bestrafung der Sünder, quäle dich mit der Angst, dass auch du diese Schmerzen spüren wirst. Aber jauchze und juble über das Schicksal der Gerechten. Bemühe dich, diese Freuden zu erlangen, und bleibe den Schmerzen fremd. Ob in deiner Zelle oder draußen, sorge dafür, dass dich die Erinnerung daran nie verlässt, damit du dank ihrer schließlich dem Übel und schädlichen Gedanken fliehen kannst.

Vergleichen Sie dies mit Robbins: »Erfolg stellt sich ein, wenn man sich etwas lebhaft vorstellt, so als ob man die Erfahrung tatsächlich gemacht hätte« (*Das Robbins Power Prinzip*, S. 88.). Und: »In zehn Jahren werden Sie sicher ankommen. Die Frage ist: Wo? Was wird aus Ihnen geworden sein? Wie werden Sie leben?« (S. 38.)

6 Robbins, *Das Robbins Power Prinzip*, S. 38.

7 Franklin, *Lebenserinnerungen*, S. 125, S. 123.

8 Dorotheus, *Didaskaliai*, 104.1–3.

9 Athanasius, *Vita Antonii*, Abschnitt 55. Vergleichen Sie dies mit Robbins, der sagt: »Die beste Strategie besteht fast immer darin, sich ein Vorbild zu suchen, jemand, der bereits die Ergebnisse erzielt, die Sie erreichen wollen, und sich dann einfach an dessen Wissen zu orientieren. Lernen Sie, was Ihr Vorbild tat, woran es glaubte und wie es dachte« (*Das Robbins Power Prinzip*, S. 32.).

10 Siehe vor allem Pierre Hadots Aufsätze »Spiritual Exercises« und »Ancient Spiritual Exercises and ›Christian Philosophy‹«, in: *Philosophy as a Way of Life: Spiritual Exercises from Socrates to Foucault*, Oxford 1995.

11 Robbins, *Das Robbins Power Prinzip*, Kap. 12.

12 Ebenda, S. 53.

13 Franklin, *Lebenserinnerungen*, S. 123.

14 Athanasius, *Vita Antonii*, Abschnitt 67.

15 Robbins, *Das Robbins Power Prinzip*, S. 234f.

16 Franklin, *Lebenserinnerungen*, S. 124.

17 Cassian, *De Institutis coenobiorum*, 9.4, 9.3.

18 Robbins, *Das Robbins Power Prinzip*, S. 53.

19 Weber, *Die protestantische Ethik*, S. 15. Vgl. Franklin, *Lebenserinnerungen*, S. 118.

20 Cassian, *De Institutis coenobiorum*, 10.6.

21 Robbins, *Das Robbins Power Prinzip*, S. 318. Vgl. auch die Listen der vordringlichsten Ziele S. 299–302 und S. 317–323.

22 Ebenda, S. 494ff. Hier bezieht sich Robbins ausdrücklich auf Franklins System der Buchhaltung.

23 Franklin, *Lebenserinnerungen*, S. 97.

24 Ebenda, S. 125.

25 Ebenda, S. 126.

26 Dorotheus, *Didaskaliai*, 111.13, 117.7.
27 Castells, *Information Age*, Bd. 1, S. 199.
28 Ebenda, Bd. 3.
29 Weber, *Die protestantische Ethik*, S. 14f.
30 *Stabilitätspakt für Südosteuropa*, 1999.
31 Robbins, *Das Robbins Power Prinzip*, S. 193.
32 Ebenda, S. 33.
33 Internet Society, »Internet Society Guiding Principles«.
34 Nua, *Internet Survey: How Many Online*, September 2000. Demzufolge sind weltweit rund 380 Millionen Menschen online, davon etwa 160 Millionen in den USA und Kanada.
35 Mehr dazu auf der Webseite von NetDay unter www.netday.org.
36 Stewart Brand, *Das Ticken des langen Jetzt*, Frankfurt am Main 2000, S. 8.
37 Danny Hillis, »The Millenium Clock«, in: Wired 1995.
38 The Mitchell Kapor Foundation, »The Mitchell Kapor Foundation Environmental Health Programm«.
39 Linton Weeks, »Sandy Lerner, Network of One«, in: *The Washington Post*, 25. März 1998.

Kapitel 7: Ruhetag
1 Zitiert bei Levy, *Hackers*, S. 236.
2 Diese Frage stellt Augustinus immer wieder. Siehe *Predigten zum Buch Genesis*, 1.2; *Bekenntnisse*, 11.13, 12 und *Der Gottesstaat*, 11.5. Augustinus' eigene Antwort lautet, dass man von der Zeit vor der Schöpfung nicht sprechen kann, weil die Schöpfung vor der Zeit und dem Raum stattfand, die ebenfalls erst geschaffen wurden.
3 John Milton, *Das verlorene Paradies*, 1667.
4 Schneider, *The Other Life*, New York 1920, S. 297.
5 Als Dante in der *Göttlichen Komödie* in die Hölle hinabsteigt, begegnet er im ersten Höllenkreis Sokrates, Platon und anderen heidnischen Dichtern und Weisen, die dort ihre Dialoge fortsetzen (Vierter Gesang).
6 Genesis 1.2–4.

Anhang: Eine kurze Geschichte der Computer-Hacker
1 *The Gospel According to Tux*. – Der »Blue Screen of Death« ist der Schrecken aller Windows-Anwender: Statt einer Fehlermeldung erscheint ein blauer Bildschirm, danach stürzt der Rechner ab.
2 Ein Fall von Hacker-Humor: Die Abkürzung GNU für das Vorhaben, ein unix-ähnliches Betriebssystem und Software zu entwickeln, steht für den Satz »GNU ist Nicht Unix«. Stallman reagierte damit auf die Geheimhaltung des Quellcodes bei Software, wie sie sich beispielsweise in der Entscheidung von AT&T zeigt, Unix zu kommerzialisieren (das in

den Labors von Bell entwickelt wurde). Am 27. Oktober 1983 schickte Stallman eine Nachricht an die Newsgroups net.unix-wizards und net. usoft: Befreit Unix! Beginnend mit Thanksgiving werde ich ein komplettes unix-kompatibles Softwaresystem namens GNU (= GNU ist Nicht Unix) entwickeln und es kostenlos an jeden weitergeben, der dafür Verwendung findet. Beiträge in Form von Zeit, Geld, Programmen und Ausrüstung werden dringend benötigt.

Etwas später erweiterte Stallman seine ursprüngliche Nachricht zu einer Prinzipienerklärung der Hacker: »The GNU Manifesto« (1985). Stallman sieht in GNU den geistigen Nachfolger des Open-Source-Betriebssystems, das von MIT-Hackern bereits Ende der 60er Jahre entwickelt wurde: IST (Incompatible Time-sharing System). Die bekanntesten Entwicklungen des GNU-Projekts sind emacs, ein Editor, den viele Hacker bevorzugen, und gcc, ein Translator der Programmiersprache C, der von Linux-Hackern verwendet wird.

Mehr über die Geschichte von GNU findet sich bei Stallman, »The GNU Operating System and the Free Software Movement«, in: DiBona, Ockman und Stone (Hgg.), *Open Sources*, Sebastopol 1999; zu ITS siehe Levy, *Hackers*, S. 123–128.

3 Das BSD-Projekt begann in enger Zusammenarbeit mit den Unix-Designern der Bell Laboratories. Als AT&T zu Beginn der 80er Jahre beschloss, das Betriebssystem zu kommerzialisieren, wurde BSD zum Zentrum der Unix-Entwicklung durch Hacker. In den 90er Jahren entwickelte sich BSD entlang von drei Hauptlinien: NetBSD, FreeBSD und OpenBSD. Einzelheiten bei Marshall McKusick, »Twenty Years of Berkeley Unix: From AT&T-Owned to Freely Redistributable«, in: DiBona, Ockman und Stone, *Open Sources,* Sebastopol 1999.

4 Während Thompson Unix auf den Weg brachte, arbeitete er von Anfang an eng mit Dennis Ritchie zusammen, der die Programmiersprache C entwickelte. Die Geschichten von C und Unix sind daher eng miteinander verknüpft. Einzelheiten zur Geschichte von Unix bei Dennis Ritchie, »The Evolution of the UNIX Time-Sharing System«, in: *AT&T Bell Laboratories Technical Journal* 63:8 (1984) und »Turing Award Lecture: Reflections on Software Research«, in: *Communications of the ACM* 27:8 (1984). Siehe auch Salus, *A Quarter Century of Unix*, Reading 1994.

5 So hört man zum Beispiel oft die Behauptung, das Ziel des Arpanets sei der Bau eines Netzwerks gewesen, das einem Atomangriff standhalten könnte. In dem Aufsatz »A Brief History of the Internet« (2000) bezeichnen die Hauptbeteiligten bei der Entwicklung des Netzes (Vinton Cerf, Bob Kahn u. a.) diese weit verbreitete Ansicht als »falsches Gerücht«. Die wahren Ursprünge des Netzes waren eindeutig praktischer Natur. Der Projektleiter Lawrence Roberts, ein Akademiker, der vom

MIT zu ARPA gewechselt war, stellte sich ein Netz als ein Mittel vor, mit dem man die Zusammenarbeit unter Informatikern fördern konnte: »In bestimmten Bereichen wird es möglich sein, eine ›kritische Masse‹ an Talent zu erreichen, indem man geographisch voneinander getrennte Menschen in Interaktion mit einem System effektiv zusammenarbeiten lässt« (Roberts, »Multiple Computer Networks and Intercomputer Communication«, Protokolle des ACM-Symposiums zu Prinzipien von Betriebssystemen, Gatlinburg 1967, S. 2).

6 Auf die erste Network Working Group folgte die International Network Working Group (INWG), die 1972 zur Entwicklung der Internet-Standards bei der International Conference on Computer Communications organisiert wurde. Der erste Direktor der Working Group war Cerf. Die INWG besaß keine formale Autorität, entwickelte aber praktisch die wichtigsten Standards des Internets und legte diese fest (zusammen mit Bob Kahn spielte Cerf eine wesentliche Rolle bei der Entwicklung der Internet-Protokolle, der TCP/IP (Transmission Control Protocol/Internet Protocol), die definieren, wie Informationen im Netz übermittelt werden.

Schließlich zog sich ARPA Anfang der 80er Jahre vom Internet zurück. Danach waren Hacker in zunehmendem Maße die treibenden Kräfte bei der Entwicklung des Netzes. Der Nachfolger der INWG, die Internet Engineering Task Force (IETF), wurde im Jahr 1986 gegründet und steht jedem offen. Tatsächlich kann man »Mitglied« der Gruppe werden, wenn man an ihren offenen Diskussionen im Internet oder an Treffen teilnimmt. Scott Bradner, einer der führenden Experten zur Infrastruktur des Internets, fasst die Rolle dieser offenen Gruppe folgendermaßen zusammen: »Abgesehen vom TCP/IP selbst wurde die gesamte Technologie des Internets von der IETF entwickelt oder verbessert« (»The Internet Engineering Task Force«, in: DiBona, Ockham und Stone, *Open Sources*, S. 47; mehr zur IETF in Bradners Artikel, Internet Engineering Task Force, »The Tao of IETF« und Cerf, »IETF and ISOC«; eine kurze Beschreibung der Internet Society in ihrem »All About the Internet Society«).

Wenn man den Erfolg des Entwicklungsmodells für das Internet betrachtet, sollte man nicht vergessen, dass TCP/IP damals nicht der einzige Vorschlag für ein »Netzwerk der Netzwerke« war. Die beiden größten Standardisierungsorganisationen, CCITT und OSI, hatten eigene offizielle Standards (X.25 und ISO). Nach Abbates Recherchen zu schließen, war einer der Hauptgründe für das Scheitern der Protokolle der traditionellen Standardisierungsorganisationen ihre wesentlich geschlossenere Natur (Janet Abbate, *Inventing the Internet*, Cambridge [Mass.] 1999, Kap. 5).

7　Abbate, *Inventing the Internet*, S. 127.

8　Berners-Lee, *Der Web-Report*, S. 181. Berners-Lee war keineswegs der Erste, der von einem globalen Hypertext träumte. Der bekannteste visionäre Verfechter dieser Idee ist Ted Nelson, der Erfinder des Begriffs *Hypertext*. In seiner bekanntesten Arbeit zu diesem Thema, *Literary Machines*, 1981, erklärt Nelson, dass er wiederum Vannevar Bush viel zu verdanken habe, einem der einflussreichsten Vertreter der amerikanischen Informatik. Bereits in den 40er Jahren hatte Bush die Idee für eine Hypertext-Maschine, die er Memex nannte (»As We May Think«, in: *Atlantic Monthly*, Juli 1945). Douglas Engelbart, der ebenfalls bei der Entwicklung des Internets aktiv war, präsentierte 1968 sein oNLine-System im Rahmen seines Forschungsprojekts Augmenting Human Intellect (Steigerung des menschlichen Intellekts) in San Francisco: Es enthielt bereits viele Elemente, die man heute im Web findet. (Zu Demonstrationszwecken erfand er auch die Maus; vgl. Paul Ceruzzi, *A History of Modern Computing*, Cambridge/Mass. 1998, S. 260; Informationen zu Engelbarts Vision in seinem Artikel »Augmenting Human Intellect: A Conceptual Framework«, Stanford 1962). In den Geisteswissenschaften hat die Idee des Hypertextes natürlich eine noch längere Geschichte (siehe z. B. Landow, *Hypertext v.2.0*, Baltimore 1997). Berners-Lee gibt jedoch an, er habe diese Visionen bei der Entwicklung seiner Vorstellung noch nicht gekannt (S. 17).

Zur Zeit seines Durchbruchs hatte das Web mehrere direkte Konkurrenten, von denen es sich vorteilhaft durch sein soziales Modell unterschied. Bis 1994 war das World Wide Web im Grunde nur eine von vielen Ideen für neue Anwendungsmöglichkeiten des Internets. Zuvor war keineswegs klar, welche dieser Ideen sich durchsetzen und an die Spitze der Entwicklung gelangen würde (ebensowenig war ersichtlich, dass eine der Ideen das Internet erheblich beeinflussen würde). Die größte Konkurrenz zum Web war das Informationssystem Gopher, das die University of Minnesota entwickelte. Gopher erreichte im Frühjahr 1993 einen kritischen Punkt, als beschlossen wurde, Lizenzgebühren dafür zu verlangen. Berners-Lee beschreibt die Folgen: »Dies wurde in der Internetgemeinde und auch an den Universitäten als Verrat betrachtet. Selbst wenn die Universität niemals von irgend jemandem Gebühren erheben würde, hatte sie durch diese Ankündigung [Gebühren für die Benutzung der Gopher-Protokolle zu erheben] eine Grenze überschritten« (S. 114f). Berners-Lee sorgte dafür, dass das CERN die Entwicklung des Web völlig offen gestaltete (S. 116).

9　Berners-Lee, *Der Web-Report*, S. 79.

10　Michael Dertouzos, »Vorwort«, in: *Der Web-Report*, S. 9. Eines der Hauptziele des World Wide Web Consortium (W3C) ist es zu gewährleisten, dass die wichtigsten Protokolle des Web (HTTP/URL, HyperText Transfer Protocol/Uniform Resource Locator, und HTML, HyperText Markup Language) frei verfügbar bleiben. Die Protokolle definieren, wie Webseiten im Web übermittelt und wie ihre Inhalte als Syntax ausgedrückt werden. Mehr Informationen bei »About the World Wide Web Consortium«.

11 Mehr zu Andreessens Rolle bei der Entwicklung des Web bei Robert H. Reid, *Architects of the Web: 1000 Days That Built the Future of Business*, New York 1997, Kap. 1; John Naughton, *A Brief History of the Future: The Origins of the Internet*, London 1999, Kap. 15; Berners-Lee, *Der Web-Report*, Kap. 6. Andreessen gründete später Netscape zusammen mit Jim Clark, der damals vor allem als Gründer von Silicon Graphics bekannt war (vgl. Clark, *Netscape Time*, New York 1999). Netscape gab den Quellcode nicht mehr frei, was vielleicht sein folgenreichster Fehler bei der verlorenen Schlacht gegen den Internet Explorer von Microsoft war (es gab jedoch auch Einschränkungen für die Freigabe des Quellcodes von Mosaic, die durch die »Procedures for Licensing NCSA Mosaic« [1995] geschaffen worden waren). Netscape veröffentlichte seinen Browser (den Mozzilla) 1998 erneut als Open Source Code, doch bislang ist ungewiss, ob dieser Schritt noch hilft, da der Browser bereits derartig umfangreich und kompliziert ist, dass es für andere sehr schwierig ist, sich hineinzufinden (vgl. »Mozilla.org: Our Mission«, 2000; Hamerly, Paquin und Walton, »Freeing the Source: The Story of Mozilla«, in: DiBona, Ockham und Stone, *Open Source*; Raymond, »The Revenge of the Hackers«).

Der NCSA Web Server, der von dem Studenten Rob McCool und anderen entwickelt wurde, hatte im Server-Bereich ähnlich explosive Auswirkungen wie Mosaic bei den Usern. (Der Browser der Nutzer ist mit dem Web-Serverprogramm am Server verbunden.) Auch McCool ging zu Netscape. Allerdings wurde dieser Teil des Hacker-Erbes besser bewahrt, da die so genannten Apache Hacker, zu denen etwa der ehemalige Berkeley-Student Brian Behlendorf gehörte, den NCSA-Server von Anfang an als Open Source Code weiterentwickelten.

Keith Porterfield fasst die allgemeine Abhängigkeit des Internets und des Web von Hacker-Erfindungen zusammen, indem er beschreibt, was in der Praxis geschehen würde, wenn die Hacker-Programme von deren technischem Kern abgezogen werden würden (meine kurzen Kommentare zu den Gründen sind in Klammern vermerkt): Über die Hälfte aller Websites im Internet würde verschwinden (weil etwa zwei Drittel der Sites von Hackern unterhalten werden; vgl. Netcraft, The Netcraft Web Server Survey, September 2000). Auch die Usenet-Newsgroups würden verschwinden (weil sie von dem von Hackern geschaffenen INN-Programm getragen werden). Doch das wäre nicht so wichtig, da die E-Mail ohnehin nicht funktionieren würde (weil der E-Mail-Versand meist über das von Hackern entwickelte Programm Sendmail erfolgt). Sie würden »199.201.243.200« anstatt »www.netaction.org« in Ihren Browser eintippen (weil die in Worte gefasste »Adressenliste« des Internet auf das von Hackern entwickelte Programm BIND angewiesen ist).

INN (InterNetNews) wurde von Hackern wie Rich Salz entwickelt (siehe »INN: InterNetNews«). Sendmail wurde ursprünglich 1979 von einem Berkeley-Studenten namens Eric Allman entwickelt (siehe »Sendmail.org«). BIND steht für Berkeley Internet Name Domain und wurde von den Berkeley-Studenten Douglas Terry, Mark Painter, David Riggle und Songnian Zhou entwickelt (siehe »A Brief History of BIND« für weitere wichtige Beteiligte). All diese Hacker-Projekte werden derzeit vom Internet Software Consortium weitergeführt (allerdings erfolgt die Beteiligung an Sendmail indirekt durch die Unterstützung des Sendmail Consortium).

12 Einzelheiten bei Martin Campbell-Kelly und William Aspray, *Computer: A History of the Information Machine*, New York 1996, S. 222–26, und Levy, *Hackers*, Teil 1.

13 Vgl. Stewart Brand, »Fanatic Life and Symbolic Death Among the Computer Bums«, in: *II Cybernetic Frontiers*, New York und Berkeley 1974; Levy, *Hackers*, S. 56–65. Später führte dieses Spiel zur Entstehung der Computerspiel-Industrie (vgl. J. C. Herz, *Joystick Nation*, London 1997, Kap. 1), deren Verkaufszahlen zur Zeit in etwa gleich hoch sind wie die der Filmindustrie in den USA (vgl. Interactive Digital Software Association, *State of the Industry Report*, 1999, S. 3).

14 Ted Nelson, *Computer Lib*, Einleitung zur Ausgabe von 1974, S. 6. Vgl. *The Jargon File*, siehe unter *cybercrud*. Durch ihren Vorgänger People's Computer Company (die trotz ihres Namens kein Wirtschaftsunternehmen, sondern eine gemeinnützige Organisation war) besaß die Gruppe Verbindungen zu anderen Teilen der Gegenkultur der 60er Jahre und bevorzugte das Prinzip »Power to the People«. (Bewegungen, die für die freie Meinungsäußerung, für die Gleichberechtigung von Frauen und Homosexuellen, für die Umwelt und den Tierschutz eintraten, spielten in der Bay Area eine große Rolle.) French und Fred Moore, die Initiatoren des Homebrew Computer Club, waren beide aktiv in der PCC. Sie gaben diese Ankündigung heraus: AMATEUR COMPUTER USERS GROUP HOMEBREW COMPUTER CLUB ... Sie sagen es. Bauen Sie Ihren eigenen Computer? Terminal? TV-Typewriter? I/O-Karte? Oder eine andere digitale magische Black Box? Oder kaufen Sie Zeit bei einem Time-Sharing-Dienst? Wenn ja, möchten Sie vielleicht Menschen mit ähnlichen Interessen treffen? Zum Austausch von Informationen und Ideen, Hilfe bei

der Arbeit an einem Projekt oder was auch immer (Levy, *Hackers,* S. 200).

Der Gründer von PCC, Bob Albrecht, trat für den Einsatz von Computern beim Kampf gegen die Bürokratie ein. Auf dem Titelblatt der ersten Ausgabe des PCC Journals (Oktober 1972) stand zu lesen: »Computer werden überwiegend gegen anstatt für die Menschen eingesetzt. Um sie zu kontrollieren anstatt sie zu BEFREIEN. Höchste Zeit, das zu ändern – wir brauchen eine People's Computer Company« (ebenda, S. 172). Ein Teilnehmer der immer mittwochs stattfindenden Treffen der PCC war Lee Felsenstein, Student an der University of California in Berkeley, der ebenfalls der Bewegung zur freien Meinungsäußerung angehörte und an einer Besetzung eines Universitätsgebäudes durch Studenten im Dezember 1964 beteiligt gewesen war. Felsenstein verfolgte das Ziel, allen Menschen Zugang zum Computer zu bieten. Nach seinem Vorschlag würde damit »ein Kommunikationssystem entstehen, das den Menschen erlaubt, Kontakt auf Grundlage gemeinsamer Interessen aufzunehmen, ohne dabei einer dritten Partei das Urteil zu überlassen« (ebenda, S. 156). Von der PCC-Gruppe wechselten Albrecht und Felsenstein zum Homebrew Computer Club. Felsenstein fungierte später als dessen Diskussionleiter.

15 John Kennedy, »Steve Wozniak: Hacker and Humanitarian«, in: *Hindsights: The Wisdom and Breakthroughs of Remarkable People,* hrsg. von Guy Kawasaki, 1994.

16 Ironischerweise fiel Apple im Wettbewerb hinter IBM zurück, als IBM 1981 den PC auf den Markt brachte, weil Apple nach der Firmengründung im Gegensatz zu IBM (dem alten Feind der Hacker) eine geschlossene Architektur bevorzugte. IBM hingegen entschied sich für eine offene Architektur und hatte damit Erfolg, denn darauf konnten andere aufbauen.

Literatur

Abbate, Janet, *Inventing the Internet*, Cambridge (Mass.) 1999.

Andrew, Ed, *Closing the Iron Cage: The Scientific Management of Work and Leisure*, Montreal 1999.

Anthony, Peter, *The Ideology of Work*, London 1977.

Aristoteles, *Politik: Schriften zur Staatstheorie*, übersetzt und herausgegeben von Franz F. Schwarz, Stuttgart 1998.

Association for Democratic Initiatives, »About the Kosovar refugee Database« (www.refugiat.org/aboutDbase.html).

Athanasius, *Vita Antonii*, übersetzt von Heinrich Przybyla, Graz 1987.

Attrition.org, »Clinton and Hackers«, Juli 1999 (www.attrition.org/errata/art.0109.html).

Augustinus, *Bekenntnisse*, hrsg. von Kurt Flasch und Burkhard Mojsisch, Stuttgart 2000.

— *Der Gottesstaat*, Bibliothek der Kirchenväter, Kempten 1916.

— *Predigten zum Buch Genesis*, hrsg. von Hubertus R. Drobner, Frankfurt am Main 2000.

Baltes, Matthias, »Plato's School, the Academy«, in: *Hermathena* 140 (1993).

Barlow, John Perry, »A Not Terribly Brief History of the Electronic Frontier Foundation«, 1990 (www.eff.org/pub/EFF/history.eff).

— »A Declaration of the Independence of Cyberspace«, Davos 1996 (www.eff.org/~barlow/Declaration-Final.html).

Basilius, *Regula*, Bibliothek der Kirchenväter, Kempten 1914.

Baudrillard, Jean, *Amerika*, München 1987.

Die Benediktusregel, hrsg. von Basilius Steidle, 4. Aufl. Beuron 1980.

Berkeley Internet Name Domain, »A Brief History of BIND« (www.isc.org/products/BIND/bind-history.html).

Berners-Lee, Tim, *Der Web-Report: Der Schöpfer des World Wide Web über das grenzenlose Potential des Internet*, München 1999.

Billot, M.-F., »Académie«, in: *Dictionnaire des philosophes antiques*, hrsg. von R. Goulet, Paris 1989.

Borgman, Christine, *From Gutenberg to the Global Information Infrastructure: Access to Information in the Networked World*, Cambridge (Mass.) 2000.

Bradner, Scott, »The Internet Engineering Task Force«, in: DiBona, Ockham und Stone, *Open Sources*.

Brand, Stewart, *II Cybernetic Frontiers*, New York und Berkeley 1974.

— *Media Lab*, Reinbek bei Hamburg 1990.

— *Das Ticken des langen Jetzt: Zeit und Verantwortung am Beginn des neuen Jahrtausends*, Frankfurt am Main 2000.

Bunnell, David mit Adam Brate, *Die Cisco-Story: Clevere Akquisitionen, Technologievorsprünge, begeisterte Kunden*, Landsberg 2000.

Burton-Jones, Alan, *Knowledge Capitalism: Business, Work, and Learning in the New Economy*, Oxford 1999.

Bush, Vannevar, »As We May Think«, in: *Atlantic Monthly*, Juli 1945.

Cailliau, Robert, »A Little History of the World Wide Web«, in: World Wide Web Consortium, 1995 (www.w3.org/History.html).

Campbell-Kelly, Martin, und William Aspray, *Computer: A History of the Information Machine*, New York 1996.

Capra, Fritjof, *Lebensnetz: Ein neues Verständnis der lebendigen Welt*, München 1996.

Carnoy, Martin, *Sustaining the New Economy: Work, Family, and Community in the Information Age*, Cambridge (Mass.) 2000.

Cassian, *De Institutis coenobiorum et de octo principalium vitiorum remediis*.

— The Twelve Books on the Institutes of Coenobia, in: *Nicene and Post-Nicene Fathers*, 2. Serie, Bd. 11, Peabody 1999.

Castells, Manuel, *The Information Age: Economy, Society and Culture*, Bd. 1: *The Rise of the Network Society*, Malden 1996, 2. Aufl. 2000 (die drei Bände erscheinen ab Herbst 2001 in deutscher Übersetzung).

— *The Information Age: Economy, Society and Culture*, Bd. 2: *The Power of Identity*, Malden 1997.

— *The Information Age: Economy, Society and Culture*, Bd. 3: *End of Millenium*, Malden 1998 (2. Aufl. 2000).

— »Materials for an Exploratory Theory of the Network Society«, in: *British Journal of Sociology* 51:1 (2000).

Castells, Manuel, und Emma Kiselyova, *The Collapse of Soviet Communism: The View from the Information Society*, Berkeley 1995.

Cerf, Vinton, »Guidelines for Conduct on and Use of Internet« (Entwurf), Reston 1994 (www.isoc.org/internet/conduct/cerf-Aug-draft.shtml).

— »IETF and ISOC«, 1995 (www.isoc.org/internet/history/ietfhis.html).

Ceruzzi, Paul, *A History of Modern Computing*, Cambridge (Mass.) 2000.

Cherniss, H. F., *The Riddle of the Early Academy*, Berkeley und Los Angeles 1945.

Clark, Jim mit Owen Edwards, *Netscape Time: The Making of the Billion Dollar Start-Up That Took on Microsoft*, New York 1999.

Committee to Protect Journalists, *Attacks on the Press in 1999: A Worldwide Survey*, New York 2000 (www.cpj.org/attacks99/frameset_att99/frameset_att99.html).

Connick, »… And Then There Was Apple«, in: Call-A.P.P.L.E, Oktober 1986.

Copley, Frank, *Frederick W. Taylor: Father of the Scientific Management*, New York 1923.

Covey, Stephen, *Die sieben Wege zur Effektivität: Ein Konzept zur Meisterung Ihres beruflichen und privaten Lebens*, 10. Aufl. Frankfurt am Main 1999.

Crick, Francis, *The Astonishing Hypothesis*, New York 1994.

Dante Alighieri, *Die Göttliche Komödie*, übersetzt von Hermann Gmelin, Stuttgart 1996.

Davis, Stan, und Christopher Meyer, *Future Wealth*, Boston 2000.

Defoe, Daniel, *Das Leben und die höchst erstaunlichen Abenteuer des Robinson Crusoe*, Stuttgart 1998.

Dell, Michael, *Direkt von Dell: Die Erfolgsstrategie eines Branchenrevolutionärs*, Frankfurt am Main 1999.

Dempsey, Bert, Debra Weiss, Paul Jones und Jane Greenberg, *A Quantitative Profile of a Community of Open Source Linux Developers*, Chapel Hill 1999 (ils.unc.edu/ils.research/reports/TR-1999-05.pdf).

Dempsey, James, und Daniel Weitzner, *Regardless of Frontiers: Protecting the Human Right to Freedom of Expression on the Global Internet*, Global Internet Liberty Campaign (www.gilc.org/speech/report).

Denning, Dorothy, *Activism, Hacktivism, and Cyberterrorism: The Internet as a Tool for Influencing Foreign Policy*, Washington 2000 (www.nautilus.org/info-policy/workshop/papers/denning.html).

DiBona, Chris, Sam Ockman, und Mark Stone (Hgg.), *Open Sources: Voices from the Open Source Revolution*, Sebastopol (Kalif.) 1999 (www.oreilly.com/catalog/opensource/book/netrev.html).

Diffie, Whitfield, und Susan Landau, *Privacy on the Line: The Politics of Wiretapping and Encryption*, Cambridge (Mass.) 1999.

Dillon, John, »What Happened to Plato's Garden?«, in: *Hermathena* 134 (1983).

Dusanic, S., »Plato's Academy and Timotheus' Policy, 365–359 B. C.«, in: *Chiron* 10 (1980).

Electronic Frontier Foundation, *Cracking DES: Secrets of Encryption Research, Wiretap Politics, and Chip Design*, San Francisco 1998.

— »About EFF« (www.eff.org/abouteff.html).

Electronic Privacy Information Center, »Workplace Privacy«, in: *Privacy and Human Rights 2000: An International Survey of Privacy Laws and Developments* (www.privacyinternational.org/survey/phr2000/threats.html#Heading18).

Engelbart, Douglas, »Augmenting Human Intellect: A Conceptual Framework«, Stanford Oktober 1962 (www.histech.rwth-aachen.de/www/quellen/engelbart/AHI62.pdf).

Epiktet, *Handbüchlein der Moral und Unterredungen*, hrsg. von Heinrich Schmidt, 11. Aufl. Stuttgart 1984.

Fischer, Claude, *America Calling: A Social History of the Telephone to 1940*, Berkeley und Los Angeles 1992.

Flannery, Sarah mit David Flannery, *In Code: A Mathematical Journey*, London 2000.

Franklin, Benjamin, *Lebenserinnerungen*, München 1983.

— »Advice to a Young Tradesman«, in: *The Writings of Benjamin Franklin*, hrsg. von Albert Henry, Bd. 2, New York 1905.

FreeB92, »Keeping the Faith«, 1. April 1999 (www.opennet.org/announcements/010499.shtml).

Free 2000, *Restrictions on the Broadcast Media*, September 1998 (www.free2000.opennet.org/pdf/publications.pdf).

Freiberger, Paul, und Michael Swaine, *Fire in the Valley: The Making of the Personal Computer*, 2. Aufl. New York 2000.

Gaiser, Konrad, *Philodems Academica: Die Berichte über Platon und die Alte Akademie in zwei herkulanensischen Papyri*, Stuttgart 1988.

Gans, David, und Ken Goffman, »Mitch Kapor and John Barlow Interview«, in: *Wired*, August 1990 (www.eff.org/pub/Publications/John_Perry_Barlow/HTML/barlow_and_kapor_in_wired_interview.html).

Gardiner, Eileen (Hg.), *Medieval Visions of Heaven and Hell Before Dante*, New York 1989.

— *Medieval Visions of Heaven and Hell: A Sourcebook*, Garland Medieval Bibliographies, Bd. 11, New York 1993.

Gates, Bill, *Der Weg nach vorn*, München 1996.

Gauntlett, Andrew, *Net Spies: Who's Watching You on the Web?*, Berkeley 1999.

Gilmore, John, »Privacy, Technology, and the Open Society«, Rede bei der ersten Konferenz über Computer, Freiheit und Privatsphäre, 28. März 1991 (www.toad.com/gnu.cfp.talk.txt).

Global Internet Liberty Campaign, »Principles« (www.gilc.org/about/principles/html).

Glucker, John, *Antiochus and the Late Academy*, Göttingen 1978.

Gold, Rebecca, *Steve Wozniak: A Wizard Called Woz*, Minneapolis 1994.

Greenfield, Richard, *Censorship in Serbia*, New York: Open Society Institute 1999 (www.soros.org/censorship/balkans/serbia.html).

Gregor der Große, *Homilien zu Ezechiel*, übertragen von Georg Bürke, Einsiedeln 1983.

Hadot, Pierre, »Spiritual Exercises«, in: *Philosophy as a Way of Life: Spiritual Exercises from Socrates to Foucault*, Oxford 1995.

— »Ancient Spiritual Exercises and ›Christian Philosophy‹«, in: *Philosophy as a Way of Life*.

Hafner, Katie, und Matthew Lyon, *Arpa Kadabra oder die Geschichte des Internet*, 2. Aufl. Heidelberg 2000.

Hamerly, Jim, und Tom Paquin mit Susan Walton, »Freeing the Source: The Story of Mozilla«, In: DiBona, Ockman und Stone, *Open Sources*.

Hammer, Michael: »Reengineering: Don't Automate, Obliterate«, in: *Harvard Business Review*, Juli-August 1990.

Hammer, Michael, und James Champy, *Business Reengineering: Die Radikalkur für das Unternehmen*, Frankfurt am Main 1994.

Hankins, J., »The Myth of the Platonic Academy of Florence«, in: *Renaissance Quarterly* 44 (1991).

Held, David, Anthony McGrew, David Goldblatt und Jonathan Perraton, *Global Transformations: Politics, Economics, and Culture*, Stanford 1999.

Helmers, Sabine, »A Brief History of anon.penet.fi, the Legendary Anonymous Remailer«, in: *Computer-Mediated Communication Magazine* 4:9 (1997) (December.com/cmc/mag/1997/sep/helmers.html).

Herz, J. C., *Joystick Nation: How Videogames Gobbled Our Money, Won Our Hearts, and Rewired Our Minds*, London 1997.

Hesiod, *Werke und Tage*, übersetzt von Otto Schönberger, Stuttgart 1996.

Hillis, Danny, »The Millenium Clock«, in: *Wired* 1995 (www.wired.com/wired/scenarios/clock.html).

Homer, *Odyssee*, übersetzt von Roland Hampe, Stuttgart 1998.

Hughes, Eric, »A Cypherpunk's Manifesto«, 9. März 1993 (ftp://ftp.csua.berkeley.edu/pub/cypherpunks/rants/manifesto.html).

Hughes, Thomas, *Rescuing Prometheus*, New York 1998.

Human Rights Watch, *Human Rights Watch World Report 2000*, New York 2000.

— »Federal Republic of Yugoslavia«, in: *Human Rights Watch World Report 2000*.

— »Freedom of Expression on the Internet«, in: *Human Rights Watch World Report 2000*.

— »Human Rights Defenders«, in: *Human Rights Watch World Report 2000*.

Ignatieff, Michael, *Virtual War: Kosovo and Beyond*, New York 2000.

Interactive Digital Software Association, *State of the Industry Report*, 1999 (www.idsa.com/IDSA_SOTI_REPORT.pdf).

Internet Engineering Task Force, »The Tao of IETF«, zusammengefasst aus RFC 1718 (www.ietf.cnri.reston.va.us/tao.html).

— »Netiquette Guidelines«, RFC 1855 (www.ietf.org/rfc/rfc1855.txt).

Internet Society, »All About the Internet Society« (www.isoc.org/isoc/).

— »Internet Society Guiding Principles« (www.isoc.org/isoc/mission/principles).

Joy, Bill, »Why the Future Doesn't Need Us«, in: *Wired*, April 2000 (www.wired.com/wird/archive/8.04joy_pr.html).

Justinus, *Apologia*, Berlin 1994.

Kantrowitz, Barbara, »Busy Around the Clock«, in: *Newsweek*, 17. Juli 2000.

Kapor, Mitchell, und John Perry Barlow, »Across the Electronic frontier«, 1990 (www.eff.org/pub/EFF/electronic_frontier.eff).

Kennedy, John, »Steve Wozniak: Hacker and Humanitarian«, in: *Hindsights: The Wisdom and Breakthroughs of Remarkable People*, hrsg. von Guy Kawasaki, 1994.

Koops, Bert-Jaap, *Crypto Law Survey* (cwis.kub.nl/~frw/people/koops/lawsurvy.htm).

Kuhn, Thomas S., *Die Struktur wissenschaftlicher Revolutionen*, 2. rev. Aufl., Frankfurt am Main 1976.

Landow, George, *Hypertext 2.0: The Convergence of Contemporary Critical Theory and Technology*, Baltimore 1997.

Lavater, Johann Kasper, *Aussichten in die Ewigkeit*, Hamburg 1773.

Lave, Jean, und Etienne Wenger, *Situated Learning: Legitimate Peripheral Participation*, Cambridge 1991.

Learmonth, Michael, »Giving It All Away«, in: *MetroActive*, 8.–14. Mai 1997 (www.metroactive.com/papers/metro/05.08.97/cover/linus-9719.html).

Legion of Doom, »The History of the Legion of Doom«, in: *Phrack* 31 (1990) (phrack.infonexus.com/search.phtml?view&article=p31-5).

Leiner, Barry, Vinton Cerf, David Clark, Robert Kahn, Leonard Kleinrock, Daniel Lynch, Jon Postel, Lawrence Roberts und Stephen Wolff, »A Brief History of the Internet«, Internet Society 2000 (www.isoc.org/internet/history/brief.html).

Lennier, Gospel of Tux, 1999 (www.ao.com/~regan/penguins/tux.html).

Le Roy Ladurie, Emmanuel, *Montaillou: Ein Dorf vor dem Inquisitor*, Frankfurt am Main 1980.

Lesnick, Daniel R., *Preaching in Medieval Florence*, Athens 1989.

Lessig, Lawrence, *Code and Other Laws of Cyberspace*, New York 1999.

Levy, Steven, *Hackers: Heroes of the Computer Revolution*, New York 1994.

Linzmayer, Owen, *Apple streng vertraulich: Die Tops und Flops der Macintosh-Geschichte*, Zürich 2000.

Long Now Foundation, »Location« (www.longnow.org/10klibrary/ClockLibrary_location.htm).

Lowe, Janet, *Bill Gates: Sein Erfolgsgeheimnis*, Rosenheim 2000.

Lyon, Jeff, und Peter Gorner, *Altered Fates: Gene Therapy and the Retooling of Human Life*, New York 1995.

Madsen, Wayne, und David Banisar, *Cryptography and Liberty 2000: An International Survey of Encryption Policy*, Washington, Electronic Privacy Information Center 2000 (www2.epic.org/reports/crypto2000).

Maslow, Abraham, *Motivation und Persönlichkeit*, Freiburg 1977.

— *Psychologie des Seins: Ein Entwurf*, München 1973.

Matic, Veran, »Bombing the Baby with the Bathwater«, 30. März 1999 (www.opennet.org/announcements/300399.shtml).

May, Tim, »The Crypto Anarchist Manifesto«, 1992 (ftp://ftp.csua.berkeley.edu/pub/cypherpunks/rants/crypto-anarchy.html).

McKusick, Marshall Kirk, »Twenty Years of Berkeley Unix: From AT&T-Owned to Freely Redistributable«, in: DiBona, Ockman und Stone, *Open Sources*.

Mentor, »The Conscience of a Hacker«, in: Phrack 7 (1986) (phrack.infonexus.com/search.phtml?view&article=p7-3).

Merton, Robert K., *Entwicklung und Wandel von Forschungsinteressen: Aufsätze zur Wissenschaftssoziologie*, Frankfurt am Main 1985.

Microsoft, »Microsoft Timeline« (www.microsoft.com/billgates/bio).

Milton, John, *Das verlorene Paradies*, übertragen und herausgegeben von Hans Heinrich Meier, Stuttgart 1999.

Mitchell Kapor Foundation, »The Mitchell Kapor Foundation Environmental Health Program« (www.mkf.org/envhlthmkf.html).

Mokyr, Joel, *The Lever of Riches: Technological Creativity and Economic Progress*, New York 1990.

Moore, Gordon, »The Experts Look Ahead«, in: *Electronics*, 19. April 1965.

Mozilla.org, »Mozilla.org: Our Mission«, 2000 (www.mozilla.org/mission).

National Public Radio, »Letters from Kosovo«, 5. März bis 17. Juni 1999 (npr.org/programs/morning/kosovo-emails.html).

Naughton, John, *A Brief History of the Future: The Origins of the Internet*, London 1999.

Nelson, Ted, *Computer Lib/Dream Machines*, Redmond 1987 [1974].

— *Literary Machines: The Report on, and of, Project Xanadu Concerning Word Processing, Electronic Publishing, Hypertext, Thinkertoys, Tomorrow's Intellectual Revolution, and Certain Other Topics Including Knowledge, Education and Freedom*, Eigenverlag 1981.

Netcraft, *The Netcraft Web Server Survey*, September 2000 (www.netcraft.com/survey/Reports/0009/).

Nua, *Internet Survey: How Many Online*, September 2000 (www.nya.ie/surveys/how_many_online/index.html).

Oikarinen, Jarkko, »Early IRC History«, 1993 (www.irc.org/history_docs/jarkko.html).

OneWorld, »Internet to Play Major Role in Kosovo Refugee Crisis«, 9. April 1999 (www.oneworld.org/about/ppack/releases/refugees_pr-rel.shtml).

Opensource.org, »History of the Open Source Initiative« (www.opensource.org/history.html).

Patterson, Robert, *Paradise: The Place and State of Saved Souls*, Philadelphia 1874.

Penet, »Johan Helsingius Closes His Internet Remailer«, 30. August 1996 (www.penet.fi/press-english.html).

Perens, Bruce, »The Open Source Definition«, in: DiBona, Ockman und Stone, *Open Sources*, und unter www.opensource.org/osd.html.

Pine, Joseph II., und James Gilmore, *The Experience Economy: Work Is Theatre and Every Business a Stage*, Boston 1999.

Platon, *Alkibiades*, nach der Übersetzung Friedrich Schleiermachers, in: *Sämtliche Werke*, Bd. X, Frankfurt am Main 1991.

— *Apologie*, nach der Übersetzung Friedrich Schleiermachers, in: *Sämtliche Werke*, Bd. I, Frankfurt am Main 1991.

— *Axiochos*, nach der Übersetzung Friedrich Schleiermachers, in: *Sämtliche Werke*, Bd. X, Frankfurt am Main 1991.

— *Briefe*, nach der Übersetzung Friedrich Schleiermachers, in: *Sämtliche Werke*, Bd. X, Frankfurt am Main 1991.

— *Euthydemos*, nach der Übersetzung Friedrich Schleiermachers, in: *Sämtliche Werke*, Bd. III, Frankfurt am Main 1991.

— *Euthyphron*, nach der Übersetzung Friedrich Schleiermachers, in: *Sämtliche Werke*, Bd. II, Frankfurt am Main 1991.

— *Gorgias*, nach der Übersetzung Friedrich Schleiermachers, in: *Sämtliche Werke*, Bd. II, Frankfurt am Main 1991.

— *Kleitophon*, nach der Übersetzung Friedrich Schleiermachers, in: *Sämtliche Werke*, Bd. X, Frankfurt am Main 1991.

— *Kriton*, nach der Übersetzung Friedrich Schleiermachers, in: *Sämtliche Werke*, Bd. I, Frankfurt am Main 1991.

— *Menon*, übersetzt und herausgegeben von Margarita Kranz, Stuttgart 1994.

— *Minos*, nach der Übersetzung Friedrich Schleiermachers, in: *Sämtliche Werke*, Bd. X, Frankfurt am Main 1991.

— *Phaidros*, nach der Übersetzung Friedrich Schleiermachers, in: *Sämtliche Werke*, Bd. VI, Frankfurt am Main 1991.

— *Politeia*, nach der Übersetzung Friedrich Schleiermachers, in: *Sämtliche Werke*, Bd. V, Frankfurt am Main 1991.

— *Protagoras*, nach der Übersetzung Friedrich Schleiermachers, in: *Sämtliche Werke*, Bd. I, Frankfurt am Main 1991.

— *Symposion*, nach der Übersetzung Friedrich Schleiermachers, in: *Sämtliche Werke*, Bd. IV, Frankfurt am Main 1991.

— *Theaitetos*, nach der Übersetzung Friedrich Schleiermachers, in: *Sämtliche Werke*, Bd. VI, Frankfurt am Main 1991.

Plutarch, *Moralphilosophische Schriften*, hrsg. von Hans-Josef Klauck, Stuttgart 1997.

Porterfield, Keith W., »Information Wants to Be Valuable«, NetAction (www.netaction.org/articles/freesoft.html).

Quittner, Joshua, »Anonymously Yours – An Interview with Johan Helsingius«, In: *Wired* 2.06 (Juni 1994) (www.wired.com/wired/2.06/departments/electrosphere/anonymous.1.html).

Raymond, Eric, »A Brief History of Hackerdom«, in: DiBona, Ockman und Stone, *Open Sources*, und unter www.tuxedo.org/~esr.writings/cathedral-bazaar/hacker-history/) (erste Version 1992).

— »How to Become A Hacker«, In: Raymond, *Cathedral and the Bazaar* (www.tuxedo.org/~esr/faqs/hacker-howto.html) (erste Version 1996).

— *The Cathedral and the Bazaar: Musings on Linux and Open Source by Accidental Revolutionary*, Sebastopol (Kalif.) 1999 (www.tuxedo.org/~esr/writings/homesteading/cathedral-bazaar/) (erste Version 1997).

— »Homesteading the Noosphere«, in: Raymond, *Cathedral and the Bazaar* (www.tuxedo.org/~esr/writings/homesteading/homesteading) (erste Version 1998).

— »The Revenge of the Hackers«, in: Raymond, *Cathedral and the Bazaar* (www.tuxedo.org/~esr/writings/homesteading/hackerrevenge) (erste Version 1999).

— »The Art of Unix Programming«, 2000, Entwurf.

Raymond, Eric (Hrsg.), *The Jargon File*, 2000 (www.tuxedo.org/~esr/jargon).

— *The New Hacker's Dictionary*, 3. Aufl. Cambridge (Mass.) 1998.

Reich, Robert, *Die neue Weltwirtschaft: Das Ende der nationalen Ökonomie*, Frankfurt am Main 1993.

Reid, Robert, *Architects of the Web: 1000 Days That Built the Future of Business*, New York 1997.

Reporters sans frontières, *Federal Republic of Yugoslavia: A State of Repression*, 1999 (www.rsf.fr/uk/rapport/yougo/rapportyougo.html).

— *1999 Survey* (www.rsf.fr/uk/cp.protest/bilan99.html).

— *War in Yugoslavia: Nato's Media Blunders*, 1999 (www.rsf.fr/uk/rapport/nato/nato.html).

Rheingold, Howard, *Tools for Thought: The History and Future of Mind-Expanding Technology*, Cambridge (Mass.) 2000.

Rifkin, Jeremy, *Das Ende der Arbeit und ihre Zukunft*, Frankfurt am Main 1995.

Ritchie, Dennis, »The Evolution of the UNIX Time-Sharing System«, in: *AT&T Bell Laboratories Technical Journal* 63:8 (1984).

— »Turing Award Lecture: Reflections on Software Research«, in: *Communications of the ACM* 27:8 (1984).

Robbins, Anthony, *Das Robbins Power Prinzip: Wie Sie Ihre wahren inneren Kräfte sofort einsetzen*, München 1993.

Roberts, »Multiple Computer Networks and Intercomputer Communication«, Protokolle des ACM-Symposiums zu Prinzipien von Betriebssystemen, Gatlinburg 1967.

Rosenberg, Donald, *Open Source: The Unauthorized White Papers*, Foster City 2000.

Russell Hochschild, Arlie, *The Time Bind: When Work Becomes Home and Home Becomes Work*, New York 1997.

Rybczynski, Witold, *Am Freitag fängt das Leben an: Eine kleine Geschichte der Freizeit*, Reinbek bei Hamburg 1993.

Salus, Peter, *A Quarter Century of UNIX*, Reading 1994.

Saunders, Joseph, *Deepening Authoritarianism in Serbia: The Purge of the Universities, Human Rights Watch Short Report* 11:2 (1999).

Schneider, *The Other Life*, überarbeitet und herausgegeben von Herbert Thurston, New York 1920.

Sendmail.org, »Sendmail.org« (www.sendmail.org).

Smith, Adam, *Der Wohlstand der Nationen*, München 1974.

Solomon, Alan, »A Brief History of PC Viruses«, S&S International 1990 (www.bocklabs.wisc.edu/~janda/solomhis.html).

Southwick, Karen, *High Noon: The Inside Story of Scott McNealy and the Rise of Sun Microsystems*, New York 1999.

Spector, Robert, *Amazon.com: Get Big Fast: Jeff Bezos und die Revolution im Handel*, Stuttgart 2000.

Stability Pact for South Eastern Europe, Köln, 10. Juni 1999 (www.seerecon. org/KeyDocuments/KD1999062401.htm).

Stallman, Richard, »The GNU Manifesto«, 1993 (erste Version 1985) (www.gnu.org/gnu/manifesto.html).

— »What Is Free Software?« 2000 (erste Version 1996) (www.gnu.org/philosophy/free-sw.html).

— »The GNU Operating System and the Free Software Movement«, in: DiBona, Ockman und Stone, *Open Sources*, und www.gnu.org/gnu/thegnu-project.

— »The Free Software Song« (www.org/music/free-software-song.html).

Sun Microsystems, »SUN Microsystems Co-Founder Resigns«, 8. August 1995 (www.sun.com/smi/press/sunflash/9508/sunflash.950810.3737.html).

Sussman, Leonard, *Censor Dot Gov: The Internet and Press Freedom 2000*, Freedom House 2000 (www.freedomhouse.org/pfs2000/pfs2000.pdf).

Tanenbaum, Andrew, *Betriebssysteme: Entwurf und Realisierung*, München 1990.

Taylor, Frederick W., *Die Grundsätze wissenschaftlicher Betriebsführung*, Weinheim 1977.

Tech, »An Interview with Steve Wozniak«, 26. Oktober 1998 (www.thetech.org/people/interviews/woz.html).

Tertullian, *Die Prozesseinreden gegen die Häretiker*, Bibliothek der Kirchenväter, Kempten 1915.

Thompson, Edward, *Die Entstehung der englischen Arbeiterklasse*, Frankfurt am Main 1987.

— »Time, Work-Discipline, and Industrial Capitalism«, in: *Past and Present* 38 (1967).

Torvalds, Linus, »What Would You Like to See Most in Minix?«, Nachricht an comp.os.minix, 25. August 1991.

— »Free Minix-like Kernel Source for 386-AT«, Nachricht an comp.os.minix, 5. Oktober 1991.

— »Re: Writing an OS«, Nachricht an linux-acitivsts@bloom-picayune.mit. edu, 5. Mai 1992.

— »Birthday«, Nachricht an linux-activists@bloom-picayune.mit.edu, 31. Juli 1992.

— »Credits« (ftp://ftp.kernel.org/pub/linux/kernel/CREDITS).

Tournier, Michel, *Freitag oder das Leben in der Wildnis*, München 1997 (Originalausgabe 1967).

Tuomi, Ilkka, *Corporate Knowledge. Theory and Practice of Intelligent Organizations*, Helsinki 1999.

Ulyat, William Clarke, *The First Years of the Life of the Redeemed After Death*, New York 1901.

University of California, San Francisco, und Field Institute, *The 1999 California Work and Health Survey*, 1999.

University of Illinois, »Procedures for Licensing NCSA Mosaic«, 19. Juli 1995 (www.ncsa.uiuc.edu/SDG/Software/Mosaic/License/LicenseInfo.html).

Valloppillil, Vinod, *Open Source Software*, Microsoft Confidential, 11. August 1998 (www.opensource.org/halloween/halloween1.html).

Valloppillil, Vinod, und Josh Cohen, *Linux OS Competitive Analysis*, Microsoft Confidential, 11. August 1998 (www.opensource.org/halloween/halloween2.html).

van den Hoven, Birgit, *Work in Ancient and Medieval Thought: Ancient Philosophers, Medieval Monks and Theologians and Their Concept of Work, Occupations and Technology*, Leiden 1996.

Vygotsky, L.S., *Mind in Society: The Development of Higher Psychological Processes*, Cambridge (Mass.) 1978.

Ward, Benedicta (Hg.), *The Sayings of the Desert Fathers*, 1975.

Watts, Duncan, *Small Worlds: The Dynamics of Networks between Order and Randomness*, Princeton 1999.

Wayner, Peter, *Kostenlos und überlegen! Wie Linux und andere freie Software Microsoft das Fürchten lehren*, Stuttgart und München 2001.

Weber, Max, *Die protestantische Ethik und der »Geist« des Kapitalismus* (Textausgabe auf der Grundlage der ersten Fassung von 1904/05), 3. Aufl. Weinheim 2000.

Weeks, Linton, »Sandy Lerner, Network of One«, in: *The Washington Post*, 25. März 1998 (www.washingtonpost.com/wp-srv/frompost/march98/lerner25.htm).

Wells, Joe, »Virus Timeline« IBM Nativirus Online, 1996 (www.bockabs.wisc.edu/).

Witness, *Witness Report* 1998–1999 (witness.org/about/report9899.htm).

— »About Witness« (witness.org/about.htm).

Wolfson, Jill, und John Leyba, »Humble Hero«, San Jose Mercury Center (www.mercurycenter.com/archives/revolutionaries/wozniak.htm).

World Wide Web Consortium, »About the World Wide Web Consortium« (www.w3.org/Consortium).

Xenophon, *Das Gastmahl*, hrsg. von Ekkehard Stärk, Stuttgart 1986.

XS4ALL, »The History of XS4ALL« (www.xs4all.net/uk/absoluut/history/index_e.html).

Young, Robert, und Wendy Goldman Rohm, *Der Red Hat Coup: Wie die opensource-Bewegung und Red Hat die Softwareindustrie revolutionieren – und Microsoft überrumpeln*, Bonn 2000.

Yutang, Lin, *The Importance of Living*, Stockholm 1944 [1938].

Dank

Dieses Buch wurde von seinem Thema angeregt: der Hacker-Ethik. Am Anfang stand nicht der Entschluss, ein Buch zu schreiben, sondern der Glaube an eine bestimmte Lebensweise. Das Buch ist nur eines ihrer Resultate. Mein Leben verlief, während ich dieses Buch verfasste – sowohl beim Schreiben selbst als auch beim Recherchieren –, sicher leidenschaftlich und unterlag einem freien Rhythmus. Manchmal bedeutete das, bei großen Fragen innezuhalten und meinen Gedanken ohne Eile ihren Lauf zu lassen; manchmal bedeutete das auch eine hektischere Phase konzentrierter Arbeit, was selbst bei im Grunde spielerischen Tätigkeiten nötig ist, wie Hacker betonen.

Es bereitete mir große Freude, zusammen mit Linus und Manuel an diesem Buch zu arbeiten und festzustellen, dass unsere Themen sehr eng verwandt sind. Ich danke ihnen und ihren Familien für die wunderbare Zeit, die wir gemeinsam verbracht haben. Außerdem möchte ich noch vielen anderen besonderen Menschen danken, mit denen ich zusammenarbeiten durfte, vor allem meinem Freund Henning Gutmann, der die Hacker-Ethik lebt und mir bei so vielem geholfen hat, sowie dem wunderbaren Team Scott Moyers, Timothy Mennel, Sunshine Lucas und vielen anderen bei Random House. Sie haben gezeigt, wie hervorragend die Zusammenarbeit zwischen Verlag und Autor sein kann.

Und zu guter Letzt möchte ich meinen Lieben dafür danken, dass ihr seid, wie ihr seid – und mich damit ungeheuer inspiriert.